大学生
健康与疾病预防

DAXUESHENG
JIANKANG YU JIBING YUFANG

吴宗辉　熊明洁 ◎ 主编

西南大学出版社
国家一级出版社　全国百佳图书出版单位

图书在版编目(CIP)数据

大学生健康与疾病预防 / 吴宗辉, 熊明洁主编. -- 重庆 : 西南大学出版社, 2023.11
ISBN 978-7-5697-2046-4

Ⅰ.①大… Ⅱ.①吴… ②熊… Ⅲ.①大学生—健康教育—教材 Ⅳ.①G647.9

中国国家版本馆CIP数据核字(2023)第236618号

大学生健康与疾病预防

吴宗辉　熊明洁 ◎主编

责任编辑:刘　彦
责任校对:周明琼
装帧设计:闰江文化
排　　版:贝　岚
出版发行:西南大学出版社
　　　　地址:重庆市北碚区天生路2号
　　　　邮编:400715
　　　　电话:023-68868624
印　　刷:重庆市圣立印刷有限公司
成品尺寸:185 mm × 260 mm
印　　张:17.5
字　　数:372千字
版　　次:2023年11月 第1版
印　　次:2023年11月 第1次印刷
书　　号:ISBN 978-7-5697-2046-4
定　　价:49.00元

编委会

主　编

吴宗辉	西南大学
熊明洁	西南大学

副主编

熊梓汀	成都市第七人民医院
罗　炯	西南大学
陈晓丹	重庆市健康教育所
戴　丽	《保健医学研究与实践》编辑部

编　委（按姓氏拼音排序）

陈志兵	成都市第二人民医院
高　笑	西南大学
胡诚达	德阳市人民医院
贾晓瑜	西南大学
李巧玲	成都市第二人民医院
李　涛	西南大学
林晶晶	成都中医药大学
罗　干	天津医科大学
罗妮妮	成都中医药大学
牟燕琳	成都市第三人民医院
任琳洁	四川大学华西医院
任　宇	成都市第二人民医院
宋　烨	四川大学望江医院
王　茹	四川大学华西医院
文艳梅	成都市第二人民医院
吴彦宏	武汉体育学院
伍　星	成都市第五人民医院
杨　虹	成都中医药大学
杨树楷	成都市第二人民医院
袁　星	成都中医药大学
张　辉	四川大学华西妇产儿童医院
张　蕾	成都市第二人民医院
张　怡	重庆市合川区中医院
赵　勇	重庆医科大学

目录

第九章

应急救护

第十章

药品与健康

第十一章

美容与健康

第十二章

卫生资源利用与健康

参考文献

CHAPTER 1

第一章

健康导论

本章学习之后，你将能够：

- 理解健康的含义；
- 了解健康之于个体、群体及社会的价值；
- 分析社会、环境因素与健康的交互影响；
- 了解自身的健康素养水平；
- 弄清促进健康素养提升的方法和路径；
- 了解自我健康决策和健康管理的内涵；
- 掌握做出明智健康决策和健康管理的基本技能。

第一节 个人、社会与健康

【本节导言】

自古以来健康就是人类不懈追求的目标，健康与个体生存发展和社会进步密不可分，是实现物质与精神财富的奠基之石。本节将从健康的哲学内涵、健康与大学生学业、职业发展的关系等方面着手，论证健康的个体价值、社会价值，分析梳理健康在大学生个体、群体发展中的地位和价值。

【核心概念】

个人价值　人类发展指数　质量调整生命年　职业发展

【学前思考】

- 健康对个体的意义有哪些？
- 健康对个体社会价值的实现有哪些作用？
- 健康与学业成就是怎样的关系？
- 健康对个人的职业发展有什么意义？

一、社会个人与健康

无论是人类的自身发展、自我价值的实现，还是社会发展及人类对其成果的享有，都必须以健康为前提。追求健康是每一个社会公民的权利，对健康的追求也是社会文明不断进步的必然。

（一）健康之于个体

健康是人的基本权利，也是人生存、生活的基础及基本需要。人一出生，就面临健康与死亡两大问题，而在对待健康与死亡时，人的操作往往是两极的，即拉近与健康的距离，远离死亡的威胁。因而，保持和增进个体的健康是人类自然科学与生命科学发展的动力之源。

欧洲文艺复兴时期法国思想家蒙田曾说："健康的价值，贵重无比。它是人类为了追求它而唯一值得付出时间、血汗、劳力、财富甚至付出生命的东西。"实现个人价值，就其本质而言，是要实现人的创造性实践活动，实现人在社会实践活动中创造物质财富和精神财富的能力，实现人社会价值和个人价值的统一，实现人自由全面的发展，而这一切皆有赖于每个个体有一个健康的存在状态。健康宛如一座大厦的奠基之石，人只有以健康为起点，才可能有精力、资本、时间去实现个体对于名望、地位、财富等等的追求。

概念提示：个人价值指社会在社会生活和社会活动中为满足个人需要所做的给予，简单地说就是社会对个人的满足。

健康状态的丧失，无疑会阻碍个人价值的体现。无论何人在生理、心理抑或是社交方面出现缺陷，必然对其价值的实现产生消极的影响。这里，并非将身残志坚的特例完全忽略掉，如张海迪，虽然身体残疾，但心理健全、人生态度积极，加之社会群体的支持和帮助，她最终仍然实现了个人的价值，且仍在不断进步之中。然而，失去健康的体魄或者心智，进而导致对生活的信心缺乏、对复杂多变的社会适应不良的个体很多，这样的个体很难在日新月异、高速发展的现代社会中站稳脚跟、谋求个人发展，更遑论实现人生价值了。

（二）健康之于社会

2017年中共中央、国务院印发的《"健康中国2030"规划纲要》开篇即提出："健康是促进人的全面发展的必然要求，是经济社会发展的基础条件。实现国民健康长寿，是国家富强、民族振兴的重要标志。”这清晰表明，健康是社会和人类发展的资源与动力，是衡量社会和人类发展的重要标志。

联合国开发计划署（UNDP）于20世纪90年代提出了衡量和评价一个国家、社会发展水平的标准，建立了一套指标体系，分别从“健康寿命”“教育水平”和“生活水平”三个维度进行综合评价，最终得出人类发展指数（HDI）作为评定标准。从HDI的构成上看，“健康寿命”是排在第一位的评定指标，所以健康是衡量人类发展的重要方面，一个社会发展水平如何，人的健康、人的期望寿命首先被作为社会公平、和谐发展的标尺。健康的劳动力是社会发展的源动力，只有健康的人才能创造社会物质与精神财富，促进社会的平衡发展。

反之，健康问题可以成为制约社会经济发展的重要因素。慢性疾病、伤残不仅对个人造成身心的创伤，同时会给社会带来巨大的经济负担。2019年全球疾病负担报告显示，由非传染性疾病和伤害所致疾病负担比例从1990年占全部负担的21%，上升到2019年占全部负担的34%。传染病暴发或者突发公共卫生事件，还会对社会的稳定造成威胁。2019年年底暴发的新冠疫情对全球的经济、物流和各行业都造成了比较大的影响，明显影响了人民的生活和社会的发展。由此可见，健康的损失会成为社会良性发展的最大障碍，健康收益的持续提升即体现了人类社会的不断进步。

二、学业促进与健康

健康与教育是现代社会发展的两大主题，也是联合国开发计划署提出的HDI的重要组成部分。教育水平是健康的重要影响因素，教育的改善可以促进健康水平的提高；同时，健康是获得良好教育、获取学业成就的基本保证，健康能够促进学生取得学业成就，能够减少疾病高危行为的发生。健康与学业促进有着密不可分的联系。

（一）健康是学业促进的基本保证

“健康是优化教育的关键合作伙伴”这一理念于20世纪90年代在美国兴起，美国教育界认为健康状况对受教育权利的实现和学业能力有着至关重要的作用，健康被视为个人独立且全面发挥社会作用的基本能力。更有相关研究证实，学校健康促进活动能够提升学生的健康素养和维护健康技能，促进学生健康行为的养成，增进教育成果和社会成果的产生，是提高学生总体健康水平和学业成就最为有效的方法。

健康与学业水平呈现相互制约、相互促进的关系，两者因共同的差异性因素（如种族、社会经济状况、地域风俗等）而随时间推移保持相互作用关系。学者们发现，学业成就在儿童和青少年生长发育的每个时间节点上都受到健康水平的影响，并反过来影响未来的健康水平。更有趣的是，较高的学业成就与较好的健康水平直接相关。

健康是学业促进的基本保证。健康问题会对学生的学业水平产生影响。重大疾病、意外创伤、传染病等可以直接造成缺勤、认知情感伤害，此类情况对学生学业的影响是容易被识别和理解的。然而，近些年慢性疾病在学生群体中的发病率逐渐攀升，引发疾病的高危行为（暴力、吸烟、饮酒、药物滥用、意外妊娠、危险性行为、体力活动不足、饮食紊乱等）在学生群体中的悄然蔓延，却没能引起社会的足够重视，对学业促进的间接影响也常常被忽略。完成学业的压力、情感和人际关系带来的心理问题，若得不到及时的宣泄和疏导，形成正确积极的应对策略，同样会造成精神健康的损害，学业成就也就无从谈起了。

（二）改善健康状况可促进学业进步

迄今为止，健康与教育的相互作用机制和因果关系仍是学术界争论的热点问题，内在的机制尚未得到完整的揭示，但可以肯定的是，健康问题会限制学生学业成就的获取，而改善和促进学生健康水平对于学习效果的提高和学习目标的达成是百利而无一害的。

首先，饮食结构合理、营养均衡是增进学生健康的有效方法。早些年的研究发现，是否吃早餐可以通过认知表现、饥饿感和出勤率等方面影响学业成就，吃早餐比不吃早餐更加有益，且在营养状况不佳的学生中效果尤为显著。除此之外，喝含糖和咖啡因的饮料会降低学习过程中大脑正常生理活动所需要的能量，不利于学习效率的提高和学习目标的达成；多喝白开水则有助于大脑和身体的代谢功能保持活力，增强其反应敏捷性，有助于学业成就的获取。

其次，充足的睡眠也是提高学习效率的保障。睡眠是人类机体休整、恢复的生理过程，大脑通过睡眠使觉醒时高度兴奋的神经细胞得到休息，以备苏醒后能保持正常的认知能力和记忆功能。信息时代由于电子产品的普及，网聊、追剧、打游戏似乎已是当今学生日常的娱乐方式，睡眠则成为了虚拟世界争分夺秒的牺牲品。睡眠不足会导致神经细胞功能紊乱，引起注意力不集中、对外界反应迟钝、食欲下降等问题，严重影响学习效能。

再次，学生通过体育锻炼改善超重、肥胖状况，调节心理压力，促进身心健康，也能达到提高学业水平的目的。经常参加体育活动，不仅可以增强体质、提高免疫力以抵御疾病的侵袭，同时能提高思维能力、集中注意力、增强记忆、磨炼观察力，从而使智力水平得到长足发展。群体性、趣味性体育活动还可以增进学生的人际交往能力，宣泄不良情绪，疏解学习和生活压力，使身心放松，从而更好地投入到下一个学习阶段，向最终的学业目标前进。

三、职业发展与健康

健康是人生的第一财富，它不但直接作用于人的预期寿命和生活质量，还影响个人的职业发展。个人的工作效率、学习能力、有效工作时间等都受到健康状况的限制，有健康问题的个人更易遭受就业歧视，从而丧失工作和晋升的机会。由于健康在一定程度上限制了个人的就业及收入，透彻理解健康与职业发展之间的辩证关系就显得尤为重要。

（一）职业发展的内涵

中国职业规划师协会（CCDMA）对职业发展有比较通俗的定义，即在个人选定的领域里，在个人能力所及的范围之内，成为顶级专家。由此看出，职业发展是贯穿一个人一生的持续、渐进的过程，是人类社会属性中极其重要的组成部分。就个人而言，职业发展的终身性，是对自身学习、工作及休闲状态的管理，目的是实现个人职业发展的目标。个人的心理、行为过程和环境因素一起，共同作用于整个职业生涯。影响职业发展的个体因素不仅包括个人对职业模式的设计、决策风格等，还涵盖了个人的人生观、价值观和世界观。从社会需求角度考虑，企业或组织对其人力资源进行知识、能力和技能等方面开展的培训、教育活动，帮助员工掌握完成工作所需要的知识和技能，都是职业发展社会功能的体现。

可见，身心健康是实现个人或企业发展的基础。不会有企业愿意录用一个健康状况不佳、随时可能成为企业经济负担的人，更谈不上为其制定职业规划了。个人的身体不健康，将难以胜任岗位对其责任和义务的要求，无法坚持学习和工作。如果发生心理问题，则可能导致其三观扭曲，进而严重阻碍职业的发展。

（二）健康对职业发展的意义

对于社会中的个体来说，身体健康为工作效率提供了保证，能够应对日常工作事务；心理健康和社会适应良好有利于维持个体在工作中与周围的良好沟通状态以及面对突发事件的应急反应能力。因此，健康对个体的职业发展意义深远。

在求职方面，身体状况不佳的个体往往无法取得较高的学历层次，从而使择业面变窄，甚至遭遇用人歧视，容易丧失从事劳动并获取报酬的基本权利。以乙肝病毒携带者为例，有统计数据表明，96%的跨国公司入职体检时均要求求职者进行乙肝标志物检测，约80%的外企公司明确规定不得录用乙肝病毒携带者，而且绝大多数企业并未对该项血液检查提供充分的解释。再来看艾滋病患者的情况，目前我国对已确诊的艾滋病患者实行全程保密的信息管理制度，最大限度地保护其免于社会歧视，但在绝大多数企事业单位的入职体检中都含有艾滋病病毒抗体检测项目，一旦初检发现阳性案例，用人单位将以各种理由对其进行劝退，这无疑限制了患病个体的职业发展。

在职业发展方面，有健康问题的个体就业质量往往较低，获取的报酬更低，面临失业的风险更大。健康状况不良的个体常常因为体能的下降遭受就业歧视，能够找寻的就业机会有限，加之个体能够提供的劳动数量和质量密切相关，诸如劳动量不能太大、频繁病假等都会限制其职场价值的提升。在科技日新月异、生产技术高度发达的现代社会，企业间的竞争有赖于掌握了先进生产技术与工具的人才竞争，健康水平无疑会限制个人对先进技术和工艺的掌握和应用，极大地影响就业质量。

综上所述，通过改善健康状况助力职业发展是可行的。当代大学生应该提前做好健康储备、不断进行健康维护、持续促进健康，从身心调节两方面入手，以健康的体魄和健全的心智去迎接职场的挑战，追逐生命的精彩。

第二节 大学生健康素养

【本节导言】

健康素养是维持居民健康的一种经济有效的策略。大学生身心发育尚不完全成熟，作为承上启下、未来社会栋梁来源的重要群体，其健康素养水平值得关注。本节将从现代科学健康观的树立开始，深入探讨大学生健康素养的架构和养成，逐步呈现健康素养形成的现实意义及其持续促进。

【核心概念】

科学健康观　健康素养　健康促进

【学前思考】

- 科学健康观的内涵是什么？
- 科学健康观的宗旨是什么？如何践行？
- 健康素养包括哪些维度？
- 提升大学生的健康素养有何现实意义？
- 如何提升大学生群体的健康素养？

一、科学健康观

随着人类与疾病的抗争不断取得重大成果，一种崭新的、具有划时代意义的新健康观应运而生，并为现代医学注入强大的社会动力。它将改变传统医学的理论架构，重建医学体系，同时促使医学与社会有机结合起来，改善人类的生存环境和生活质量，提高人类的健康水平。这就是科学健康观。

科学健康观的内涵是人民健康是由政治、经济、文化、生态、自然环境决定的多元函数；人民健康水平是反映社会政治、文化和自然生态发展优劣的主要综合指标之一，促进人民健康在现有基础上达到最佳水平，是党、政府及全社会的主要责任和共同目标。要通过政治、经济、文化协调、全面可持续发展促进人民健康，寓人民健康于政治、经济、文化发展中。一切社会部门，特别是政府部门要明确树立“以人为本，健康第一”的思想，自己所从事的一切工作都要以是否对人民健康有益为标准，要以各自的工作促进人民健康，努力防止工作过程、工作结果对人民健康的危害。

科学健康观的宗旨是构建党、国家、社会与医学科学之间的有机联系，形成具有可操作性的为党和政府主导的社会与医学有机互动模式，把医学的观点与要求上升到党与政府的立党与执政理念中，从而真正为医学发挥它的健康功能，提供根本的社会支柱，为党和政府实现其立党为公、执政为民的理念提供新途径、新思路，也使人民群众从享有的健康中体会政府的执政理念的落实程度，又可从遇到的健康问题中对政府的工作提出校正的反馈，从而实现党、政府与医学之间的完满结合，为形成具有新的历史意义的健康型社会提供理论与方法，为抽象的、缺少操作动力与操作方法的新医学模式的实施提供社会构架和动力支持系统。

科学健康观不是一个抽象的名词，有其政治、文化、经济系统的三维支持结构，而医学的观点、人民的健康要求是主要的标准，全体人民健康水平的提高是出发点和落脚点，从而使马克思主义、人文主义与医学实现新的融合和汇通。一个有主体、动态化、有核心、有支持动力系统的健康观由此诞生。

在科学健康观指导下的社会——健康型社会将是极具先进性、科学性、舒适性的节约资源的和谐社会，它在一定程度上弥补和化解了人与人、行业与行业之间的矛盾与裂痕。人类将站在一个新的起点，一个新的历史高度俯视社会的发展，俯视自身的发展，从而有了正确的行动方向。

概念提示：科学健康观是人们对生活方式、饮食、睡眠、运动、心理状态、环境气候等相关性问题的科学认识。

二、健康素养的构成和意义

对于大学生来说，健康素养是其科学理性地进行学习及生活实践，培养健康意识及公共卫生意识，掌握健康知识、技能，养成健康的行为与生活方式的前提条件。个体只有在具备一定的健康知识和获取健康信息的意愿的前提下，才可能积极地采取利于自身健康的行为。掌握一定的技能可以更好地促进个体的健康，因此，了解健康素养的内涵构架，是领悟健康素养之于个体重要意义的关键。

概念提示：健康素养是人们获取、理解、采纳健康信息和服务，并利用这些信息和服务做出正确判断和决定，促进自身健康的能力。

（一）健康素养的内涵体系

对于健康素养的维度主要有两种界定。一种是分为四个层面，分别是知识性健康素养、信念性健康素养、行为性健康素养和功能性健康素养。知识性健康素养是指对健康概念的认知程度，主要包括生活方式是否健康、卫生知识的掌握程度、安全用药知识、如何有效地防控慢性病等。行为性健康素养主要包括：保证居住环境的整洁卫生、保证居住环境安全、饮食安全、良好的个人卫生习惯、维护公共环境卫生等等。信念性健康素养包括：关注预防流行病措施、能够通过官方渠道获取健康知识及信息、正确认识健康的生活方式对身体健康的重要程度、患病后积极治疗并保持良好心态。功能性健康素养包括：阅读理解能力、与人沟通的能力。另一种是分为三个维度的内容，即功能性健康素养、互动性健康素养和批判性健康素养。功能性健康素养包含健康理念、健康知识、健康行为、健康技能四个方面，反映健康危害和医疗卫生服务利用等信息的传递能力，是个体最基本的能力。互动性健康素养对健康行为形成或者改变起影响作用。批判性健康素养是指运用批判性思维对健康信息进行分析，再贴合自身的实际情况加以运用。

健康素养伴随公众一生，寻找、理解、评估、使用健康信息理念来进行健康决策，降低健康风险，提高生活质量。健康素养包括基本素养、科学素养、公民素养和文化素养四个核心范畴。基本素养是指读、说、写、计数等能力。科学素养是指阅读、理解、表达科学技术的能力，包括掌握基本科学术语、理解科学研究的过程和本质、理解科技的复杂性、局限性和发展性。公民素养是指公众关注社会公共事务并参与决策的能力，包括媒介素养、公民和政府决策过程的知识、个人健康决策对公共健康影响的意识。文化素养指认识和运用集体信念、风俗、世界观和社会身份来影响健康知识，主要是以传播者的角色来构建健康知识以适应公众对健康信息、科学、个人团体行为的理解。

（二）提升健康素养的意义

1.高健康素养能改善国家健康产出

健康素养作为一个与健康产出相关的变量，受到国内外研究人员和政府的高度重视。低健康素养给人民整体健康状况和国家卫生系统带来的负面影响，使它成为重大的公共卫生问题。研究显示，健康素养水平对与健康相关的各个方面都有着重要的影响，包括健康知识水平、健康状况和卫生服务的使用。低健康素养导致公众和国家卫生投入增加和卫生资源的浪费。美国老龄化社会协会研究发现，由于健康相关文化技能的低下，给美国带来了额外卫生保健支出。我国国家卫生服务调查结果也提示，公众在就医方式、选择医院、用药等方面存在着不合理的行为。

2. 高健康素养能增进医患沟通，缓解医患矛盾

低健康素养阻碍了医患沟通，由此导致的医患矛盾会危害病人安全。对医生有较高的依赖程度且健康素养缺乏的患者对医生产生的误解和矛盾，在这一人群中非常普遍。由于医患双方信息不对称，医患之间不能有效地沟通，在对疾病诊治的认知水平和决策能力上均以医方为强势或主动，患者对自己的权利义务不能充分了解，从而造成医患关系紧张。

3. 高健康素养能提高公众自我健康管理能力

低健康素养导致公众对自身健康的管理能力低下，由此带来的危害十分严重。低健康素养的老年人比具有高健康素养的老年人有更高的死亡率。低健康素养的人和普通人群相比，住院和使用急救服务的比率更高，对疾病预防和管理的知识掌握得更少，对糖尿病及其并发症的控制更差，而且低健康素养的老年人比高健康素养的老年人久坐卧床的可能性更高。

三、健康素养的养成和促进

健康相关行为改变理论认为知识和理念是改变行为的基础，态度是转变行为的动力，技能是行为实施的保证。只有知识、行为和技能有机结合，才能形成良好的行为习惯和健康的生活方式。在此理论指导之下，在校大学生健康素养的提升需要从以下几个方面入手。

（一）积极参加学校健康教育活动

学校的健康教育是大学生健康素养形成的基础和根本途径。大学生通过参与学校健康教育课、健康知识竞赛或健康知识讲座等可以全面掌握健康知识、技能，从而形成良好的行为习惯，培养健康的生活方式，提高自身的健康素养。

（二）积极利用不同大众传播媒介获取健康知识

大众媒体是大学生健康素养获取的一个重要外部途径，主要有网络、杂志、电视等。这些渠道通过有感染力的图文和影像向青少年传递信息。大学生无论在学校还是在家中都很容易获得网络资源，尤其随着手机网络的流行，使信息变得几乎随时可及。但是网络信息良莠不齐，大学生应从正规网络渠道获取有益的健康知识。

（三）定期自我监测

大学生可选取适当的评测工具，定期监测自身的健康素养水平，了解自身健康素养水平的动态变化趋势，及时了解影响自身健康素养的因素，从而有针对性地寻求帮助或者自我调节。

第三节
自我健康决策与健康管理

【本节导言】

从行为决策的角度来看，健康行为与其他行为类似，是人类面临确定或者不确定情境下的复杂的决策过程。自我健康决策是健康素养提升和健康行为养成的关键耦合点，值得用心去探究与总结。本节将从健康决策的意义开始梳理，明确健康决策在健康行为养成中的核心位置，进而介绍健康管理以及实现自我健康管理的技巧和方法，有助于当代大学生树立健康理念，明晰健康促进路径，最终成为自身健康的掌舵人。

【核心概念】

行为决策　健康管理　健康监测　健康干预　健康行为

【学前思考】

- 健康决策对于大学生群体和个体的意义有哪些？
- 健康管理的步骤分为哪些？核心步骤主要有哪些？
- 大学生健康管理体系应包含哪几个方面？
- 健康行为理论有哪些？
- 大学生健康自我管理技能主要包括哪几个？

一、健康决策的意义

行为决策是指从多个方案中进行选择的过程。在众多健康决策中，存在着大量有关个体健康的决策。例如，个体决定是否坚持锻炼身体，决定吃哪种食物以及每种食物所吃的量，决定是否参加今天学校某个健康相关的讲座……这些都是健康方面的决策。在生活中，长久以来固定倾向于做出与健康有关的决策就很容易形成健康习惯。而这就是健康行为。健康行为是为了减少伤害、避免疾病，保持健康所采取的积极行动。其中包括生活方式的改变,减少或消除健康危险行为(如吸烟、酗酒,不良饮食习惯和无保护的性行为等),采取积极健康行为(如经常进行体育锻炼,定期体检等),也可表现为遵从医嘱。其对于个体和社会的生存与发展有着重大意义。

概念提示:行为决策主要研究人们如何进行判断与选择。该学科采用实证方法来研究人们的实际决策过程,对决策者真实的决策行为进行描述,总结并解释其行为特征,提炼行为变量从而改进理性决策模型。

首先,健康一直是人们关注的焦点,西方国家经济发展水平高,研究起步较早,健康基础设施和医疗体系也比较健全,在心理健康方面的研究取得了大量成果,我国健康心理学研究起步较晚,但随着我国经济的发展,人们生活水平普遍提高,更加关注健康,高校也日益关注大学生健康,在学校健康教育中不免需要为学生提供健康认知资源。那么,对于促进大学生健康行为,采用什么样的健康知识表征形式,如何构架健康知识信息更为有效呢?在借鉴国外经验的基础上,将框架效应应用到健康领域探讨更高效的健康教育,引导大学生做出科学的自我健康决策,建立健康行为模式是提高我国整体国民身心素质的明智之举。

其次,由于我国和西方国家在社会文化上存在很大差异,人格特质和个体习惯、偏好等也有很大不同,故而,基于西方文化背景发展的研究方式以及研究结果是否适用于中国还有待验证。美国人在遭遇陌生人拒绝时可能会感到更大的伤害,而日本人则可能对来自陌生人的拒绝关心较少。东、西方人的认知偏好、健康信念和健康行为内容可能有所不同。因此,了解健康信息外部表征形式和信息框架对大学生健康行为决策的影响,可以促进目标群体更高效地利用健康信息,形成更具有影响力的健康行为。

最后,尽管生物—心理—社会—医学模式早已成为学界共识,但鉴于我国经济发展水平还有待提高,实际健康体系建设与应用还存在不足。在我国医疗保健体系中,对健康信念树立、健康决策引导的重视以及相关建设都不够。另一方面,当下我国正处在全面深化改革时期,不仅需要大量人才,更要求大学生有健康体魄与和谐心理,能够在今后的工作和生活中以高水平的健康决策力维护个体身心健康。因此,探讨如何优化大学生健康教育方式,从而创设积极环境,提供有效干预措施以提高大学生自我健康决策的有效性,对于促进大学生健康行为,保障其身心健康有重要意义。

二、健康管理路径

健康管理路径以健康第一为指导思想，旨在为人们的健康提供针对性服务，并将培育人们树立正确的健康观和健康意识列为服务的核心宗旨。充分地利用和借助社会上有效的优势资源和平台来达到最优的健康管理服务效果，推动人们正确健康观的形成和完善。其基本步骤包括：第一步了解健康；第二步对身体健康状况以及可能出现的风险进行分析评估；第三步进行健康干预；第四步在干预后再次进行分析评估。

概念提示：健康管理是通过对个人的健康状况以及影响健康的风险因素进行全面检测，收集躯体、精神、心理、社交、环境等多方面的信息，分析影响生理、心理及行为健康的风险因素，对目前健康状况提出评估意见，提供健康咨询和行为干预的行为。

（1）受理服务：包括对潜在客户准备加入健康管理前的来访、电话询问、网上提问等进行回复的服务，以及已经成为健康管理机构正式客户的相关服务，对所应得到的服务或疑问等事务的受理。这项工作很重要，一定要进行专业的培训。

（2）接待咨询：详细介绍健康管理服务的内容，所带来的益处，范畴、边界等，同时要热情大方，介绍服务目标清晰，语气、语态亲近和蔼，但不卑躬屈膝，更不要含糊其辞、遮遮掩掩等。

（3）采集个人健康基础信息：采集个人健康基础信息是指通过各种方式获取相关信息与需求。信息收集是信息得以利用的第一步，也是关键的一步。信息收集工作的好坏，直接关系到整个信息管理工作的质量。采集个人生活方式、行为习惯、运动情况、曾患病史、现病史、家族病史、心理健康状态、医学检查等多项与健康相关的信息。包括家族病史、膳食习惯（如谷类、肉类、干豆类以及咸菜、酒类等摄入情况）、生活习惯（如吸烟、睡眠、体力活动、锻炼、精神及社会因素等）、体格检查、实验室检查等。

（4）建立健康档案：内容是多方面的，且是动态变化的、不断更新和填充的。健康档案管理内容包含：健康档案首页、个人健康信息表、病史摘要、既往健康体检报告（个人、群体）、最新健康体检报告（个人、群体）、健康检测与监测指标记录表、健康管理动态跟踪记录表、膳食管理日记表、运动管理日记表、健康咨询与反馈记录表、专家会诊与干预服务记录表、会员健康管理服务预约记录表、会员预约诊疗服务执行记录表等。所有表单按相应要求逐项清晰填写。

（5）体检报告汇总分析：应从两个层面考虑，一是临床机体状态有无存在疾病的可能和诊断；二是健康状态有无健康风险因素和预测机体健康未来发展趋势。

（6）健康危险因素综合分析与评估：依据个人健康基础信息资料和体检报告的全面

指标，进行科学、客观、综合的整体性分析和评估。分析目前机体健康存在的危险因素，通过分析评估制订健康管理干预计划和健康指导实施方案，提出具体管理服务措施，使个体健康得到改善。

（7）制订健康管理阶段性实施计划与方案：根据对上述管理目标实施与执行情况，对身体状况重新进行全面复查并进行前后效果对比，对已改善的继续维护，对新发生的健康问题应进行及时补充、修订，以调整管理干预计划，最终实现最大程度的健康改变和健康促进。

三、做自己的健康决策与管理人

在一项对600名在校本科生进行的健康调查中发现，慢性病高风险人群已高达62.70%。鉴于此，我们亟须在努力提高自我健康素养的同时积极发挥主体责任意识，提高健康自我管理能力，进而提高健康水平。

概念提示：健康自我管理是指通过综合运用管理学和行为学的理论为促进和维护自己的健康而采取的决策和行动，具体行为包括饮食、运动等一系列维护健康的措施。

（一）了解健康行为理论基础

1. 健康信念模型

健康信念模型是20世纪由美国社会心理学家提出的健康行为理论。主要是人们对预防保健行为的解释及遵从医学建议行为方面的影响因素。相关研究认为，健康行为受心理、社会等因素影响，其中关键是个人健康意识和信念，这些可以影响人们对疾病威胁的感知，从而使健康行为改变成为可能。健康信念模型被分为背景、感知和行动三个部分。模型中的背景部分主要包括年龄、性别、民族和教育等人口学的一些特征；感知部分，主要包括知觉期望及知觉威胁两部分；行动部分主要包括媒体影响、他人劝告和健康宣传等提示因素。

2. 计划行为理论

计划行动理论强调认知因素在产生及改变个人健康行为、伦理行为及其他行为中的重要作用。早在20世纪70年代，一些美国学者认为人类行为是理性的，行为意图是行为变化最重要的预测因子，是行为变化的直接力量。同时行为意图也受行为态度和主体规范的影响。其中，行为态度是整体评价中的个人行为，包括参与行动的结果和评估这两个要素。主观规范是指个人感知个体的认可程度及倾向，由标准信念和合理性动机组成。标准信念指个人对他们行为的认知重要性的支持程度和期望,合理性动机表示个人预期满足他人期望的程度。在理性行动理论的基础上,扩展原理,增加感知行为控制变量,形成计划行为理论。行为控制是指个人判断和评估他们能够成功改变其行为的能力,这与自我效能类似,即行为态度、主要规范和感知行为控制对行为意图具有预测性的影响,行为意图和感知行为控制对行为有直接影响。

3.跨理论模型

跨理论模型将健康行为变化划分为5个阶段:前意向阶段,意向阶段,准备阶段,行动阶段和维持阶段。每个阶段表示时间维度的行为的变化,反映了人的不同心态,并且建议进入下一阶段或维持行为改变需要完成的任务。前意向阶段是指个体并没有考虑进行行为改变或对可能产生的行为结果不清楚。意向阶段则是指个体开始了解行为改变的潜在影响但是并没有在接下来的6个月内行动。准备阶段是指个体可能开始做出较小的行为改变。进入行动阶段,是指个体已经采取了直接的行动但是持续时间还未到达6个月。如果个体进行行为改变的时间超过6个月并且没有回到以前的阶段,就可以判定进入了维持阶段。

(二)掌握大学生健康自我管理技能

健康自我管理能力主要包括身体管理能力和心理管理能力。身体管理能力是指大学生应学会根据天气穿衣,积极参加体育活动,提高健康运动意识,不过度透支身体,注重个人饮食和卫生。心理管理能力是指大学生对学习和生活保持积极向上的态度,从而始终保持正常的学习和生活。

第一,健康自我管理重在学习,要学习必要的健康常识,了解人体的生理机能、常见疾病的诱因与预防、正确的营养常识、合理的减压方法等。利用学校资源参加校医院或者卫生行政部门开设的健康教育必修或者选修课、科普讲座或健康讲堂,或者参加正规机构举办的健康管理培训课程。如果时间、精力有限,可选择权威平台的健康咨询,但不要轻信网上流传的“健康秘诀”,电视上的健康类节目也鱼龙混杂,要有选择性地观看。

第二,记录日常健康“收支”。不少大学生在频繁熬夜、不规律饮食后表现出周身不适、精力不集中、失眠、疲劳、睡眠质量下降、颈肩部僵直、手足发凉、胃部不适、心悸气短、情绪不稳定等症状,可能已经进入了疾病前的高危状态。这些人有必要做个“健康日记”,包括有哪些不适、何时开始与缓解、可能的诱因有哪些,以及日常活动,比如有没有运动、吃了哪些食物、压力和心情如何等。这有助于专业健康管理人员或医生准确判断问题所在,有的放矢。使用智能手机,配合健康软件做记录会更方便。

第三，合理膳食、均衡营养，秉持天然、纯净、新鲜等健康食物标准，古人云："杂食者，美食也；广食者，营养也。"控制肉类、油脂、盐的摄入量，增加水果、奶、谷物和薯类食物，保证食物多样化，维持高纤维素摄入，保证新陈代谢正常。

第四，根据自身情况选择合适的运动方式。比如超重者应多做游泳等有氧运动，才能消耗脂肪；太瘦的人可常做静态伸展运动，强化肌肉骨骼。一般人可以选择慢跑、快走，这是很有效的有氧运动，能够改善微循环，提高高密度脂蛋白含量，降低心血管风险，并改善血管弹性。

第五，戒烟限酒。长期吸烟者的肺癌发病率比不吸烟者高 10~20 倍、冠心病发病率高 2~3 倍，而且吸二手烟对健康的危害更大。因此，戒烟是健康第一要务。饮酒也要适度，不宜过量，拒绝宿醉。

第六，心理调适。大学生在学习、竞争、生活和人际交往中保持心理平衡，能有效地缓解压力。善于倾诉，增加交际活动，发展兴趣爱好，不苛求自己，不对亲人期望过高，善于调整个人情绪，对人表达善意，知足常乐的心境能让人拥有健康的心理。

【本章交流与讨论】

- 谈谈既往你对健康的认识，并分析健康对你的学习和生活产生的影响。
- 请根据自己的亲身体验或者观察，阐述健康与学业的关系。
- 你认为心理问题和情绪障碍在哪些方面会影响学业成绩，请举例说明。
- 请比较科学健康观与传统健康观的异同，并举例说明。
- 请谈谈对健康素养的理解，并说明哪些知识和技能是大学生健康素养必备。
- 请结合实际谈谈大学生最迫切需要的健康管理服务有哪些，并说明理由。
- 你认为怎样才能在实际生活中培养自我健康管理的技能？以自身的健康行为举例说明。

CHAPTER 2

第二章

合理营养与健康

本章学习之后，你将能够：

- 理解营养的含义；
- 了解食物营养的组成；
- 掌握营养素的代谢过程及不同营养素的功能；
- 了解膳食结构；
- 学会评价膳食结构的合理性，防范食品安全隐患。

第一节 合理营养的基本概念

【本节导言】

“民以食为天”，我国对营养健康的重视历史悠久。现代营养学的诞生从发现营养素开始至今两百余年，其中最重要的概念就是合理营养。本节将从营养、营养素、合理膳食、膳食结构和合理营养的基本概念及其对大学生健康的重要性等方面介绍，从而为大学生树立科学营养观和保持健康打下坚实的基础。

【核心概念】

营养　营养素　膳食结构　合理营养　合理膳食

【学前思考】

- 大学生是否能够“吃”出健康？
- 合理营养对大学生健康的意义有哪些？
- 营养素和食物能够分“好坏”吗？

一、营养

我国对食物营养及其对人体健康影响的认识历史悠久，早在我国古代的西周时期，官方医政制度就把医学分为四大类：食医、疾医、疡医、兽医，其中“食医”排在“四医”之首。《黄帝内经·素问》中提到“五谷为养、五果为助、五畜为益、五菜为充”的饮食原则，可见在中国几千年的历史中不乏饮食养生的思想，这也是首次从多方论述保持饮食平衡、维护身体健康的方法。

我国在探索饮食与健康关系的历史进程中，不仅积累了丰富的实践经验，还逐渐形成了传统医学中关于营养保健的独特理论体系，即“药食同源学说”“药膳学说”“食物功能的性味学说”“辩证施食学说”等。这些学说依据我国传统医学的理论，站在哲学的高度，用辩证、综合、联系和发展的观点研究饮食营养与健康的关系。

国外最早关于营养的记载始于公元前400多年的著作中。古希腊名医希波克拉底（Hippocrates）在公元前400多年就认识到膳食营养对健康的重要性，并提出“食物即药”的观点，这与我国古代“药食同源学说”有惊人的相似。不仅如此，他还尝试用海藻治疗甲状腺肿大，用动物肝脏治疗夜盲症，这些饮食疗法有的沿用至今。

18世纪中叶以前，关于膳食、营养与健康的关系虽然已有大量的观点、学说甚至理论，有些还在实践中得到验证，但这些认识多是表面的感性经验的积累，缺乏对事物本质的全面认识（比如当时对食物和人体的构成一无所知）。直到法国“化学革命”，鉴定了一些化学元素，并建立了一些化学分析方法，才开始了现代营养学研究，这标志着现代营养学的开端，即利用定量、科学的方法系统地对那些古老的或新的营养观点进行更深层次的研究和验证。

概念提示：营养是指机体从外界摄取食物，经过体内的消化、吸收和代谢，或参与建构组织器官，或满足生理功能和身体活动需要的必要的生物学物质。

二、营养素

（一）营养素种类及分类

食物富含各类营养素，是维持人体生长发育和繁衍生息的物质基础。来自食物的营养素种类繁多，人类所需大约40多种，根据其化学性质和生理作用分为5大类，即蛋白质（Protein）、脂类（Lipid）、碳水化合物（Carbohydrate）、矿物质（Mineral）和维生素（Vitamin）。

根据人体的需要量或体内含量多少，可将营养素分为宏量营养素（Macronutrients）和微量营养素（Micronutrients）。

概念提示：营养素是指为了维持机体繁殖、生长发育和生存等一切生命活动和过程，需要从外界环境中摄取的物质。

1.宏量营养素

包括碳水化合物、脂类和蛋白质，这三种营养素经氧化可提供能量，又称为产能营养素（Calorigenic nutrients）。碳水化合物是机体的重要能量来源，成年人所需能量50%~65%由食物中的碳水化合物提供。脂肪作为能源物质在体内氧化时释放的能量较多，可在机体大量储存。一般情况下，人体主要利用碳水化合物和脂类氧化供能，在机体所需能源物质供能不足时，可将蛋白质氧化分解获得能量。

（1）碳水化合物：碳水化合物广泛存在于动植物中，包括构成结构的骨架物质如膳食纤维、果胶、黏多糖和几丁质，以及为能量代谢提供原料的物质如淀粉、糊精和糖原等。碳水化合物按化学结构和生理作用分为糖（1~2个单糖）、寡糖（3~9个单糖）和多糖（≥10个单糖）。糖类又包括单糖、双糖和糖醇；寡糖又称低聚糖，目前已知几种重要的功能性低聚糖有低聚果糖、异麦芽低聚糖、海藻糖、低聚木糖及大豆低聚糖等；多糖主要包括同多糖（淀粉、糖原和纤维素）和杂多糖（阿拉伯胶等）。

（2）蛋白质：蛋白质是机体细胞、组织和器官的重要组成成分，是一切生命的物质基础，没有蛋白质就没有生命。人体内蛋白质始终处于不断分解、合成的动态平衡之中，从而达到组织蛋白质更新和修复的目的。构成人体蛋白质的氨基酸有20种，分为必需氨基酸、非必需氨基酸和条件必需氨基酸。

①必需氨基酸（Essential amino acid）必需氨基酸是指人体内不能合成或合成速度不能满足机体需要，必须从食物中直接获得的氨基酸。必需氨基酸有9种：赖氨酸、缬氨酸、异亮氨酸、苯丙氨酸、色氨酸、苏氨酸、蛋氨酸、亮氨酸和组氨酸。组氨酸是婴儿的必需氨基酸，目前尚难确定组氨酸是否为成人的必需氨基酸。

②非必需氨基酸（Nonessential amino acid）非必需氨基酸是指人体可以自身合成，不一定需要从食物中直接获得的氨基酸。

③条件必需氨基酸（Conditionally essential amino acid）条件必需氨基酸是指某些氨基酸在正常情况下能够在体内合成，为非必需氨基酸；但在某些特定条件下，由于合成能力有限或需要量增加，不能满足机体需要，必须从食物中获取，变成必需氨基酸。包括谷氨酰胺、精氨酸、半胱氨酸和酪氨酸。此外，半胱氨酸和酪氨酸在体内分别由蛋氨酸和苯

丙氨酸转变而成，如果膳食中能直接提供半胱氨酸和酪氨酸，则人体对蛋氨酸和苯丙氨酸的需要可分别减少30%和50%。

（3）脂类：脂类包括脂肪和类脂，总量占体重的10%~20%。脂肪又称甘油三酯（Triglyceride），是体内重要的储能和供能物质，约占体内脂类总量的95%，类脂主要包括磷脂（Phospholipid）和固醇类（Sterols），约占5%，是细胞膜、机体组织器官，尤其是神经组织的重要组成成分。脂类的适量摄入对满足机体生理需要，促进维生素A、维生素E等脂溶性维生素的吸收利用，维持人体健康发挥着重要作用。食物中脂类主要由甘油三酯构成，必需脂肪酸和其他多不饱和脂肪酸是两类重要的脂肪酸，在人体内发挥着特殊的作用。

①必需脂肪酸（Essential fatty acid，EFA）。人体不可缺少且自身不能合成，必须通过食物供给的脂肪酸，称为必需脂肪酸。EFA有亚油酸和α-亚麻酸。

②其他多不饱和脂肪酸包括n-6多不饱和脂肪酸和n-3多不饱和脂肪酸。亚油酸和花生四烯酸是重要的n-6多不饱和脂肪酸，可调节血脂和参与磷脂组成；α-亚麻酸是n-3多不饱和脂肪酸的前体或母体，可转化为二十碳五烯酸（EPA）和二十二碳六烯酸（DHA）。EPA具有降低胆固醇和甘油三酯的作用，可降低血液黏度，预防动脉粥样硬化等心血管疾病；DHA可促进胎儿大脑发育。

2.微量营养素

相对于宏量营养素来说，人体对微量营养素需求量较少，包括矿物质和维生素。虽然各类微量营养素的每日需求量不多，却是人体所必需的。缺乏微量营养素会造成人体免疫力下降，导致出现各种疾病，例如缺铁会造成缺铁性贫血，缺乏维生素C可能会造成维生素C缺乏病，同时微量营养素在人体内还可以发挥宏量营养素所没有的作用，如部分维生素（维生素A、E、C）和矿物质（硒、锰、铜）具有抗氧化功能。根据在体内的含量不同，矿物质又可分为常量元素（Macroelements）和微量元素（Microelements）。根据化学性质不同，维生素则可分为脂溶性维生素（Lipid-soluble vitamins）和水溶性维生素（Water-soluble vitamins）。

（1）矿物质：人体组织含自然界各种元素，这些元素除了组成有机化合物的碳、氢、氧、氮外，其余的元素均称为矿物质，亦称无机盐或灰分。按照化学元素在机体内的含量多少，通常将矿物质元素分为常量元素和微量元素两类。凡体内含量大于体重0.01%的矿物质称为常量元素或宏量元素，包括钙、磷、钠、钾、硫、氯、镁；凡体内含量小于体重0.01%的称为微量元素。其中，铁、铜、锌、硒、铬、碘、钴和钼被认为是必需微量元素；锰、硅、镍、硼、钒为可能必需微量元素；氟、铅、镉、汞、砷、铝、锡和锂具有潜在毒性，但低剂量时可能具有功能作用。

(2)维生素:维生素是维持机体生命活动过程所必需的一类微量的低分子有机化合物。它既不是构成各种组织的主要原料,也不是体内的能量来源。大多数维生素在机体内不能合成,也不能大量储存于机体组织中,必须由食物提供。少部分的维生素,如烟酸和维生素D可由机体合成,维生素K和生物素可由肠道细菌合成,但合成的量并不能完全满足机体的需要,因此不能替代从食物中获得这些维生素。维生素根据其溶解性可分为两大类,即脂溶性维生素和水溶性维生素。

①脂溶性维生素。脂溶性维生素是指不溶于水而溶于脂肪及有机溶剂(如苯、乙醚及氯仿等)的维生素,包括维生素A、D、E、K。其在食物中常与脂类共存,人体对其的吸收与肠道中的脂类密切相关;易储存于体内(主要在肝脏),而不易排出体外(维生素K除外),故脂溶性维生素摄入过多,易在体内蓄积而导致毒性作用。

②水溶性维生素。水溶性维生素是指可溶于水的维生素,包括B族维生素和维生素C。水溶性维生素在体内较易自尿液中排出,但维生素B_{12}例外,甚至比维生素K更易于储存于体内;水溶性维生素一般无毒性,但过量摄入时也可能产生毒性。

(二)营养素的代谢和生理功能

食物在人体内需要经过消化、吸收和代谢的生理过程。食物首先在胃肠道经过消化,营养素被吸收,进入血液,再到达身体的各个部位,通过代谢发挥功能。

1.营养素的代谢

营养素代谢分为三个阶段:

(1)消化吸收。除水、矿物质、维生素和单糖等小分子物质可被机体直接吸收外,糖类、蛋白质、脂类及核酸等需经消化、分解成比较简单的水溶性或脂溶性物质,才能被吸收到体内。

(2)中间代谢。营养物质经消化吸收后,由血液及淋巴液运送到各组织中参加代谢,在各种酶类催化下,进行分解和合成代谢,细胞内外物质进行交换和能量转变。

(3)排泄:物质经中间代谢过程产生多种终产物,再经肾、肠、肝及肺等器官随尿液、粪便、胆汁及呼气等排出体外。

2.营养素的生理功能

营养素作为食物的重要物质组成,是人体生长发育,维持日常生活所必不可少的营养直接来源,每类营养素在体内发挥着不同的作用,有条不紊、相互协作地为机体提供其所需。其生理功能主要有以下几点:

(1)提供能量:以维持体温并满足各种生理活动及体力活动对能量的需要,能量来自三大营养素，即蛋白质、脂类和碳水化合物。

（2）构成机体成分：给人体细胞、组织提供生长、发育和自我更新所需的材料。蛋白质、脂类、碳水化合物与某些矿物质经代谢、同化作用可构成机体组织，以满足生长发育与新陈代谢的需要。

（3）调节生理功能：营养素可构成体内各种重要的生理活性物质（酶、激素、抗体、转运体等），在机体各种生理活动与生物化学变化中起调节作用。

3. 与大学生密切相关的部分营养素的特殊生理功能

（1）脂肪的保温及润滑作用：皮下脂肪组织可起到隔热保温的作用，维持体温正常和恒定；腹腔大网膜中大量脂肪在胃肠蠕动中起润滑作用，皮脂腺分泌脂肪对皮肤也起到润滑护肤作用。

（2）蛋白质中肽类的特殊生理功能：①参与机体的免疫调节；②促进矿物质吸收；③降血压，降压肽是通过抑制血管紧张素转换酶的活性来实现降压的；④清除自由基，例如谷胱甘肽，作为自由基清除剂，可保护细胞膜，使之免遭氧化性破坏，防止红细胞溶血及促进高铁血红蛋白的还原。

（3）膳食纤维的肠道健康促进功能：①增加饱腹感，膳食纤维吸水膨胀，增加胃内容物的容积，而可溶性膳食纤维黏度高，胃排空速率减缓，延缓胃中内容物进入小肠的速度，使人产生饱腹感；②促进排便，不溶性膳食纤维可组成肠内容物的核心，由于其吸水性可增加粪便体积、减少粪便硬度，以机械刺激使肠壁蠕动，结肠细菌发酵产生短链脂肪酸和气体刺激肠黏膜，从而促进粪便排泄；③降低血糖和血胆固醇，膳食纤维可减少小肠对糖的吸收，使血糖不致因进食而快速升高，各种纤维可吸附脂肪、胆固醇和胆汁酸，使其吸收率下降，达到降血脂作用；④改变肠道菌群，某些膳食纤维有选择性地刺激肠道菌的生长，特别是某些有益菌群的增殖，可清除肠道毒素，发酵产生的短链脂肪酸可降低肠道pH值，诱导益生菌大量繁殖。

三、膳食结构

根据膳食中动物性、植物性食物所占比例，一般将世界各国的膳食结构分为以下四种类型。

1. 以植物性食物为主的膳食结构

大多数发展中国家如印度、巴基斯坦、孟加拉国和非洲一些国家等属于此类型。该膳食结构以植物性食物为主，动物性食物为辅。该膳食结构的特点是谷类食物消费量大，动物性食物消费量小，植物性食物提供的能量占总能量近90%，动物性蛋白一般少于蛋白质总量的10%~20%。该膳食平均每天的能量摄入为2000~2400 kcal，蛋白质仅50 g左右，脂肪仅30~40 g，膳食纤维充足，来自动物性食物的营养素（如铁、钙、维生素A）摄入不足。这类膳食容易出现蛋白质、能量补充不足而营养不良，以致体质较弱，健康状况不良，劳动能力降低，但心血管疾病（高血压、冠心病、脑卒中等）、2型糖尿病、肿瘤等慢性病的发病率较低。

2.以动物性食物为主的膳食结构

该膳食结构以动物性食物为主，是多数欧美发达国家如美国，西欧、北欧各国的典型膳食结构，属于营养过剩型膳食。该膳食结构的特点是粮谷类食物消费量小，动物性食物及糖类的消费量大。人均每日摄入肉类300 g左右，糖类甚至高达100 g，奶及奶制品300 g左右，蛋类50 g左右。人均日摄入能量高达3300~3500 kcal，脂肪130~150 g，蛋白质100 g以上，以高能量、高脂肪、高蛋白质、低膳食纤维为主要特点。这种膳食模式容易造成肥胖、高血压、冠心病、糖尿病等营养过剩型慢性病发病率上升。

3.以动植物平衡为主的膳食结构

该膳食结构是一种动植物食物较为平衡的膳食结构，以日本为代表。该膳食结构的特点是谷类的消费量为日人均300~400 g，动物性食品消费量为日人均100~150 g，其中海产品比例达到50%，奶类100 g左右，蛋类、豆类各50 g左右。能量和脂肪的摄入量低于以动物性食物为主的欧美发达国家，平均每天能量摄入在2000 kcal左右，蛋白质为70~80 g，动物蛋白质占总蛋白50%左右，脂肪50~60 g，该膳食模式既保留了东方膳食的特点，又吸取了西方膳食的长处，少油、少盐、多海产品，蛋白质、脂肪和碳水化合物的供能比例合理。有利于避免营养缺乏病和营养过剩性疾病（心血管疾病、糖尿病和癌症），膳食结构基本合理。

4.地中海膳食结构

居住在地中海地区的社区人群所特有的膳食结构称为地中海膳食结构，意大利、希腊地区人群的膳食可作为这种膳食结构的代表。该膳食结构的特点是富含植物性食物，包括水果、蔬菜、谷类、豆类、果仁等；每天食用适量鱼、禽肉、少量蛋、奶酪和酸奶；每月食用畜肉的次数不多，主要食用油是橄榄油；大部分成年人有饮用葡萄酒的习惯。脂肪所提供能量占膳食总能量的25%~35%，饱和脂肪所占比例较低，为7%~8%；此类膳食结构的突出特点是饱和脂肪摄入量低，不饱和脂肪摄入量高，膳食含大量复合碳水化合物，蔬菜、水果摄入量较高。地中海地区人群心脑血管疾病、2型糖尿病等的发生率低。

近年来，随着我国经济发展速度加快，居民生活水平不断提高，国民的膳食结构发生了显著变化。当前,我国正处于膳食结构变迁的关键期,主要存在三种膳食结构,即贫困和偏远地区以传统的以植物性食物为主的膳食结构为主,经济发达地区主要以动物性食物为主的膳食结构为主,其他地区则从原来的以植物性食物为主的膳食结构向以动物性食物为主的膳食结构过渡。在保持我国传统的以植物性食物为主的膳食结构优势的同时,预防和控制以动物性食物为主的膳食结构带来的营养过剩引起的肥胖、心脑血管病、糖尿病、癌症等慢性病。正确引导大学生建立科学合理的膳食结构,是当下一项紧迫而艰巨的任务。

大学生正处于未成年向成年的转变时期,能量和营养素的需要量增加,同时也不能增加过多,防止在青春期发育结束之时,能量和营养素过剩,造成肥胖的产生。可以在日常的学习生活中多参照以动植物平衡为主的膳食结构,在保证能量满足自身所需的条件下,多补充优质的蛋白质,控制碳水化合物的摄入,减少油盐的摄入。另外,大学生还可以结合以植物性食物为主的膳食结构来规划膳食,最终达到营养健康。

四、合理营养及其重要性

要使摄入的食物所富含的营养素能满足人体在不同的生理状态和不同的劳动环境所需,进一步使人体处于良好的健康状态,首先就需要满足合理营养,即通过食物摄入的能量和各种营养素数量以达到相互间的合适比例。不同的营养素在机体代谢过程中均有其独特的功能,一般不能互相替代,因此,营养素的种类应该齐全;同时,在数量上要充足,能满足机体对各种营养素及能量的需要;另一方面,各种营养素之间密切联系,相辅相成,因此,各种营养素之间还要有一个适当的比例。

概念提示:合理营养(Rational nutrition)是指人体每天从食物中摄入的能量和各种营养素的数量及其相互间的比例,能满足在不同生理阶段、不同劳动环境及不同劳动强度下的需要,并使机体处于良好的健康状态。

合理营养是大学生健康的物质基础,是维系机体生理功能正常运作的必要条件,“安全、全面、均衡、适量”是合理营养的四个基本要求。不合理的营养状况是疾病的温床,疾病预防和治疗需要合理营养,同时大学生要提高生活质量,科学减重,以及提高学习效率,这些都需要个人通过养成合理的膳食行为习惯从而达到的合理营养来维持。

1. 合理营养维系机体生理功能

适宜的能量摄入维持体温并满足各种生理活动及体力活动对能量的需要。适当数量和比例的营养素构成机体成分，给人体细胞、组织供给生长、发育和自我更新提供所需的材料。同时能调节生理活动，在机体各种生理活动与生物化学变化中起调节作用，使之均衡协调地进行。

2. 合理营养有助于预防营养不良

当下由于膳食结构不合理，膳食行为不健康，造成大学生的健康问题如超重肥胖以及各种慢性病问题愈发地严重。机体的健康很大程度上取决于合理营养，若达不到合理营养将会导致营养不良。

营养不良（Malnutrition）是指由于一种或一种以上营养素的缺乏或过剩所造成的机体健康异常或疾病状态，主要包括营养缺乏（Nutrition deficiency）和营养过剩（Nutrition excess）。

营养缺乏主要是由于身体营养素不足以用于增生新组织、补偿旧组织和维持正常机能的生理表现，常见有蛋白质缺乏、营养性贫血、维生素缺乏病和矿物质缺乏病等。长时间的营养过剩可引起超重肥胖、心血管疾病如高血压、高血脂、冠心病和动脉粥样硬化等症状，还易导致脂肪肝、糖尿病等慢性病。

近年来，营养过剩在大学生人群中越发地多见，主要原因有大学生在外就餐增多，零食摄入量增多等，导致能量过剩、糖油盐摄入过多。例如脂肪摄入过多，血脂升高、动脉粥样硬化的发病率会升高，还有研究表明精制糖的消耗量与冠心病死亡率呈正相关，高能量低镁膳食容易引起动脉硬化，大量的饮酒不仅对肝脏有损害，同时还可能会引起高三酰甘油酯血症等。

3. 合理营养有利于疾病的预防与康复

合理营养与健康的关系十分密切，合理营养不仅能够增进健康，还可作为预防疾病的重要手段。除上述提到的以外，营养与癌症的关系日益被人们重视，流行病学调查发现，居民的饮食习惯和膳食结构与癌症种类的不同有很大关系，以动物性食物为主的欧洲国家居民多见前列腺癌、结肠癌、子宫癌等，而以植物性食物为主的经济欠发达地区居民则以消化道癌更为多见。关于营养对癌症的影响，有人认为营养缺乏可产生癌症，例如长期缺铁的贫血患者食管癌发病率较高。过度营养也可导致癌症的发生，如膳食中脂肪量与肠癌和乳腺癌发生率呈正相关。

营养还对机体的应激状态和伤病后的康复有重要影响，良好的营养能维持机体处于一个健康的状态，就像是有了扎实的地基，才能在上面建起高楼。现如今，越来越多的营养支持手段被运用到临床病人的围手术期和术后康复中，合理营养的个体其自身机体的应激能力就较好，在康复时期，身体底子好的个体能更快地康复，从而有效地提高生活质量。

4.合理营养利于提高学习成绩

常言道“健康的身体是革命的本钱”，学习成绩的好坏，首先取决于学生身体状况。大学生的营养健康状况首先决定了学习时间的长短和学习的效率，其次也决定了其学习能力，健康状况对其学习成绩有较大的影响。

由于我国区域发展不平衡，造成的经济区位的不平衡势必会首先影响大学生的营养健康状况，研究发现营养状况对教育成绩的影响在经济水平较低的女孩身上反映更为明显，也就是说，营养健康状况的改善对于健康状况较差的个体提高学习成绩的效果更佳。近年来，国家实行学生营养改善计划、“大豆行动计划”、营养早（午）餐计划等，着力改善学生的营养健康状况，以达到促进学业提升的效果。营养缺乏会对健康和学业提升产生深远影响，营养过剩也同时会对学习产生不小的影响。随着营养过剩现象日益严重，超重肥胖在大学生群体中的发生率也逐年增加，不仅可能会影响到大学生的心理健康，从而影响学习能力，而且和正常体重的学生相比，超重肥胖学生还可能存在不好的学习状态，如注意力不集中，学习易焦虑等。

5.保持青春，延长寿命

著名营养学家、诺贝尔奖获得者莱纳斯·波林斯曾经预言“合理营养可使人的寿命延长20年”。衰老的过程主要受遗传基因和环境因素的影响，而在诸多环境因素中，合理营养是其中极为重要的一环。营养与衰老的关系，主要表现为能量摄入及饮食成分两方面。限制能量摄入、合理的饮食结构及某些营养素，尤其是抗氧化营养素的摄入，对保持青春、延缓衰老有重要作用。

第二节 大学生合理营养的自我评价

【本节导言】

随着经济和社会的发展，我国城乡居民的膳食结构发生了明显的变化。近30年间，谷物在膳食中占比下降了近30%，猪肉和食用油消费明显增加，而水果、乳制品和大豆的摄入量却持续偏低，膳食结构和疾病谱的变化引起我们高度重视。本节将从膳食行为、膳食营养素参考摄入量的定义和应用等方面入手，分析最新的中国居民膳食指南和平衡膳食宝塔，以及大学生膳食评价的主要方法。

【核心概念】

膳食行为　膳食营养素参考摄入量　膳食指南

【学前思考】

- 大学生如何评价自身膳食的合理性？
- 大学生是否需要额外补充营养素制剂？
- 大学生如何判断自身体型是否正常？

一、膳食营养素的评价

大学生每日膳食摄入量需要用一个能量化的指标来进行指导，膳食营养素参考摄入量（DRIs）就是能指导我国居民膳食营养评价和计划膳食的一组参考值。2013年中国营养学会发布最新的中国居民膳食营养素参考摄入量（DRIs），其主要内容包括人体所需的能量和40余个宏量营养素、维生素、矿物质等营养素的平均需要量（Estimated Average Requirement，EAR）、推荐摄入量（Recommended Nutrient Intake，RNI）、适宜摄入量（Adequate Intake，AI）、可耐受最高摄入量（Tolerable Upper Intake Level，UL）、预防非传染性慢性病建议摄入量（Proposed Intakes for preventing Non-communicable Chromic Diseases，

PI-NCD）以及某些植物化学物的特定指导值（Specific Proposed Levels，SPL）。

1.EAR

EAR是指群体中个体需要量的平均值，是根据个体需要量的研究资料计算得到的。EAR是依据某些指标判断得出的可满足某一特定性别、年龄及生理状况的群体中半数个体需要量的摄入水平，是制定RNI的基础。这一摄入水平能够满足该群体中50%的成员的需要，不能满足另外50%的个体对该营养素的需要。

2.RNI

RNI相当于传统使用的RDA，是指可以满足某一特定性别、年龄及生理状况的群体中绝大多数（97%~98%）个体需要量的摄入水平。长期摄入RNI水平的食物，可以满足身体对该营养素的需要，保持健康，维持组织中有适当的储备。RNI的主要用途是作为个体每日摄入该营养素的目标值。

RNI是以EAR为基础制定的。如果已知EAR的标准差，则RNI定为EAR加两个标准差（SD），即RNI=EAR+2SD。如果关于需要量变异的资料不够充分，不能计算SD时，一般设EAR的变异系数为10%，这样RNI=1.2×EAR。

3.AI

AI是指通过观察或实验获得的健康人群某种营养素的摄入量，主要是作为个体营养素摄入量的目标。当某种营养素的个体需要量研究资料不足，没有办法计算EAR，因而不能求得RNI时，可设定AI来代替RNI。

AI与RNI值的相似之处是二者都用作个体摄入量的目标，能够满足目标人群中几乎所有个体的需要。AI与RNI的区别在于AI的准确性远不如RNI，可能明显高于RNI。

4.UL

UL是指平均每日可以摄入某种营养素的最高量。对一般人群来说，摄入量达到UL水平对几乎所有个体均不致损害健康，但是并不表示达到此摄入水平对健康是有益的。对健康的个体而言，大多数营养素的摄入量超过RNI或者AI，并不会产生明显益处，因此UL并不是一个建议的摄入水平。

概念提示：膳食营养素参考摄入量（Dietary Reference Intakes, DRIs）是在推荐的每日膳食营养供给量（Recommended Dietary Allowance, RDA）基础上发展起来的一组每日平均膳食营养素摄入量的参考值。RDA的制定目标主要是预防营养缺乏性疾病。

二、营养缺乏症症状的自我评价

大学生营养素摄入不足时，常会导致营养缺乏症的发生，常见的有蛋白质缺乏、营养性贫血、维生素缺乏病和矿物质缺乏病等。大学生可借助生化检验指标数据进行自身营养水平的评价，主要是通过医院体检，进行生化指标的检查；其次还可以通过对自身的生理变化或者疾病发生进行观察，绝大多数营养缺乏病都有明显的临床症状。

1.蛋白质缺乏

蛋白质缺乏在大学生中时有发生，蛋白质的质量很大程度上决定了大学生的健康状况。对大学生来说，蛋白质摄入不足，可引起体力下降、水肿、抗病力减弱等症状。临床上蛋白质生化检测常用指标有：血清总蛋白（TP）、人血白蛋白（A）、血清球蛋白（G）、白/球（A/G）、空腹血中氨基酸总量/必需氨基酸、尿羟脯氨酸系数、游离氨基酸、必要的氮损失等。

2.营养性贫血

营养性贫血常见的两种类型是缺铁性贫血和巨幼红细胞性贫血。前者主要是由于体内缺铁影响血红素的合成所致，大学生缺铁的原因主要有摄入铁量相对不足、人体对铁的吸收发生障碍和长期因各种疾病引起的慢性失血等，从而造成体内总铁量明显减少；而后者主要是由于各种因素导致维生素B_{12}以及叶酸的吸收减少所造成的。

临床上缺铁性贫血的检测指标有：血清铁蛋白、血清运铁蛋白受体、红细胞游离原卟啉、血红蛋白、平均红细胞容量和血细胞分布宽度、血清铁、运铁蛋白饱和度。

另外，临床上巨幼红细胞性贫血的检测指标有：血清维生素B_{12}浓度、血清全钴胺传递蛋白Ⅱ、血清全结合咕啉、血清同型半胱氨酸及甲基丙二酸、脱氧尿嘧啶抑制试验。

3.维生素缺乏病

食物中某种维生素长期不足或维生素在体内吸收障碍，破坏分解增强和生理需要量增加等，都会引起维生素缺乏，从而导致代谢紊乱及病理状态。例如摄入的食物中缺乏抗坏血酸（维生素C），会影响胶原的形成，表现为牙龈、黏膜出血，并伴有皮下、肌肉和关节出血，可见出血点，会导致维生素C缺乏病的发生；长期食用精米和精面及其制品，会造成维生素B_1的缺乏，引起脚气病。脚气病初期表现为疲倦、头痛、失眠、食欲不振的症状，继而有神经炎、肢端麻痹、心力衰竭及水肿等现象；膳食中缺乏烟酸可导致癞皮病，典型的症状为腹泻、皮炎与痴呆，俗称“3D”症状。

大学生维生素缺乏病有维生素A缺乏、维生素B_1缺乏（成人脚气病）、维生素B_2缺乏、烟酸缺乏、维生素B_6缺乏、维生素B_{12}缺乏（多见于素食者）、维生素C缺乏等。大学生营养缺乏症症状与可能缺乏的营养素之间关系：

（1）全身：缺乏能量、蛋白质、锌等可能会造成全身消瘦或水肿、营养不良；缺乏蛋白质、铁、叶酸、维生素 B_{12}、维生素 B_6、维生素 B_2、维生素 C 可能会引起贫血的发生。

（2）皮肤：缺乏维生素 A 可能会引起皮肤干燥、毛囊角化；缺乏维生素 C 可能会引起毛囊四周出现出血点；缺乏烟酸可能会引起糙皮病皮炎；缺乏维生素 B_2 可能会引起阴囊炎、脂溢性皮炎等。

（3）头发：缺乏蛋白质、维生素 A 可能表现为头发稀少、失去光泽。

（4）眼睛：缺乏维生素 A 可能会出现比奥斑、角膜干燥、夜盲症。

（5）唇：缺乏维生素 B_2 可能会引起口角炎、唇炎。

（6）口腔：缺乏维生素 C 可能会引起齿龈炎、齿龈出血、齿龈松肿；缺乏维生素 B_2、烟酸可能会引起舌炎、舌猩红、舌肉红；缺乏维生素 B_2、烟酸、锌可能会造成地图舌。

（7）指甲：缺铁可能出现舟状甲。

（8）骨骼：缺乏维生素 D 可能出现颅骨软化、方颅、鸡胸、串珠肋、“O”型腿、“X”型腿；缺乏维生素 C 可能会出现骨膜下出血。

（9）神经：缺乏维生素 B_1 可能会引起肌肉无力、四肢末端蚁行感、下肢肌肉疼痛等。

三、合理膳食的自我评价

判断一个人的膳食是否合理，是判断其膳食行为是否能够满足日常所需，并使机体达到一个健康的状态的重要方法。一个人的膳食行为是在儿童少年时期形成和发展的，膳食行为一旦形成往往会持续一生。健康的膳食行为可以促进大学生的体格、智力发育及提高健康水平，不健康的膳食行为会对他们的健康产生短期和长期的影响。因此，少年时期健康膳食行为的培养，对个人一生的健康有着重要的意义。

> 概念提示：膳食行为（Dietary behavior）又称为饮食行为，是指受有关食物和健康观念支配的人们的摄食活动，包括食物的选择和购买，食用食物的种类和频度，食用的时间、地点，如何食用，和谁一起食用等。

膳食评价是指应用 DRIs 来评价膳食营养素供给量能否满足人体需要、是否存在过量摄入风险以及是否有利于预防某些慢性非传染性疾病，从而进一步对食物摄入情况进行评价。摄入情况评价不等同于单纯的营养状况评价，只是营养状况评价的一个方面，同时评价短时间的摄入情况不能说明个体或群体的膳食摄入问题。膳食评价通常分为两个方面，即个体评价和群体评价，针对大学生主要介绍个体评价。

个体评价指对个体膳食摄入情况进行评价，用于预测个人营养素摄入不足或过多的情况。虽然仅根据膳食这一项内容不足以确定一个人的营养状况，但把一个人的营养素摄入量与其相应的DRIs进行比较还是合理的。评价一个人的营养状况的理想方法是把膳食评价结果和临床、生化及体格测量资料结合起来进行分析。

1.运用平均摄入量（EAR）进行评价

通常运用EAR对个体的膳食摄入进行评价。当某种营养素摄入低于EAR时，摄入不足的概率超过50%，必须采取改善措施。

用平均摄入量对一个人的膳食进行评价是为了判断该个体的日常营养素摄入量是否充足。理论上一个人摄入某营养素不足的概率可以用日常摄入量及该营养素的平均需要量和标准差进行计算。由于日常摄入量几乎无法获得，可以运用统计学方法评估在一段时间内观察到的摄入量是高于还是低于其需要量。一个人的膳食是否适宜可以通过比较观测到的摄入量和相应人群需要量中值进行判断。如摄入量远高于需要量中值，则此人的摄入量大概是充足的；反之，如观测到的摄入量远低于需要量中值，则此人的摄入量大概是不充足的。

在实际应用中，观测到的摄入量低于EAR时可以认为必须提高摄入量，因为摄入不足的概率高达50%；摄入量在EAR和RNI之间者也可能需要改善，因为摄入不足的概率仍然有2%~3%。只有通过很多天的观测，摄入量达到或超过RNI时，或虽系少数几天的观测但结果远高于RNI时才可以有把握地认为摄入量是充足的。

2.运用适宜摄入量（RNI/AI）进行评价

用RNI/AI评价个体摄入情况时，达到或者超过RNI，可以认为摄入充分。但是如果摄入量介于EAR和RNI之间，难以确定是否不足，应结合其他指标，明确是否需要改善膳食，但为了安全起见，可以进行适当改善。

某些营养素因为现有资料不足以制订EAR和RNI而只能制订一个AI值。上述根据EAR和RNI进行评价的方法不适用于此类营养素。可以使用一种基于统计学假说的方法，把观测到的摄入量和AI进行比较。如果一个人的日常摄入量等于或大于AI，几乎可以肯定其膳食摄入是适宜的。但是，如果摄入量低于AI，就不能对其是否适宜进行定量或定性估测。要对这种情况进行评估，须由专业人员根据该个体其他方面的情况加以判断。

3.运用UL进行评价

运用UL评价个体摄入情况时，需要考虑到所有途径的摄入，将观测到的短时间内的摄入量和UL进行比较。如果摄入量超过UL，可能存在危险，需要对个人的膳食进行指导。

为了评价其日常摄入量是否高于UL,可以用一种类似用AI评价摄入量是否适宜的假说来测验。对于某些营养素,在计算其摄入量时可以只计算通过补充、强化和药物途径的摄入量,而另外一些营养素则应把食物来源也包括在内。

大学生每天都需要从膳食中获得一定量的能量和各种必需营养素。如果长期摄入某种营养素不足就会有发生该营养素缺乏的危险。假设日常摄入量为0时,摄入不足的概率为100%。当摄入量达到EAR水平时,发生营养素缺乏的概率就是50%。当摄入量达到RNI之后,发生营养素缺乏的概率会变得很小。但是当摄入量达到UL水平,若继续增加就可能开始出现毒副作用。所以说RNI和UL之间是一个“安全摄入范围”。

一般情况下,大多数大学生生长发育正处于一个由未成年向成年转变的阶段,所需的营养素都能从日常的食物中获取,只要遵循合理膳食原则,食物多样,按量摄入,就可以基本满足所需。此外若因为疾病所造成的营养素缺乏,需要及时就诊,首先治疗疾病,其次再针对某几种营养素缺乏进行适当的营养素补充。

同时还可以简单地通过填写现有成熟的膳食调查量表,如蔬菜水果摄入量量表、油盐摄入量量表等,来初步判断自身膳食情况是否合理,再进行下一步的膳食制订和实施。也可以根据当前国家出台的一系列指南或标准检查自身的膳食行为是否合理。综合以上的几种评价方法来给自己的健康打分。

大学生进行自身膳食评价时还应考虑:

(1)膳食模式:大学生以“中国居民平衡膳食宝塔”为依据,对自己的膳食模式进行分析。

(2)所摄入的能量和蛋白质食物来源:大学生进行膳食评价时应着重评价三大功能营养素所提供的能量占总能量的构成比和豆类、动物性食物提供的优质蛋白质占总蛋白质的比例。

(3)各餐能量分配比例:大学生就餐应定时定量,三餐能量比约为3∶4∶3,除此之外应坚持每天吃早餐并保证营养充足,午餐要吃好,晚餐要适量。不暴饮暴食,减少在外就餐。零食作为一日三餐外的营养补充,可以合理选用,尽量选择一些营养素含量高而能量含量低的食物,如新鲜水果和奶类,注意来自零食的能量应计入全天能量摄入之中。

(4)其他:分析是否存在过多摄取方便食品、快餐食品等,评价食物来源、储存条件、烹调加工方法、就餐方式等。

四、合理膳食的参考标准

《中国居民膳食指南(2022)》以营养科学原理为基础,针对当前主要的公共卫生问题,提出符合我国食物选择和身体活动的指导意见,其目的是实现平衡膳食,满足DRIs的要求。《中国居民膳食指南(2022)》于2022年4月在京发布,作为最新版的膳食指南,不仅汇集了近年来国内外最新的营养科学研究成果,还结合了制止餐饮浪费等有关要求,指导居民通过平衡膳食改善营养健康状况,对预防慢性病、增强健康素质发挥了重要作用。《中国居民膳食指南(2022)》由一般人群膳食指南、特定人群膳食指南和膳食模式组成。

大学生除了可以用《中国居民膳食指南(2022)》来进行合理膳食参考外,还可以参考中国居民平衡膳食宝塔(Chinese Food Guide Pagoda)(以下简称膳食宝塔)。膳食宝塔是根据《中国居民膳食指南(2022)》的核心内容和推荐,结合中国居民膳食的实际情况,把平衡膳食的原则转化为各类食物的数量和比例的图形化表示。膳食宝塔采用形象化的组合,遵循了平衡膳食的原则,体现了一个在营养上比较理想的基本构成(图2-1)。膳食宝塔共分为5层,各层面积大小不同,体现了5五类食物和食物量的多少,主要包括了谷薯类,蔬菜水果类,动物性食物类,奶及奶制品、大豆和坚果类以及烹调用油盐,其食物数量是根据不同能量需要而设计的,宝塔旁边的文字注释,标明了膳食摄入量。

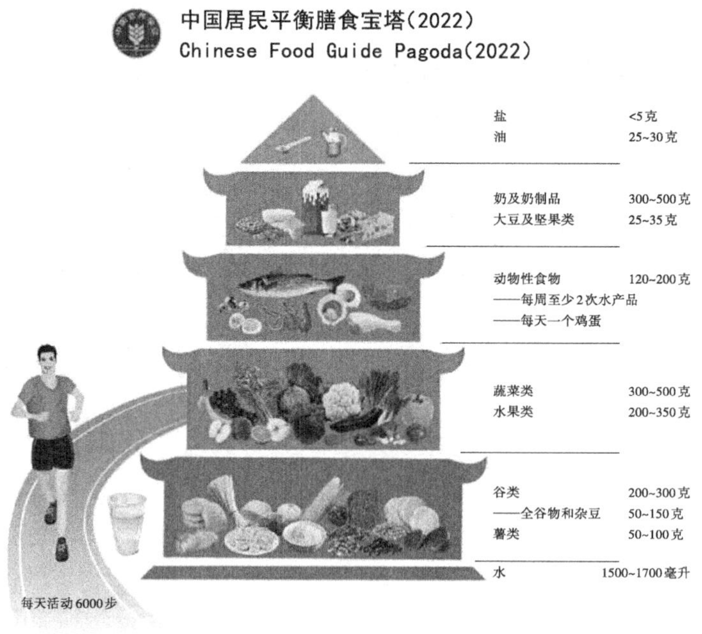

图2-1　中国居民平衡膳食宝塔(2022)(引自中国营养学会)

第三节
大学生常见的营养健康需求及其解决方案

【本节导言】

食品安全一直都是影响人类健康的一个重要问题。保障食品安全，规避食品安全隐患，学会判别是必要的生活技能。大学生应能独立掌握健康食品的选购，了解食品贮存、食品安全相关问题及应对策略，在运用合理营养原则的过程中将合理膳食践行于健康生活的每一个阶段。

【核心概念】

良好膳食行为　食品安全　食源性疾病

【学前思考】

- 良好膳食行为体现于哪些方面？
- 在平常生活中我们如何做到保证食品安全？
- 怎样选购安全的食品？

一、良好膳食行为

良好膳食行为是达到合理营养状态的关键，与大学生的健康息息相关，影响着大学生的身体素质。大学生常见的良好膳食行为通常表现在合理地购买食物，合理地储存加工食物，按时吃营养早餐，控制在外就餐，选择卫生干净的餐馆，科学减重等。

（一）选购食物要合理

购买没有包装的食品时注意查看食品的感官方面，主要运用味觉、嗅觉、听觉、视觉、触觉等对食品的色、香、味、形、质地、口感等做出评判，如通过颜色判断蔬菜水果是否新鲜,通过气味判断水产品畜禽肉类是否变质等。

选购包装食物也要注意看食品标签。在预包装食品外包装上的食品标签通常标注了食品的生产日期、保质期、配料、质量(品质)等级等,可以从中了解到食物是否新鲜、产品特点、营养信息以及过敏原等。尤其需要注意以下几点:

①日期信息:包装食品上的日期信息包括生产日期和保质期两个方面。购买时尽量选择生产日期较近的,不购买超过保质期的食品,同时在保质期内的食品,要看实物是否在标示的存储条件下存放,如标签要求冷藏的食品,卖家却放在常温下,这种食物最好不要购买。

②配料表:按照"食物用料量递减"的标示原则,食品配料表按序标示了食品的原料、辅料、食品添加剂等信息。因此配料表是了解食品的主要原料、鉴别食品属性的重要途径。并且,所有使用的添加剂种类必须在配料表中标示出来,购买选择时应予以关注。

③营养标签:标签上的"营养成分表"显示该食物所含的能量、蛋白质、脂肪、碳水化合物、钠等食品营养基本信息,有助于大学生了解食品的营养组分和特征。购买食品,看食品标签,是科学选择适合自己的食品的好帮手。

随着网购市场的迅速发展,大学生网购食物数量逐年上升。网购食品时要注意查看食品安全信息,例如卫生许可证、生产厂家、保质期等,应购买正规厂家售卖的日期新鲜的国家许可食品。

(二)存储食物要得当

食物合理储存的目的是保持新鲜,避免污染。按食品标签储藏食品,根据其规定的温度、光线、湿度等储藏,能够更好地保持食品品质。在食品的保质期限前食用,既保持其新鲜程度,同时又防止食用过期食物,对身体造成损害。

(三)一日三餐要合理

总的来说大学生的进食要合理规律,适应学习节奏。"一日之计在于晨",营养的早餐对大学生是必不可少的,三餐的进食时间也应该是有规律的,定时定量进餐。两餐间隔的时间不宜过长,否则可能会引起明显的饥饿感甚至消化道疼痛,导致血糖下降,学习能力也随之下降。同时间隔时间过短则可能无良好的食欲,会使进食和消化液分泌量减少,影响食物的消化与吸收。按照大学生的学习作息制度和进食习惯,建议一日进食三餐,两餐间隔以4~5小时为宜。

(四)在外就餐要合理

适量的在外就餐次数是合理的。随着外卖市场的迅速发展,大学生选择在网上订外卖的数量同样在逐年上升。大学生要擦亮眼睛,选择有卫生许可证和营业执照的干净卫生的餐厅,拒绝一些无卫生许可证和营业执照的路边摊以及黑心外卖店家,这些“黑餐馆”不仅就餐环境差,食物本身也存在卫生问题,不仅不能达到合理营养的要求,同时对大学生的身体健康也造成威胁。

(五)养成卫生的就餐行为

瓜果清洗干净或去皮后食用,因为瓜果表面可能会有一些农药残留,削皮可减少残留农药的摄入。同时拿食物前洗手也是从小到大一直在强调的一点,手上总是存在不少细菌,如果餐前不洗手,可能会造成病从口入。

(六)减重要科学

随着近年来大学生的身体动态活动减少,静态活动增加明显,超重、肥胖率也在逐年上升,很多大学生开始盲目节食吃药减肥。但其实这些减肥方法不仅不能达到减重的效果,反而有害身体健康。最新发布的《中国超重/肥胖医学营养治疗指南(2021)》,基于广泛的文献研究,推荐了限制能量平衡膳食(Calorie restrict diet,CRD)模式、高蛋白膳食模式以及轻断食膳食模式,可用于各种类型、各个生理阶段的超重或肥胖者。同时医学减重中还推荐以营养治疗为基础,配合运动治疗及心理辅导。其中运动对减肥的影响取决于运动方式、强度、时间、频率和总量是否适宜。

除了饮食和运动,想要科学减肥成功,认知行为及心理干预同样重要。大学生在减重的过程中需要调整自身的生活环境及心理状态,充分认识和理解体重管理、肥胖及其危害,从而做出行为改变,其中包括自我监控、控制进食、认知重建和放松技巧等。肥胖者常见的心理因素(如压力、沮丧、抑郁)容易导致过度进食,并引发罪恶感而陷入恶性循环中。必要时可以通过向专业的医务人员寻求精神和心理支持来管理和控制自我情绪。

二、食品安全隐患与防范

不安全的食品一直都是一个影响人类健康的问题。尽管世界各国政府尽全力改善食品供应的安全性,但无论是在发达国家还是发展中国家,食源性疾病都仍然是一个重大的卫生问题。据估计，每年有接近180万人死于腹泻型疾病，其中大部分病例可归因于不卫生的食物和饮用水，现已知200种以上的疾病是通过食物传播所致。

我国食品安全隐患主要是粮食、肉类、转基因食品及部分初级加工食品的安全隐患，针对这类食品原料的安全隐患提出相应对策，可降低安全隐患。

（一）粮食生产的安全隐患及对策

目前我国化肥、农药用量居世界之首，农田的农药污染、重金属污染严重。粮食生产过程中，农业自身污染占总量的50%。农业环境污染直接威胁粮食产品的质量与安全。要使我国农业能为人类提供更多的无污染、安全的粮食产品，应坚持以下对策。

1.发展生物、有机、无机复合肥料与缓释化

使无机肥料载体化与缓释化，生物、有机、无机肥料复配化，不但使农作物获得均衡养料，而且有利于粮食的安全生产，也可减少无机肥料流失，避免污染环境。微生物肥料的使用，在作物根系周围形成“微生态”环境，抑制土壤致病菌的生长。

2.倡导粮食生产农药的生物化、低毒化

禁用限用甲胺磷、对硫磷、甲基对硫磷、硫胺、久效磷等剧毒、高毒农药品种。使用高效、低毒、低残、高选择性与环境友好的农药品种。加强以微生物发酵工程技术为基础的微生物农药和以植物提取物为主的生物农药的研究、开发。

3.加强粮食产品安全性监测的系统化

加强我国粮食产品安全的标准制定及立法工作，加强各种化学和生物选择性传感器的开发研究，还应重视产前、产中等生产过程控制的质量检测。

（二）肉类生产的安全隐患与对策

目前我国畜产品活体带菌、农药、兽药、添加剂、重金属等严重超标。以猪肉安全为例，猪肉的安全生产需要安全的饲料和未污染的适合猪生活、生长的环境。在合格的饲料中，也涉及粮食的安全性问题。猪肉食品的生产中存在的安全隐患有以下几方面。

1.饲料的安全隐患

一是砷、铅、氟、汞、镉等有毒有害的重金属超标。二是植物性原料中的残留毒素。三是饲料中的多种致病微生物造成的饲料腐败。四是饲料中的农药残留造成的污染。五是饲料添加剂的污染，如添加抗菌药、抗寄生虫药和各种生长促进剂滥用造成的污染。

2. 饲养环境的安全隐患

一是个别规模饲养的地方畜禽粪便处理不规范，养殖场周围河流有机物超标污染畜禽饮用水源，造成畜禽肉类食品污染。二是我国畜禽的养殖，农户分散饲养居多，规模化规范化饲养较少。分散饲养在环境规范及防疫等方面均难获保障。

肉类食品安全生产的对策：①禁止使用国家有关部门规定的禁用饲料添加剂和药物，加强对禁用药物产品的源头即生产厂家的有效监督，加强对饲料生产厂家的监管。②提高对饲料添加剂和违禁药物的检测水平、检测速度及检测灵敏度，防止违规超标饲料进入市场。③加强多肽类、植物类、酶类等绿色饲料添加剂的研究、开发、推广与应用。④加强畜禽肉类食品残留、超标物的检测监管力度，杜绝污染肉类食品进入消费市场。

（三）转基因食品的安全隐患与对策

目前转基因技术已被视作改善农业技术，提高人类生活水平的先进技术。但转基因食品还缺乏长远安全性证据，转基因食品的安全性问题在世界各国引起很大反响。我国目前的转基因食品原料品种不多，随着我国加入 WTO 及基因工程研究的发展，将会有更多的转基因食品不断被端上人们的餐桌。为了充分利用转基因技术给人类带来的实惠，需采取以下对策：①尽快制定较完备的转基因食品安全法规。②加强转基因食品的安全、风险评估研究。③科学家及科学研究机构应公布转基因食品的事实真相。④提高转基因技术的透明度。

（四）部分食品原料的初级加工安全隐患与对策

我国市场广阔，食品加工成规模的少，零星分散的食品加工点较多，因此食品安全监管的难度较大。如：个别红薯粉丝生产企业为防止粉丝粘连、断条、浑汤等而加入明矾（硫酸铝钾），明矾随粉丝进入人体，沉积在骨髓中，导致骨质疏松、关节疼痛；沉积在皮肤中，导致皮肤衰老、皱纹增多；沉积在大脑中，导致智力低下，记忆力减退。有的市场摊贩为了使毛肚变白，用工业氢氧化钠浸泡；为了使鸡爪、鸭脚更脆，采用甲醛水浸泡；有的为了使土豆更易脱皮而加入洗衣粉洗涤。有的为了使油条更松脆在面团中加入洗衣粉；有的为了使馒头更白加入“吊白块”等。还有注水猪肉、牛肉、羊肉、鸡肉、鸭肉等，是造成肉类食品污染的重要原因。这些安全隐患对我国人民的身体健康造成风险，如“瘦肉精”猪肉食品中毒及学生豆奶中毒等。为防止此类事件的重演，有关部门需加大立法、监管力度。而作为大学生的我们则应当自觉抵制、主动向工商部门报告相关情况，自觉维护自我和他人的健康。

世界卫生组织早在20世纪90年代初就制定了食品安全制备十大黄金规则，用于对食品生产和经营者进行食品安全相关的教育；2001年，为给大众提供更简单和普遍能应用的指南，世界卫生组织又推出了言简意赅的食品安全五大要点的宣传海报。五大要点主要是：

1. 保持清洁

操作之前要先洗手，制备过程中要经常洗手；便后洗手；清洁和消毒所有用于制备食物的设备表面；避免昆虫、害虫及其他动物进入厨房和接触食物。

虽然大多数微生物不致病，但是危险的微生物广泛分布于泥土、水、动物和人体中。手、抹布、餐具以及案板等，都携带这些微生物。食物一旦与之接触，就很容易被污染，导致食源性疾病。所以首先要保持自身的清洁，尤其是注意洗手。很多大学生洗手方式不正确或者不洗手，洗手时不用肥皂或只洗手的一部分。洗手时，应尤其注意手指尖、指甲、大拇指、手腕和手指之间的清洁。最好是温水和肥皂或洗手液洗手，有助于消除油脂、细菌和污垢。洗手时应先用流水将手弄湿，用肥皂或洗手液搓双手至少15秒，用流水洗手并用纸巾或干毛巾彻底擦干手。其次使用清洁的餐具也是保持清洁的一个重要步骤，尤其注意用于吃饭、饮水和烹饪又接触了生食物和口腔的餐具的清洁。大学生在外就餐越来越多，一定选择卫生状况好的餐厅就餐。最后是要防止食物被虫以及微生物污染，注意将食物密封盖严、定期清除垃圾、消灭虫害等。

概念提示：食源性疾病(Foodborne disease)是指通过摄食而进入人体的有毒有害物质(包括生物性病原体)等致病因子所造成的疾病。一般可分为感染性和中毒性，包括常见的食物中毒、肠道传染病、人畜共患传染病、寄生虫病以及化学性有毒有害物质所引起的疾病。

2. 生熟分开

将生的畜、禽、海产食品与其他食物分开；处理生食物要用专用的设备和用具，如刀具和案板；将食物存放在器皿内，避免生熟食物相互接触。

生的食物，特别是畜、禽、海产食品及其汁水，可能含有致病的微生物，在制备和存放这些食物时，可能会污染其他食物，尤其是熟食。大学生在校期间，主要是以食堂就餐、在外就餐和订外卖为主，就餐时也要注意生熟食物分开，避免微生物的交叉污染，尤其是避免生熟食物同时盛在一个器皿中。

采购食物时，尽可能避免生的畜、禽和海产品等食品与其他的食物接触；在冰箱存放时，生的畜、禽和海产品应存放在熟食或即食食物的下面，以避免交叉污染；食物应尽可能地存放在带盖器皿中，注意清洗盛放过生食物的盘子，用干净的盘子来盛放熟食。

3. 将食物做熟

彻底煮熟食物，尤其是畜、禽、蛋和海产品；制备汤或炖菜（煲）等要煮沸，煮畜和禽类食物时，确保汁水无淡红色，有条件最好使用食物温度计；熟食二次加热时，要彻底熟透。

加热时若没有食物温度计，可借助颜色来判断食物是否彻底煮熟；烹调蛋和海鲜直到全部达到滚烫温度；炖汤或炖菜应煮至沸腾，并持续煮沸。某些食物可以用较低的温度进行杀菌，但需要更长的烹调时间。

4. 在安全的温度下保存食物

熟食在室温下不得存放2小时以上；所有熟食和易腐食物应及时冷藏（最好在5℃以下）；食用前应保持食物达到足够的温度（超过60℃）；即使在冰箱中也不能过久地储存食物；冷冻食物不要在室温下化冻，最好是在冷藏室里化冻。

食物在室温下存放，微生物会迅速繁殖，把储存温度保持在5℃以下或60℃以上，可使微生物生长繁殖速度减慢或停止。但是有些致病微生物在5℃以下仍能生长，此时就要选择温度更低的冷冻法。很多人在日常生活中并没有意识到不同食物的保存温度不同，于是总把冰箱当作“万能防腐剂”，认为食物只要进了冰箱就无“后顾之忧”，往往容易使冰箱成为一个理想的微生物“培养基”。为了防止有些微生物在低温条件下繁殖，要做到即买即食，及时保存。同时也要注意冷冻食物在化冻时多采用冰箱化冻法或是现在常用的微波炉解冻法，解冻之后也要注意及时食用。偶尔家里面可能有剩菜剩饭，也应该及时冷却后保藏，使用快速冷却的方法，敞放或是搅拌降温，冷却之后及时放入干净的器皿中，存放在适宜的安全温度。也要注意剩菜剩饭不能长期放在冰箱，也不应反复加热。

5. 使用安全的水和食物原料

使用安全的水或将水处理成安全的；挑选新鲜和卫生的食物；选择经过安全加工的食物，如经过巴氏消毒的牛奶；水果和蔬菜要清洗干净，尤其是在要生吃时；不要吃超过保质期的食物。

食物在保存和加工的过程中，容易受到致病微生物和化学物质污染，在霉变或受损过程中，食物可能生成其他有毒化学物质。同时随着近年来食品安全问题越发严重，大学生在选择食物时，越要谨慎地选择，并采取能尽可能降低药残农残的处理方法。例如，蔬果使用温水流水清洗、水果削皮后食用，尽量避免生食，生吃时一定注意要用安全干净的水来清洗，避免二次污染。购买食物时，也要挑选新鲜卫生的食物，不选择已经出现损坏或者腐烂的食物。

饮用安全干净的水，首先是要选择干净的水源，现在常见以自来水、净化水以及桶装矿泉水为主，其次需要使用安全无二次污染的处理方法。煮沸是日常生活中最常见也是最方便的水消毒方法，养成喝熟水的生活习惯对大学生防范饮用水安全问题至关重要。

三、运用DRIs制定膳食

DRIs不仅可以运用到膳食的评价中,同时可以运用到膳食的计划中。膳食制订的目的是让大学生获得营养充足而又不过量的饮食。广义上膳食制订可以在不同的水平上进行,它可以是简单地为个体制订食材采购计划和食谱,可以是为消费群体制订食材采购计划和食谱,还可以是更大规模的膳食计划,如一个政府部门制订地区性营养改善计划或食物援助项目等。

为个体制订膳食计划涉及两个步骤,首先要设定适宜的营养素摄入目标,其次是制订食物消费计划,通常借助以食物为基础的膳食指南来完成。

(一)设定营养素摄入目标

设定适宜的营养素摄入目标是最大限度地减小营养不足和营养过剩风险。计划要考虑到已经建立了DRIs的所有营养素,也就是说要为自身计划一种膳食方案使它的蛋白质、维生素、矿物质等的摄入量能够达到各自的RNI或AI,而又不超过它们的UL。计划的膳食应是个体的"每日摄入量",即个体长期的膳食摄入量。

(二)膳食制定

大学生在生活学习中可以依据《中国居民膳食指南(2022版)》以及适用于各类特殊人群的膳食宝塔做出初步计划,然后根据食物营养成分数据复查计划的膳食是否满足了RNI或AI又不超过UL水平。如果有本地的食物成分表,最好根据当地的食物营养成分来验证计划的膳食能否提供充足的营养素。在特定的情况下,也可能需要用强化食品甚至用一些营养素补充剂来保证特定营养素的供给。

四、大学生合理营养的原则

大学生在日常学习生活中要使自身的膳食行为达到合理营养,从而提高学习效率,保持健康体质,实现科学减重等,需要遵循以下几点原则:

(一)充分满足需要的能量和各种营养素

食物的种类要齐全、数量要充足、比例要合适。人所需的基本食物一般可分为谷薯类、蔬菜水果类、畜禽鱼蛋奶类、大豆坚果类和油脂类五大类，不同的食物中营养素以及有益膳食成分的种类和含量不同。因此，只有多种食物组成的膳食才能满足人体对能量和各种营养素的需要。不同年龄、性别和生理状态的大学生的能量和营养素需要量是有差异的，通过膳食提供的能量和营养素必须适应个体的需要，以能符合膳食营养素摄入量标准为宜。

当下我国大学生主要以在校就餐即以食堂就餐为主，同时也存在一定在校外就餐和订外卖的情况。无论是在校内还是校外就餐一定要合理选购菜品，保证食物摄入量满足自身的能量和营养素所需，保证食物种类多样齐全，同时也要做到光盘行动，不能浪费粮食。

从食物种类的角度讲，除了摄入量外，种类的比例也要达到几个平衡：①植物性和动物性食物比例的平衡；②植物性食物中谷类、薯类、豆类、坚果类、蔬果等之间的比例的平衡；③动物性食物中畜禽肉类、鱼虾类、蛋类、奶类之间的比例的平衡。

从能量和营养素的角度讲，有几个比例也要达到平衡：①产能营养素供能比例的平衡；②与能量代谢有关的B族维生素与能量消耗之间比例的平衡；③优质蛋白和总蛋白质之间比例的平衡，以保证必需氨基酸之间比例的平衡；④必需脂肪酸与总能量摄入之间比例的平衡；⑤饱和、单不饱和及多不饱和脂肪酸之间比例的平衡；⑥复合碳水化合物与总碳水化合物之间比例的平衡；⑦钙与磷的比例，及其他矿物质之间比例的平衡。

（二）食物安全，本身无毒无害

满足营养的前提条件是食品安全，无毒无害，不对人体产生任何急性或慢性危害。注意饮食卫生，加工食物应生熟分开，餐具应清洗消毒。如果食物发生腐败变质或被有害物质污染，其中的营养素就会受到破坏，不仅不能满足机体的营养需要，还可能造成人体急、慢性中毒，甚至致癌，威胁健康。

大学生尽量选择在食堂就餐，至少食物安全有保障。但是随着在外就餐的现象越发普遍，订外卖的情况与日俱增，食品安全问题发生的风险也在不断增加。大学生自身要树立安全意识，选择干净卫生的就餐环境，尽量选择在有营业执照的餐馆就餐，慎重选择订购外卖的商家。保留好凭证，出现危害到自身健康的情况时，及时向有关政府机构寻求帮助，捍卫自身利益。

（三）合理规律的进食制度

（1）在剧烈的运动之后，静息一小时再进食，饭前尽量保证没有强烈的饥饿感，但要有正常的食欲；

（2）进食细嚼慢咽，有利于营养素在胃肠道被充分消化、吸收和利用，不抢时间；

（3）膳食能充分满足大学生生理和活动的需要，能量和营养素的种类、数量和比例能满足大学生日常所需；

（4）进餐时间能够适应大学生的学习要求；

（5）养成吃饭不挑食、不偏食、不玩手机或者不分心做其他无关事情的好习惯。

（四）科学地烹调加工

虽然大学生主要是在校就餐，很少涉及烹调加工环节，但是在家自己动手时，科学的加工方式对自己和家人也很重要。

（1）淘米的水洗次数应减少，煮饭不加碱，这样可以避免维生素的破坏和流失，同时烹饪面食应减少油炸；

（2）尽可能地选用新鲜食材，在烹制新鲜蔬菜的时候，要注意先洗后切，急火快炒，避免维生素的损失；

（3）在注重食物营养的同时，也要注意食物的色、香、味、形，以促进消化液分泌，增进食欲；

（4）注重食物搭配，是大学生做到合理营养的首要要求，主要为粗细粮搭配：可使粮食中的各类蛋白质互补，提高蛋白质营养价值。荤素搭配：有利于食物中的蛋白质发挥互补作用，并调节机体酸碱平衡。颜色搭配：不同颜色的食物搭配不仅可以使营养素摄入互补，同时还可增进食欲。

（五）遵循《中国居民膳食指南（2022）》的原则

遵循《中国居民膳食指南（2022）》的原则，做到合理营养，均衡膳食。

五、合理营养的实践运用

大学生可以在日常的生活中参照《中国居民膳食指南（2022）》来制订适合自己的膳食计划，遵循膳食宝塔中每类食物的推荐摄入量来安排日常饮食的量，同时注意饮食和运动的平衡，才能达到合理营养与健康。

(一)设计平衡膳食,自我管理一日三餐

大学生在校就餐,一日三餐是根据学校提供的菜品进行选择,要达到平衡膳食首先要遵循几点基本原则:食物种类和数量能满足自身的营养所需;是自己喜爱的食物和菜肴,价格适宜;选择烹调较短时间的食物,既安全卫生又能保证营养不损失;三餐饭菜食物多样并有饱腹感;挑选菜肴时考虑其营养和健康功能。

膳食设计作为其中重要的一个组成部分,主要包括以下3个步骤:

1.确定膳食营养目标

根据《中国居民膳食营养素参考摄入量(2023版)》,大学生可以简单地根据自己的年龄范围和劳动强度来确定能量需求量,也可以简单地采用对应的能量值作为膳食设计的目标。在实际生活中无论是在校就餐还是在外就餐,大学生要根据自己的生理状态、身体活动程度及体重情况,以及食物资源可及性来进行调整。

2.选择食物

根据食物的分组,分别以谷类、蔬菜、鱼或肉类或蛋类、植物油作为每日的菜肴选择;选择新鲜的水果、奶类作为餐桌食物或者零食。在就餐的选择上要注意新鲜和多样性,同时多选择深色叶菜食物和全谷类食物。

选择食物的多样性不仅是为了获得均衡的营养,也是享受生活,可使饮食更加丰富。膳食宝塔包含的每一类食物中也都有许多品种,虽然每一种食物都与另一种完全不同,但每一类食物所含的营养素成分往往大体上相近,在膳食中可以同类替换。

食物小分量是保证食物的多样化的良好措施,也可以根据食物的不同烹调方法、形态、颜色、口感的多样变换,享受食物的同时享受生活。

3.确定食物的量

确定食物量最简单的方法是应用不同身体活动水平的成年人的食物分量表,选择适宜大学生的能量水平,按照不同组食物的量选择合适的食物,其中食物建议量均为食物可食部分的重量。膳食计划中应尽量包含五大类各种各样的食物,同类食物可以互换,互换可以更好地增加主食和菜肴的丰富性。如以粮换粮、以豆换豆、以肉换鱼或蛋等,调配丰富多彩的一日三餐。

(二)合理运动,保持健康体重

首先要对自己的体重进行判断,是否是健康体重。一般情况下,常用体质指数(Body mass index,BMI)来衡量个体是偏瘦、正常、超重还是肥胖,我国健康成年人的BMI

应在18.5~23.9之间。计算公式很简单，可以通过体重(kg)除以身高(m)的平方得出，也可以下载安装一个健康管理App，对自己的体重进行管理。

其次是坚持合理地运动，建议大学生每日的主动身体活动量最好相当于6000步，快走是一种很好的身体活动，并且适合大学生。坚持日常活动，每周至少进行5天中等强度有氧活动，累计150分钟以上，每次持续时间不少于10分钟。同时也可以根据自身的身体状况选择其他的有氧运动，例如打羽毛球、打乒乓球等球类运动，或是跳舞、瑜伽等柔韧性运动。

(三)自我评价膳食和运动方式，逐步达到健康要求

一般而言，膳食计划和食谱的制订原则是在一段时间内达到营养素的平衡和充足供给。所以建议用DRIs来计算评价食谱是否达到营养要求，或者一段时间内核查体重的变化，以使膳食设计和需求一致。同时也可以利用智能手机携带的健康管理小程序对自己的运动状况进行监测，运动一段时间后进行自我评价，若身体不适，可以减慢速度或停止该运动。

【本章交流与讨论】

- 请自我评价当下的膳食结构属于哪种膳食结构。
- 你认为自身存在哪些膳食营养问题会影响学业成绩，请举例说明。
- 怎样进行膳食营养合理性的评价？
- 怎样做到平衡饮食？
- 谈谈既往你对良好的膳食行为的认识，并分析目前自己的膳食行为是否健康。
- 谈谈接下来，你要如何根据自身状况来制定个性化的膳食。
- 你将如何把膳食指南和膳食宝塔的核心内容运用到实际的学习和生活当中，请举例说明。

CHAPTER 3

第三章

运动与健康促进

本章学习之后，你将能够：

- ■ 理解体质、体适能的含义；
- ■ 了解体适能与运动之间的关系；
- ■ 了解体适能与健康之间的关系；
- ■ 了解运动与健康促进之间的关系；
- ■ 了解健康模式与健康效益；
- ■ 了解运动损伤的原因以及如何预防；
- ■ 掌握做出明智健康决策和健康管理的基本技能。

第一节

体适能、体质与健康

【本节导言】

本节阐述了体质、体适能、健康等概念的内涵及历史演进，在此基础上进一步揭示了体适能与体质、体适能与运动、体适能与健康的关系，为后续体适能锻炼与评估提供理论基础支撑。

【核心概念】

体质　体适能　健康

【学前思考】

- ● 体适能与体质之间的关系？
- ● 体适能与体质之间的区别？
- ● 体适能与运动之间的关系？
- ● 体适能与健康之间的关系？

一、体适能与体质

体适能与体质是当今健康发展的两个重要话题，两者有区别但也有一定的关系。体适能和体质都对健康有一定的影响。同时，体质的好坏也会影响体适能，两者之间有着密切的联系。

1. 体适能的内涵

世界卫生组织对体适能的定义为体适能是人们在应付日常工作之余，身体不会感到深度疲倦，还有余力去享受休闲及应付突发情况的能力。我国就体适能研究范畴指出，大规模群体体质研究的内容主要包括四个方面：体格发育水平、生理机能水平、身体素质和运动能力水平等。

概念提示：健康体适能是与健康有密切关系的体适能，是指心血管、肺和肌肉发挥最理想效率的能力。

2. 体质的内涵

体质是生命活动和劳动工作的物质基础，是在先天遗传和后天环境的影响下，在生长发育和衰老的过程中逐渐形成的身心两方面相对稳定的特质，包括人体的形态结构、生理功能和心理因素等综合的、相对稳定的特性。体质既反映人体的健康水平、身体运动水平，同时也反映了人体对外界的适应能力。这既充分强调了遗传是人体体质形成的重要因素，又指出了后天环境对人体体质的重要影响，同时为体质的发展及其研究提供了广阔的空间和重要平台。

体质和体适能的相同点是两者都反映身体适应生活、运动和环境等因素的应变能力；不同点是体质的概念除反映人体的形态结构、生理功能和运动能力外，还包括心理因素和机体免疫力，体适能则强调了身体适应生活、运动和环境等因素的一种应变能力。体质是身体的质量，是静态的，就好比是制造物品的材料或材质；体适能是身体的适应力，是动态的，就如物品的用途或功能。

二、体适能与运动

通过各种运动介入可有效提升身体健康与体适能。运动介入方式，大致可分为三大类：有氧运动、重量训练、伸展操等。

芬兰于韦斯屈莱大学程蜀琳教授团队通过对我国11~18岁青少年生长发育的长期

跟踪研究发现，保持1周5次每次1小时的较高日常体力活动的孩子，其多处骨骼的骨密度和肌肉含量明显高于日常体力活动水平低的同龄人。运动具有保护心脏的功能。研究已证实短期（3~5天）和长期（数周）耐力运动训练均能显著降低心肌损伤。运动引起的心脏抗氧化能力增加，特定线粒体蛋白质改变以及阿片受体功能变化是运动调节心脏功能的重要影响因素。大量研究表明高强度间歇性运动（High intensity interval training，HIIT）不仅能够增加运动员的最大摄氧量，进而提高其有氧运动能力，并延迟身体出现疲劳，同时还可能对心血管慢性疾病患者具有很好的保护效果。与中等强度运动相比，HIIT 能够更好地提高患者的心肺功能、左室射血分数和心脏泵血功能等。

运动对机体骨骼肌产生巨大影响。特别是抗阻训练能在数月内显著增加肌肉含量和力量，并可以预防肌肉活动减少和老龄化等导致的肌肉萎缩。电刺激和振动训练等方法与抗阻训练相结合，对防治肌肉萎缩效果更佳。抗阻训练对肌肉力量的作用与同化类固醇激素等药物的干预效果类似，但抗阻训练对肌肉含量（或瘦体重）的影响更显著。还有学者试图分析体育锻炼对骨骼肌的生理生化影响，其中包括活性氧的产生和氧化应激反应，以及由于运动损伤或者动作不正确导致炎症等。还有研究证实，中等强度体育锻炼通过对氧化还原敏感的信号传导通路及其交互作用，能够产生抗氧化和抗炎性反应。故体育锻炼（肌肉收缩）对维持肌细胞的氧化还原平衡和整体健康起着重要作用。

运动可以促进大脑健康，对预防阿尔茨海默病（AD）有一定的帮助，但其作用会因运动中止而逐渐消失。大脑对运动的适应性反应，包括上调脑细胞抗氧化酶活性和降低氧化损伤。活性氧（ROS）是调节大脑中细胞氧化还原的重要因子，同时还与神经元干细胞的自我更新和分化有关。ROS可通过调节脂质、蛋白质和DNA直接影响大脑功能，而运动会降低氧化损伤的累积程度。大分子氧化反应在一定程度上可以激活细胞内的信号传导通路。另外，运动对大脑功能的影响还可通过免疫系统及相关细胞因子的调控来实现。因此，ROS可能是运动训练中适应性反应的一部分。

平衡训练对人体站立、行走或者进行日常体力活动，特别是在完成快速动作变换过程时非常重要。人们在完成这些动作中，需要通过踝关节和膝关节周围足够的肌肉力量才能够维持人体平衡。因此，身体姿势的控制能力不仅对于提高运动技能非常重要，同时还能够有效降低踝关节和膝关节损伤的风险。近年来，平衡训练已广泛应用于提高下肢纵跳能力、降低运动损伤、预防老年人摔倒以及步态物理治疗和康复中。总之，运动训练可以降低慢性疾病风险，并能够有效预防心血管疾病、2型糖尿病、肥胖、癌症、阿尔茨海默病等疾病的发生和发展，同时还能够促进人体骨骼肌健康、提高平衡能力等。一般来说进行体育锻炼应遵循多变性（运动强度、频率、时间和类型等）、连续性、特异性和超量负荷原则。

三、体适能与健康

从体适能的概念上来看，体适能是指适应生活、运动和环境的一种能力。健康是指生理、心理和社会适应的完好状态。体适能又分为健康体适能和竞技体适能。健康与体适能有着密切的关系，健康的好坏可以反映健康体适能的水平，而健康体适能反过来也可以影响机体的健康水平。

（一）健康是体适能的基础

健康是我们人类共同的追求，我们的生活都离不开健康。人类对健康的追求也随物质水平的变化而变化，以前对健康的追求仅满足于不生病和有病能得到有效的医治。随着时代的发展，人们对健康的追求也随之提高了，不仅仅追求身体没有疾病，而且要求精神愉快，心情舒畅，工作和学习生活上也追求积极向上，与他人保持友好关系，追求精神世界的丰富。

体适能与健康间的关系也随着年龄而变化。现在越来越多的证据证明了健康体适能的组成因素和成人健康危险因素间的关联，如心血管病危险因素、肌肉骨骼健康、糖尿病、肥胖症等。这种关联在成年人身上表现得更强烈，部分是因为慢性疾病通常存在于成年人身上而非青少年。目前，绝大多数体适能与健康研究都是对成人的研究，研究的内容大多都是与低体能相关的健康问题。近期美国医疗研究所报告创建了青少年体适能与健康的关联性。对于青少年，他们多用“健康标记”或“健康风险”，而成人多用“健康结果”这一术语。这源于通常情况下青少年不存在健康结果（如疾病）问题，但可能会有健康标记。健康标记可增加未来疾病风险，如高血压、高血糖、高血脂及身体脂肪含量超标。

（二）体适能是健康的保证

健康体适能主要包括心肺适能、肌肉适能、柔软度与身体组成等。

心肺适能指心脏、肺脏、血管系统输送血液和氧气至全身肌肉运作的能力，一般被视为健康体适能评估中最重要的指标。改善心肺功能，可以促进血液的输送效率，增加血管弹性使血液循环顺畅，减缓心血管疾病的威胁；增强有氧能量及呼吸系统效能，提供更多的氧气以满足长时间的身体活动，不易产生疲劳现象。有氧运动是提升心肺功能最佳的运动处方。

肌肉适能是肌肉所具有的功能与特质，主要包括肌力与肌耐力。肌力是指单一肌肉或肌群在某一时间所能发挥的最大力量,肌耐力则是指肌肉持续反复运动时间的长短或次数的多寡。提高肌肉机能,可以使身体线条匀称,增加身体动作效率,具备受伤的防护功能,预防下背痛,提升日常生活能力,增进运动技能,延缓老化现象。重量训练是增强肌力或肌耐力最快、最有效、最理想的方式。

柔软度代表人体的关节所能活动的范围,它是测量关节活动程度的指标。静态性的伸展操可以增加身体的协调性和柔软度,矫正不良姿势,缓解紧绷的肌肉,促进运动表现,肌肉较不易因用力或过度疲劳而受伤,动作优美活动自如,并能排除肌肉代谢所产生的酸痛。

身体组成代表身体中各结构成分所占的比率,包括脂肪和非脂肪两部分,非脂肪部分包括肌肉、骨骼、内脏及其他结缔组织等,太多的脂肪或体重太重会威胁身心健康,是罹患疾病的危险因素。适当的运动、正确的饮食控制与健康的生活行为三管齐下,才是有效的减肥方法。

良好的体适能才能保证健康,健康和体适能相辅相成。我们要建立良好的运动态度和行为,以提升个人的体适能状况,通过运动来增进体适能,增进健康,可以提高生活质量,提升生命价值。

第二节

运动与健康促进

【本节导言】

运动能有效地促进健康是人类总结出来的经验,运动与健康是密不可分的。本节阐述了健康促进、健康促进模式、健康促进效益等概念的内涵,并进一步阐述规律运动与健康促进的关系;分析了健康不是靠维护,而是用实际行动去促进健康,并分析了健康促进所带来的价值。

【核心概念】

健康促进　健康促进模式　健康促进效益

【学前思考】

- 什么是健康促进?
- 什么是健康促进模式?
- 规律运动与健康促进的关系?

一、健康促进模式

健康促进的提出是社会进步的标志,是随着社会疾病谱的变化、医学模式的转变以及人们对健康的认识不断加深而提出的,它代表了先进的健康观,是社会发展的产物。现代医学的发展揭示了人体与自然环境、社会环境的统一,使人们对健康的认识更趋完整、科学。当健康被认为是一种人人应享有的权利时,追求健康的途径就从单一的卫生防病发展为多元化的健康促进方式。

健康促进模式主要为Pender健康促进模式,该模式大概分为三部分:一是个人独有的特征与经验,二是和行为有关的认知因素和情意反应,三是行为结果。

1.个人独有的特征与经验

每个人都有独有的特征和经验，而这些特征会影响人的行为表现。这些特征对行为的影响程度根据个体目标行为而定。目标人口群体不同，影响的层面也不同。个人独有的特征与经验包括：(1)和过去有关的行为。预测一个特定行为最好的指标就是以前类似行为发生的频率。(2)个人因素。个人因素分为生理、心理以及社会三部分。个人因素不但会影响与行为有关的认知因素和情意反应，也会直接影响目标行为。但是很多个人因素是无法改变的，如年龄、性别等，它们对行为改变策略的功能性较低。

2.和行为有关的认知因素和情意反应

和行为有关的认知因素和情意反应包括：(1)对行为利益的认知。对行为利益的认知可以是内在的，也可以是外在的。刚开始外在的动机会让个体开始从事某种行为，但时间久了，内在才是维持行为的关键要素。(2)对行为障碍的认知。障碍会影响一个人从事某种行为的意图和实际的执行。这些障碍包括没有空闲时间、费用太高、环境太差、难度太高等。如果个体主观感受无法克服这些障碍，则会产生逃避行为。(3)自我效能。在健康促进模式中，自我效能会受与行为有关的情意反应影响。如果一个人对某种行为越有正向的情意反应，则自我效能越高。(4)和行为有关的情意反应。情意反应分为两类：正向的情意反应和负向的情意反应。理论上，如果和行为有关的情意反应是正向的，则行为较可能在未来重复发生；反之，情意反应是负向的，个体则有可能会回避这种行为。(5)人际之间的影响力。人际关系对于健康促进的影响可能来自家庭(父母或兄弟姐妹)、同学、老师、同事等。这些影响包括社会人物、社会支持及模仿。根据健康促进模式，人际关系可以直接影响到健康促进行为，同时也会通过社会风气及个体做的承诺和计划，影响健康促进行为。(6)周围环境的影响。事实上，个体比较有可能被相容性高、安全以及有保障的环境所吸引，而比较有信心地去从事某种特定行为。

3.行为结果

对行为做承诺和计划是完成目标行为的前提条件。但对行为做承诺和计划又会受到两个因素影响，即需求和喜好。如果无法克服需求或者无法抵挡喜好的诱惑，个体也无法完成目标行为。

决定个体是否会从事某种行为的先决条件，不是个体对这件事做出承诺，而是下决心去做。同时也需要个体有计划地进行，如果只有承诺而没有规划，会导致个体行为意愿很高却不会付出实际行动。

个体如果对目标行为有很强的承诺和计划，即使有其他的需求及喜好，个体还是会坚持完成目标行为。在健康促进模式中，需求及喜好会直接影响目标行为的发生，因此要及时调整承诺和计划的强度。

健康促进行为的最终目标是要让个体有正向的健康结果。健康促进行为应该融入生活中，并深入到生活的各个层面。

二、健康促进效益

健康促进以积极地建立良好且有益健康的行为为目标，如正确的饮食习惯、控制体重、运动休闲、不饮酒、不吸烟、注意工作场所安全与卫生、按时量血压、妇女定期做乳房自我检查及子宫颈抹片检查等。因此，健康促进鼓励民众避免有害健康的生活方式，包括抽烟、饮酒、药物滥用，养成增加健康的有益行为，如良好的运动习惯。健康促进生活形态是个人为达成或提升健康层次以及自我实现而形成的一种自发性的多层面的行为与知觉。生活形态包括影响健康状况的任意活动，它是个人生活方式的一部分。良好的生活形态和健康促进息息相关，包含适当营养、运动休闲、压力处理、健康责任、发展社会支持系统及自我实现等。

健康促进生活形态分为六个方面，即运动、营养、自我实现、人际支持、健康责任、压力管理。①运动：即从事运动、休闲活动的情形。②营养：包含平时饮食习惯及食物选择。③自我实现：对生命的正向目标感，对生活感到乐观。④人际支持：包括与亲密的人相处、与朋友讨论问题等。⑤健康责任：即关心自己的健康状况，定期与专业人员讨论自己的健康、量血压等。⑥压力管理：即会放松自己、懂得减轻压力的方法等。因此，健康促进的直接效益是减少包括肥胖、冠心病、糖尿病、高血压、癌症、抑郁症、焦虑症、关节炎、骨质疏松症在内的许多慢性病和并发症的发生。

基于运动所带来的众多益处和许多儿童及成年人运动不足的现实，需要制订介入措施，促进儿童和成年人参加运动。问题的关键在于如何促进人们多参与运动，并建立规律的运动习惯。2010年，美国运动医学会发起了一项全新的全球倡议：运动是良药，旨在鼓励医生和其他医疗工作者将运动纳入病人的治疗方案中。

三、规律运动与健康促进

世界卫生组织曾开展过一次关于全球疾病负担和影响因素的研究，提出体育运动是改变身体健康状态的关键。体育运动是促进健康的重要手段，适度并且规律的运动能够有效促进人体机能的发展，能够提升人的社会适应能力和心理健康。

（一）规律运动促进人体机能的发展

人在进行体育运动时，不仅仅是运动器官在进行运动，内分泌系统、血液循环系统、呼吸系统、泌尿系统等都在神经系统的统一指挥下，相互协调进行运动。规律的运动能有效地防止各种慢性病。慢性病已成为人类重点对抗的疾病，缺乏运动会导致一系列慢性病的发生，规律且适度的运动能有效地降低慢性病发生的概率。规律运动能使我们的心脏更加强大，心脏的搏动为血液循环提供动力，血液循环为各个器官输送氧气和营养物质，维持人体的生命活动。经常运动可以使心脏更加强壮有力，规律运动还能使血管更有弹性，输送血液的能力更强，不容易发生梗塞。规律运动能降低血压。血压随着年龄的增长有升高的趋势，坚持运动可以预防或延缓高血压的发生。规律运动能提高呼吸机能，经常运动者的心肺功能较好，运动时呼吸和心跳都会加快，心输出量也增加。机体对运动引起的循环呼吸的刺激产生了适应，使心肺功能达到更高的水平。

（二）规律运动提升人的社会适应能力和心理健康

社会适应和心理健康是健康的重要组成部分。无论在什么状态下进行运动，都会产生一系列的心理活动。现代生活节奏越来越快，人与人之间的竞争也越来越激烈，工作和生活中的不确定因素也越来越多，这种状况容易造成人际关系紧张。人们往往产生嫉妒、敌意、不满、愤懑、颓丧等不良情绪。而体育运动作为一种独特的社会活动，是人们以一定的方式结合起来共同进行的。体育运动中的人际关系，折射着社会中的人际交往。共同的活动，让人们互相认识、互相了解，产生了情感。研究表明，通过强度适宜并且规律的体育运动，各种感觉信息的输入可提高唤醒水平，使人精神振奋、消除疲劳、摆脱烦恼，对精神不振、心境很差的人具有显著的治疗和调节作用。经常参与体育运动，能锻炼人的意志，增强心理坚定性，并具有减轻心理应激反应以及降低紧张情绪的作用。群体体育活动可促进人与人之间接触，使社会交往增加，有助于消除孤独症和人际关系障碍症，人们能从中获得社会需要和满足感。体育运动还可以引导人们开展丰富多彩的闲暇活动，有利于培养和形成良好的生活方式和习惯，提高生活质量，成为建立健康生活方式不可或缺的内容，最大限度地保持生活方式的合理性。

综上所述，规律运动可提高人的健康水平，最大限度地从健康角度造福人类，促进社会文明、健康。体育运动作为健康生活方式的重要内容，对人类健康始终起着独特的作用，是维护人们身心健康最有效、最有益的办法。许多研究已经证实，愉悦的心理状态、积极乐观的生活态度有助于人的健康长寿，也是现代文明进步的基础。所以，对于我们人类而言，规律运动对于社会适应和心理健康都有着积极的调控作用。

第三节
警惕运动损伤

【本节导言】

运动损伤在运动中是不可忽视的问题。导致运动损伤的原因有很多,我们不仅要进行保护,还需要有效预防。本节将从热身、健身、运动损伤等概念的内涵出发,在此基础上进一步揭示热身与运动、运动损伤的原因、运动损伤与预防,以期将运动损伤降到最低。

【核心概念】

热身　运动损伤

【学前思考】

- 热身与健身之间的关系?
- 运动损伤的类型?
- 运动损伤的原因?
- 运动损伤如何预防?

一、热身与运动

热身是任何运动训练的重要组成部分,它的重要性在于可以有效避免运动损伤的发生。热身的效果会影响运动的效果,只有充分地热身才会使运动更加有效。

热身活动作为一种身体状态的调节方式,因其积极的效果而被训练专家和教练广泛地使用。热身活动不仅能预防运动损伤,还能提高运动成绩和训练效果。热身活动在国外被称为 Warm up,我国一般称为准备活动。热身活动的主要目的是将肌肉和肌腱韧带的温度提高,降低肌肉的黏滞性,增加肌肉的弹性和伸展性,以增加关节的活动度,所以有预防运动损伤的作用。由于体温的上升,体内新陈代谢的速率也随之上升。氧离子在体温较高的情况下，会加速从血红蛋白和肌红蛋白中分离，从而增加肌肉的氧供应。心输出量的增加以及血液的重新分配都会提高神经和肌肉的兴奋性。在剧烈运动前，特定的肌肉群受到一定的刺激强度，会明显提高运动者在运动中的表现。肌肉单位在热身活动中被刺激激活，会逐渐适应负荷强度的变化，从而提高肌肉运动能力，工作能力会明显得到提升。

热身活动分为两类。一类是一般性热身活动，即一般轻松的身体活动，运动强度与时间根据身体的健康水平和运动竞技的状态来确定，一般采用慢跑、一般性体操和伸展操。一般人群应该在5~10分钟的时间，身体微微出汗。其目的是简单地促进心率的提高，刺激呼吸的频率，增加血流量以帮助运送氧气和营养物质给肌肉，同时提高肌肉的温度。另一类是专项准备活动，在一般性准备活动结束之后，根据专项运动特点调节各器官和中枢神经之间的协调机能，把与专项技术有关的肌肉群、关节和韧带都充分活动开。在专项技术练习中，专项热身活动尤其重要，有利于专项技能的掌握和运动技术水平的提高。

无论是一般性热身活动还是专项热身活动，都应该注意活动的量和强度都应较小，避免影响正式运动的能力。由于个体差异，每个人应根据自身情况选择合适的热身活动，还可根据环境气候的变化以及项目的特点选择热身活动。

二、运动损伤的原因

运动是当代人增进健康的一个重要方式，但一些不当的行为可能导致运动损伤。随着人类对健康的重视以及全民健身运动的开展，运动损伤也逐渐增多，甚至影响受伤者的生活。运动损伤是指运动过程中所发生的损伤，与运动项目、技术特点、身体状况、环境等有着密切的关系。如篮球运动员受伤部位大多数是踝关节、膝关节、手指关节，这与篮球运动中的跳跃、抢篮板、防守、进攻等技术动作有关。体操运动受伤部位大多数是腕、肩以及腰部，与体操中的支撑、转肩、跳跃、翻腾等技术动作有关。运动损伤常见原因如下：

（1）思想上不够重视，这是引起运动损伤的主观原因，也是最重要的因素之一，包括对预防损伤的认识不足，放松警惕；运动前不检查器械，预防措施不力；好胜好奇，盲目和冒失地进行运动。

（2）热身不够充分是造成运动损伤的又一个重要原因。没有充分热身就进行运动，由于机体还未进入工作状态，肌肉和神经的兴奋度不够高，肌肉韧带伸展性不够，关节活动度较小，这种状态下就容易导致运动损伤。

(3)缺乏经验或自我保护意识。在体育活动中,出现意外情况时不知道如何处理,惊慌失措或缺乏自我保护意识也是造成运动损伤的原因之一。比如摔倒时用肘部或直臂撑地,造成尺(或桡)骨或肘关节损伤;由高处跳下时,脚跟落地或屈膝缓冲不够,易造成腿部、腰部或内脏损伤。

(4)运动量过大,当长时间高强度运动后,没有适当地休息,又接着进行高强度的剧烈运动,此时机体的机能都在下降,身体水分丢失过多,也丢失很多电解质,如不及时补充容易造成肌肉痉挛。

(5)技术动作不合理,往往使局部受力过大或身体失去平衡而造成损伤。如体操运动中,很多动作如果违反力学原理就会引起损伤。

(6)身体不适,在睡眠不足、身体欠佳以及肌肉疲劳的情况下进行运动,也易造成运动损伤。所以,在运动前应对自身情况有全面的了解。运动时的心理状态也与运动损伤有一定的联系,如心情不好、情绪低落、急于求成都很可能引起运动损伤。

(7)环境气候的影响,在较寒冷或较炎热的条件下进行运动也容易损伤。在寒冷的环境中运动,如果呼吸不当可能患上刺激气管炎。炎热的环境容易使运动者中暑。此外,运动场地器材的不完善也可能导致运动损伤,运动场地不平整,器械安装不稳固,运动时的服装或鞋子不适等,都可能导致运动损伤。

三、运动损伤的处理

(一)PRICE原则

当发生运动损伤后,损伤部位会出现发红、肿胀、发热、疼痛等炎症反应。为了尽量避免症状加重,应开展应急处理,采用"PRICE原则"。"PRICE"是运动损伤后应遵守的康复原则的英文首字母缩写组合。

(1)保护(Protection)。在受伤后,伤者应保持自己感觉不痛或者疼痛最轻的姿势。

(2)制动(Rest)。当运动损伤发生后,应立即停止运动,保持不动的状态。

(3)冰敷(Ice)。冰敷要在运动损伤48小时内进行,这个环节非常重要,冰敷可减轻患部的疼痛与肿胀。

(4)加压(Compression)。加压包扎能减轻患部内出血、瘀血、肿胀现象。

(5)抬高(Elevation)。将患部抬高至高于心脏的位置,以防止大量出血和肿胀。

(二)常见的运动损伤处理方法

(1)按损伤后皮肤或黏膜是否完整,可分为开放性损伤和闭合性损伤。①开放性损伤是指受伤处皮肤或黏膜遭到破坏,伤口与外界相通,如擦伤、刺伤、切伤等。处理办法:不干净的伤口用清水冲洗干净;伤口干净者,涂上红药水或紫药水或贴上创可贴即可自愈。较严重的擦伤首先需要止血,酌情采取冷敷法、抬高肢体法、绷带加压包扎法、手指直接指点压止血法等方法进行处理,必要时到医院进行伤口清洗、缝合、上药、包扎等处理,以免感染或流血过多。②闭合性损伤是指伤处皮肤或黏膜完整,没有伤口与外界相通,如挫伤、肌肉拉伤、韧带损伤等。处理办法:轻度损伤不需要特殊处理,经冷敷处理24小时后可用活血化瘀叮剂,局部可用伤湿止痛膏贴上,在伤后第1天冷敷,第2天热敷。约1周后可吸收消失,较重的挫伤可用云南白药加白酒调敷伤处并包扎,隔日换药1次,外加理疗。

(2)按伤后病程长短,可分为急性损伤和慢性损伤。①急性损伤是指一瞬间遭到直接暴力或间接暴力造成的损伤,如肌肉拉伤、肌腱拉伤。处理方法:肌肉、肌腱拉伤是指肌纤维超过了限度撕裂而致的损伤,主要由于运动过度或热身不足造成,可根据疼痛的程度了解受伤的轻重,一旦出现疼痛感应立即停止运动,并在痛点敷上冰块或冷毛巾,保持30分钟以上,使小血管收缩。轻伤在全天冷敷3~5次,伤势严重者在48小时内冷敷5~8次,减少局部充血、水肿。在受伤后的48小时内切忌搓揉、热敷、用活血化瘀的药。在48小时之后可用活血化瘀药、按摩和热敷,促进血液循环。②慢性损伤是由过度负荷,多次微细损伤积累而造成的,或由于急性损伤处理不当转换而来,如肩袖损伤、髌骨软骨软化症等。处理方法:这种损伤应对症下药,采用物理疗法,必要时采用手术治疗,适当锻炼。

(3)按受伤的组织结构,可分为脱臼、肌肉损伤、神经损伤、骨损伤等。脱臼即关节脱位。处理方法:一旦发生脱臼,应保持安静,不要活动,更不要揉搓脱臼部位。如脱臼部位在肩部,可把伤者肘部弯成直角,用三角巾把前臂和肘部托起,挂在颈上,再用一条宽带缠过胸部,再对侧胸作结。

四、运动损伤的预防

运动损伤的预防在运动中是有必要的,如果不重视运动损伤的预防工作,没有采取积极有效的预防措施,就可能发生各种损伤,情况严重可能造成残疾甚至危及生命,对自己和他人都会带来不便。

1. 提高预防运动损伤的意识

认真听取教师在课堂上开展的有关预防运动损伤的教育，从思想层面认识到预防运动损伤的重要性。认真学习关于运动损伤预防措施的知识，以全面认识运动损伤，认识到运动损伤是可以预防的，从而更加积极地参与体育锻炼，投入强身健体的热潮之中。

认真检查场地器材以及安全卫生，对已损坏的场地器材应及时报修，自身的安全及卫生也要充分检查，这样才能将运动损伤的可能降到最低。

2. 认真做好热身活动

做热身活动是为了提高中枢神经系统的兴奋性和内脏器官的活动功能，使身体的各肌肉群、关节、韧带都得到充分活动，以克服人体本能的惰性，保证运动时更大限度地发挥。做好热身活动可以提高全身的能量代谢水平，改善肌肉韧带的黏滞性，对预防运动损伤具有积极的作用。剧烈运动前都要认真做好热身活动，内容要根据教学训练和比赛内容而定，既有一般性热身活动，又要有专项性热身活动，对运动中负担较大和易伤的部位，要特别注意做好热身活动，适当地做一些力量性、伸展性练习。热身活动的量要根据学生的特点、气象条件和教学训练或比赛情况而定，一般认为，兴奋性较低、锻炼基础或训练水平较高、运动持续时间较短或天气寒冷时，准备活动的强度可稍大些；相反，对于基础差的学生在运动持续时间长或天气炎热时，强度宜小些，时间可缩短。

3. 加强身体素质和技术动作的练习

在学校体育工作中，应运用各种方法提高学生的身体素质，加强技术动作的练习。身体素质是掌握技战术和身体锻炼的基础，现代教学突出健康教育，不仅要有良好的身体素质，而且应掌握许多技能。在体育教学过程中，不论从事何种运动项目，对某一专项技术动作都要认真反复地练习，凡技术全面、动作规范、身体协调的学生，大都在体育活动中自我意识较强，发生运动损伤的情况相应较少。在日常教学活动中也一定要注意负荷强度，当学生出现疲劳时应适当休息。在学习新的技术动作时，应循序渐进，先易后难地进行。

4. 加强心理品质的培养

在运动时每次运动量不要过大，防止疲劳的积累。睡眠要充分，保持良好的精神状态。练习或者比赛时要控制自己的情绪，以免在运动过程中与他人发生冲突，影响自己也影响他人的运动状态。在运动过程中应遵守规则，特别是球类运动中。良好的心理品质能有效地促进运动的效果，也有利于促进心理的良好发展，保证技术动作的有效发挥。

【本章交流与讨论】

- 谈谈既往你对体适能的认识，并分析体适能在什么程度上对你的学习和生活产生了影响。
- 请根据自己的亲身体验或者观察，阐述体适能与生活的关系。
- 你认为运动对健康的促进体现在哪些方面，请举例说明。
- 谈谈你对热身的认识，并分析热身在运动时的重要性。
- 请根据自己的亲身体验或者观察，阐述健身有哪些好处。

CHAPTER 4

第四章

生活方式与健康

本章学习之后，你将能够：

- 学会正确用脑；
- 学会科学用眼；
- 维护口腔健康；
- 养成良好的睡眠习惯；
- 了解合体衣着的重要性；
- 深刻理解烟酒的危害；
- 掌握做出明智健康决策和健康管理的基本技能。

第一节 健康用脑

【本节导言】

大学生的主要任务是学习，科学用脑，充分发挥大脑的功能，提高学习效率，是大学生求学、求知、成才的基础，也是未来事业成功的重要条件。本节将从脑的结构和功能、合理用脑的具体措施等方面着手，讲述其在大学生学习和生活中的重要性。

【核心概念】

合理用脑

【学前思考】

- 大脑的结构和功能有哪些？
- 怎样才能做到合理用脑？
- 合理用脑的重要性有哪些？

大学生的主要任务是学习，科学用脑从而提高学习效率是大学生求学、求知、成才的基础，也是未来事业成功的重要条件。但是，当前有许多大学生未能掌握大脑活动的规律，做到科学用脑，如：有些同学养成日夜颠倒的学习习惯；有些同学不注意休息，使大脑超负荷工作等，这些不科学的用脑习惯都易改变大脑生物钟，使大脑过度疲劳，造成思维迟钝和产生记忆障碍等，不仅严重影响学习效果，也极大地伤害其身心健康。因此，每一位大学生了解和掌握大脑活动的规律，学会科学用脑非常重要。

一、脑的结构和功能

脑是人类生命活动的中枢，有着极为复杂的结构和功能，只有学习脑组织基本知识，才能保证健康用脑。

（一）脑的结构

大脑为神经系统最高级的部分，由左、右两个大脑半球组成，两半球间由横行的神经纤维相联系（图4-1）。成年人大脑的重量平均为1360 g，各部分都有不同的功能，各司其职，但又相互联系。

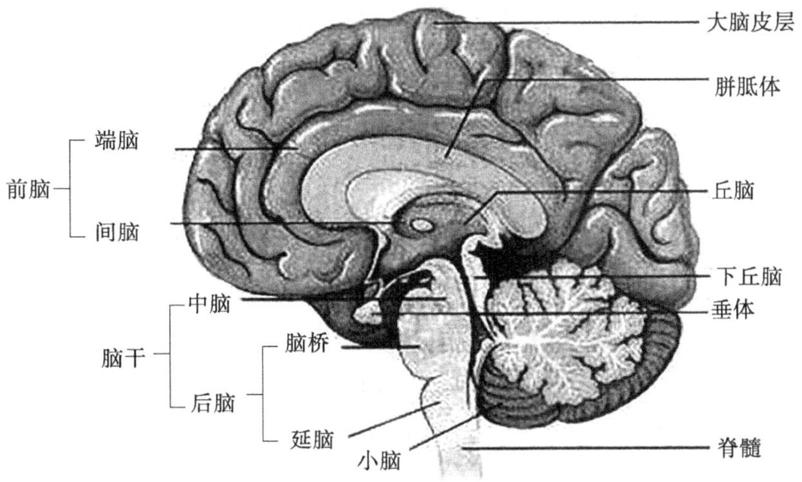

图4-1　大脑解剖图

（二）脑的主要功能

1. 维持和调节人体机能，如体温、血压、呼吸和消化等。
2. 接收外界信息并发出指令，对环境做出反应。
3. 选择性地利用积累的经验或创造新的方式对环境做出反应。

二、合理用脑

大学生一般都是静坐在教室、图书馆或寝室里进行学习，长期处于这种姿势，往往会有头昏脑涨、腰酸背痛的感觉，严重者甚至造成神经衰弱。其原因是用脑过度，产生了脑力疲劳，颈部长时间向前弯曲，流向脑部的血液受到限制，使得脑部供血供氧不足。大脑长期处于兴奋状态，也容易引起类似神经衰弱等症状。科学合理地用脑，讲究用脑卫生，应注意以下5个方面：

1.勤于用脑，挖掘大脑潜能

人脑约由140亿个神经元细胞组成，这种特殊的多元网络结构，是创造力用之不竭的源泉。著名的科学家一生对自己脑潜力的开发最多也不过1/5。脑的潜力是取之不尽、用之不竭的，用进废退是脑细胞代谢的规律。脑子越用越灵，而不用就会迟钝，造成脑力减退。实验证明，勤于用脑可以使大脑皮层内酶的活性增高，神经细胞体积增大，功能大为改善。因此，人脑受训练越少，衰老就越快；而人脑紧张工作，开始得愈早，持续时间越长，脑细胞老化就越慢。有人说，多用脑会缩短寿命，其实这是一种误解。有位学者曾对16世纪以后在欧美出现的400位杰出人物进行寿命研究，结果发现这些人的平均寿命为67岁，其中大量用脑的科学家、发明家平均寿命为79岁。也有人说，"用脑过度"有害健康，其实"用脑过度"实质上是用脑方法不当的结果，而不是勤于用脑的结果。因此，每一位大学生在学习过程中，都要勤于用脑、善于用脑，这样会使大脑越用越灵，贮存的知识信息越来越多，记忆力更强，大脑的智力潜能就能充分发挥出来。

2.合理安排用脑时间

大学生的大脑活动在集体生活前提下有明显的规律。每天有4个脑力活动的最佳时期：其一是早晨起床后记忆力最强，这时可复习昨天记忆的东西，没有新记忆的干扰，可加深记忆；其二是上午8点到10点，正是精力旺盛的时间，大脑的思考最为严谨和周密；其三是下午6点到8点，这是一天记忆的最佳时刻；其四是临睡前一小时，最好学习一些需要加深记忆的资料。这就是人脑一般的生物钟。当然，每个人的生物钟节律并不完全相同，即使对同一个人来说，这种节律也不是一成不变的。大学生注意发现掌握并善于利用好自己大脑活动的规律，在能力低的时间里安排较易完成的任务，困难的任务留在能力较强时完成，这样能大大提高学习效果。合理安排用脑时间，是事业成功的一个重要因素。俄罗斯杰出的作曲家柴可夫斯基曾经告诉我们，他成功的全部秘诀在于：每天在规定的时间内做规定的事情，而且保持对工作的良好精神状态。当然，在校大学生合理安排用脑时间，不仅要遵循大脑活动的生理规律，还要自觉遵守校规校纪，在校规校纪允许的范围内科学安排自己的休息时间和学习内容，自觉养成科学的用脑习惯。

3.注意劳逸结合

提倡勤于用脑，不等于无节制地用脑。用脑的强度过大，时间过久，兴奋的脑细胞就会转入抑制，使人们头昏脑涨，记忆力下降。如果我们不顾疲劳继续学习，不仅收效甚微，而且可能出现神经官能症，严重影响健康。因此，每一位大学生必须注意大脑的劳逸结合。

首先，需注意及时转移大脑兴奋中心，即在进行某种活动达到疲劳时，就改做另一种活动，避免头脑活动过多地偏于某一区域，造成过度疲劳，或对其他区域的活动产生抑制。大脑得到积极休息，才能提高学习效率。如当读书感到疲乏时，就去运动；当思考问题不得其解时就去听听音乐等。

其次，保持充足的睡眠可以消除疲劳，保证旺盛的学习精力，使大脑细胞免于衰竭和被破坏，对大脑的发育、功能的恢复、记忆的巩固都具有很重要的作用。一般来说，大学生每天保持8小时的睡眠就足够了。适度的锻炼使肌肉产生疲劳，养成定时入睡和起床的好习惯，保持安静、枕头高低适当、注意被褥清洁、不抽烟、不酗酒、食不过饱、睡前热水洗脚等，都是促成入睡快和睡眠深的有效措施。需要强调的是，不少大学生存在着考前“开夜车”的现象，其实这是得不偿失的。因为“开夜车”时脑细胞长时间在疲劳状态下工作，不仅学习效率低，而且也影响第二天的学习。此外，“开夜车”还会使人身体的生物钟被打乱，整个机体活动都受到影响，损害身体健康。

最后，适当进行户外活动可以改善脑部血液循环和供氧能力，使管理肌肉运动的神经细胞兴奋，而学习思考的神经细胞处于抑制状态，这样再从事脑力劳动时，才不至于疲劳。充分的休息使脑组织的活动有张有弛，使头脑清醒、精神饱满，让大脑发挥最大的效能。学习一段时间后，做一些课外活动，如散步、打球、听音乐等都是消除疲劳的好办法。

4.各种脑力思维活动交叉进行

大脑皮质各部分的功能是互不相同的。当这部分脑组织兴奋时，其余部分就处于抑制、休息状态。利用这一原理，各种脑力活动交叉进行，就可避免大脑疲劳。因此，在学习活动中让语言与操作活动交叉进行，不断变换看、听、读、写、做、背诵和讨论等多种学习方式，使各种脑力学习活动交替进行，每部分脑组织工作的时间相应缩短，从而减少大脑疲劳，提高脑的工作效率。

5.注意大脑营养

人脑的重量约占体重的1/50，却需要全身1/4的氧气及1/5的血液供给，紧张的脑力劳动所引起的生理消耗是很大的，消耗的能量必须获得及时补充。大学生依然处于身体发育的阶段，需充足的营养供应，如丰富的蛋白质、脂类、钙、足够的维生素及磷、锌等微量元素等，以保证大脑的健康发育和功能的发挥。因此，大学生一日三餐既要吃饱，又要吃好，合理搭配，使营养全面充足。

第二节
用眼卫生

【本节导言】

大学生的用眼卫生，是社会和公众共同关注的问题，须积极预防和控制近视的发展，让我们的大学生树立起良好的用眼卫生习惯，学会善待自己的眼睛。在科学高度发达的今天，争取最大限度地控制近视的发展，有利于社会的进步。

【核心概念】

科学用眼

【学前思考】

- 眼睛的结构有哪些？
- 怎样才能做到科学用眼？
- 屈光不正怎么治疗？

随着社会进步，人民生活水平不断提高，对眼睛的保护和关爱非常重要，特别是大学生的用眼卫生，更是值得关注。据一项全国学生体质健康研究的调查显示，小学生的近视发生率为22.78%，中学生为55.22%（高中生为70.34%），大学生则为76.74%。眼保健知识缺乏是导致大学生视力下降的最主要原因，大部分学生的用眼卫生习惯都不好，长期看书，躺着看书，经常玩电脑、看电视，以及课外活动少等，几乎没有人建立规范的视力档案和定期进行视力健康检查。大学生视力低下已成为社会和公众普遍关注的问题。

一、眼睛的结构和功能

眼睛是人类感官中最重要的器官，大脑中约有80%的知识和记忆都是通过眼睛获取的。眼睛能辨别不同的颜色、不同的光线，再将这些视觉、形象转变成神经信号，传送给大脑。视觉对人如此重要，每个人每隔一两年都应检查一次视力。

眼睛是人的视觉器官，由眼球和眼的附属器官组成，主要部分是眼球。眼球壁主要分为外、中、内 3 层。外层由角膜、巩膜组成，前 1/6 为透明的角膜，其余 5/6 为白色的巩膜，俗称“眼白”。眼球外层起维持眼球形状和保护眼内组织的作用。角膜是接收信息的最前哨入口。角膜是眼球前部的透明部分，光线经此射入眼球。角膜稍呈椭圆形，略向前突。角膜前的一层泪液膜有防止角膜干燥、保持角膜平滑和光学特性的作用。角膜含丰富的神经，感觉敏锐。因此，角膜除了是光线进入眼内和折射成像的主要结构外，也起保护作用，是测定人体知觉的重要部位。巩膜为致密的胶原纤维结构，不透明，呈乳白色，质地坚韧。中层又称葡萄膜、色素膜，具有丰富的色素和血管，包括虹膜、睫状体和脉络膜 3 个部分。虹膜：呈环圆形，在葡萄膜的最前部分，位于晶体前，有辐射状皱褶称纹理，表面含不平的隐窝。不同种族的人虹膜颜色不同。虹膜中央有一 2.5~4 mm 的圆孔，称瞳孔。睫状体前接虹膜根部，后接脉络膜，外侧为巩膜，内侧则通过悬韧带与晶体赤道部相连。脉络膜位于巩膜和视网膜之间。脉络膜的血循环为视网膜外层提供营养，其含有的丰富色素，具有遮光、暗房的作用。内层为视网膜，是一层透明的膜，也是视觉形成的神经信息传递的第一站，具有很精细的网络结构及丰富的代谢和生理功能。视网膜的视轴正对终点为黄斑中心凹。黄斑区是视网膜上视觉最敏锐的特殊区域，直径 1~3 mm，其中央为一小凹，即中心凹。黄斑鼻侧约 3 mm 处有一直径为 1.5 mm 的淡红色区，为视盘，亦称视乳头，是视网膜上视觉纤维汇集向视觉中枢传递的眼球部位，无感光细胞，故视野上呈现为固有的暗区，称生理盲点。

眼内腔包括前房、后房和玻璃体腔。眼内容物包括房水、晶体和玻璃体。三者均透明，与角膜一起共称为屈光介质。房水由睫状突产生，有营养角膜、晶体及玻璃体，维持眼压的作用。晶体为富有弹性的透明体，形如双凸透镜，位于虹膜、瞳孔之后，玻璃体之前。玻璃体为透明的胶质体，充满眼球后 4/5 的空腔内，主要成分为水。玻璃体有屈光作用，也起支撑视网膜的作用。

眼附属器包括眼睑、结膜、泪器、眼外肌和眼眶。眼睑分上睑和下睑，居眼眶前口，覆盖眼球前面。上睑以眉为界，下睑与颜面皮肤相连。上下睑间的裂隙称睑裂。两睑相连接处，分别称为内眦及外眦。上下睑缘的内侧各有一有孔的乳头状突起，称泪点，为泪小管的开口。生理功能：主要功能是保护眼球，由于经常“瞬目”，故可使泪液润湿眼球表面，使角膜保持光泽，并可清洁结膜囊内灰尘及细菌。结膜是一层薄而透明的黏膜，覆盖在眼睑后面和眼球前面。按解剖部位可分为睑结膜、球结膜和穹隆结膜 3 个部分。由结膜形成的囊状间隙称为结膜囊。泪器包括分泌泪液的泪腺和排泄泪液的泪道。眼外肌共有 6 条，包括上直肌、下直肌、内直肌和外直肌 4 条直肌，上斜肌和下斜肌 2 条斜肌。眼眶是由额骨、蝶骨、筛骨、腭骨、泪骨、上颌骨和颧骨7块颅骨构成，呈稍向内、向上倾斜的形状，四边锥形的骨窝，其口向前、尖朝后，有上下内外四壁。成人眶深4~5 cm。眶内除眼球、眼外肌、血管、神经、泪腺和筋膜外，各组织之间充满脂肪，起软垫作用。

二、科学用眼

眼睛是人们心灵的窗户，只有清澈明亮才能更好地感知生活，感受阳光。我们要像爱惜生命一样爱惜眼睛。

1. 养成良好的用眼卫生习惯

在适合的光线下学习，保持正确的姿势和适当的眼睛湿润。在看书的时候尽量和书保持一定的距离，眼睛距离书本30 cm左右，而且室内的光线要充足，不要在光线灰暗的地方看书。看书的时候要保持正确的坐姿，正确的姿势不仅可以保证人体与书本之间的距离，还可以很好地保护脊柱，使得脊柱不会产生很大的弯曲。在看书的时候要注意适当的休息，不要一味地用眼，针对用眼过度产生的症状，眼科专家建议，一定要养成良好的用眼卫生习惯；同时，在发现自己的眼睛感到不适时，不要凭自己的主观经验去药店里购买眼药水，而应该尽早到医院去检查；另外，用眼过度者平时应该多吃一些富含维生素A的食物，比如动物的肝脏、胡萝卜、蛋黄、新鲜蔬菜、瓜果和豆制品等，这样有利于保护眼睛。

2. 重视近视预防

改革开放以来，我国经济的迅速增长，为预防医学的深入研究提供了条件，学校卫生工作亦取得了显著的成绩，沙眼等许多学生常见疾病相继得到控制，但近视仍是影响大学生健康的最突出问题。让大学生在健康的环境中学习，掌握科学的用眼卫生方法十分重要。

3. 避免长时间用眼

研究表明，大学生近视虽然有重要的遗传因素，但对于占绝大多数的单纯性近视患者来讲，环境因素也起主要作用。课业负担过重、近距离用眼时间过长是学生近视的主要原因。随着信息科技的发展，长时间看电视、上网与玩游戏也是导致学生近视的重要因素。全面推进素质教育，切实减轻学生课业负担是防止近视的必要条件，需要教育与卫生防疫等部门共同努力。

总之，要大力提倡科学护眼：一是全社会要形成一个良好的护眼氛围；二是大学生要养成良好的看书写字学习姿势，避免连续长时间用眼；三是日常生活中要勤洗脸、勤洗手，并特别注意不要未洗手就去揉眼睛，以防眼部细菌感染或传染病的发生；四是眼睛一旦有不适，要及时到正规医院眼科咨询、检查或治疗；五是要提倡膳食平衡，防止维生素缺乏对视力的影响。

三、近视性屈光不正的治疗

屈光不正是指眼在不使用调节时，平行光线通过眼的屈光作用后，不能在视网膜上形成清晰的物像，而在视网膜前方或后方成像。它包括远视、近视及散光。

矫治屈光不正的方法基本分为两大类，即非手术矫正和手术矫正。

1. 屈光不正的非手术矫正方法

框架眼镜一直是矫正屈光不正的主要方式。近年来在镜片的材料方面有了较大发展，主要表现在树脂镜片的普及，高折射率的树脂镜片材料、镀膜工艺的发展，以及三维割边系统的科学应用等。这些发展和改进，提高了眼镜的安全性、光学性能以及美观度。

角膜接触镜作为矫正屈光不正的安全有效的方法，已经被人们所熟知。我国目前主要以软镜为主，约占总佩戴人数的99%；以传统型或频繁更换型为主要佩戴方式，近年来出现逐步向更短时间更换即抛弃型过渡的趋势。硬性透氧性角膜接触镜具有软镜无法比拟的优点，如对角膜安全的保障、护理的简便、矫正散光及圆锥角膜的特殊效果等，备受眼科医生的推崇。

角膜塑形镜是一种设计特殊的硬镜，通过镜片的“逆转几何”设计，即镜片曲率中央平坦周边陡的特殊设计，以机械压迫或按摩的方式，使角膜中央曲率半径变大，从而达到减少角膜屈光力的目的。由于该方法的矫治效果和范围的局限性以及仍存在的一些问题，在许多国家其一直作为选择性方法之一，接受矫治者及从事该工作者人数均少，社会反应比较冷淡。但是在我国，由于一些特殊的社会和文化现象，如儿童近视发生年龄提前、某些职业对裸眼视力的苛刻要求、某些大学专业对矫正度数的限制等，再加上某些宣传媒体的推动，使我国出现了角膜塑形镜“过热”的现象。从科学角度讲，角膜塑形镜是一种可行而有效的矫治近视方法之一，但它不能从根本上解决近视问题或治愈近视，而且矫治的度数也有一定限度，其效果也因人而异；同时，由于角膜特殊的生理功能，即具有记忆和恢复功能，因此，即使角膜塑形镜矫治近视获得一定疗效，也需要终生戴镜来保持疗效；角膜塑形镜通过其机械作用将角膜变平坦，在整个矫治过程中，角膜处于受压或碾磨状态，随时可能出现角膜损伤等问题。因此，角膜塑形镜的应用必须在医疗单位具有专业培训经验的眼科专业人员指导下进行。

2. 屈光不正的手术矫正

准分子激光屈光性角膜手术是近几年来发展最快的矫治屈光不正的方法，在我国普及尤其迅速，并取得了较好的临床效果。随着基础和临床研究的深入，特别是分子生物学研究的开展，对准分子激光手术有了许多新的认识，如准分子激光角膜切削术后患者，尤其是高度近视患者，角膜浅层混浊的发生率相对较高，因此准分子激光原位角膜磨镶术多用于治疗高度近视患者。目前，用准分子激光手术治疗远视和中高度散光，手术中心偏位造成术后斜向散光，以及近视回退等问题，仍然是该领域研究的焦点。通过白内障摘除人工晶体植入手术改变眼屈光状况的方法，比较适用于治疗高度近视患者。该项工作已开展并取得良好的临床效果。目前临床研究的焦点是有关晶状体眼前、后房型人工晶体的植入（眼内接触镜）问题。新的屈光手术还包括角膜基质环植入术等。

第三节
口腔卫生

【本节导言】

每个人都要注意口腔卫生，做好相关的保护，以此来维持自己的口腔健康。口腔健康是身体健康的一项重要指标，保持口腔健康具有十分重要的现实意义。大学生一般年龄为18~22岁，也是口腔问题的高发期，所以更要注重平时的饮食习惯，经常清理口腔。

【核心概念】

口腔健康

【学前思考】

- 良好的饮食习惯有哪些？
- 怎样才能维持口腔健康？

随着社会经济的不断发展，医疗水平与生活水平的提高，人们的健康意识也在不断增强。口腔健康是现代人类文明的重要标志之一。从个人角度讲，口腔健康直接反映了一个人健康的状态，因此口腔是生命健康质量的一面镜子。而从社会意义上讲，它还是社会进步与文明的重要特征。在现实生活中，人际交往甚是频繁，整齐洁白的牙齿与口气清新是一个人外表形象的一个重要部分，客观上已经成为人们选择配偶、选择职业的重要影响因素之一。所以，口腔卫生是人类健康保健最基本且重要的部分。

一、口腔卫生习惯现状

大学生一般年龄为18~22岁，正处于口腔问题的高发期，往往容易被人们所忽视的正是在此人群中的口腔疾病。一颗小小的烂牙，所涉及的不只是牙齿本身，有可能因延误治疗而酿成全身其他系统的疾病。没有健康的牙齿，不可能有健康的体魄。口腔是消化道的起端，包括牙齿、唇、舌、颌骨。牙齿分别按顺序地排列在上下牙槽骨上，组成上下牙列，正常成年人的牙齿数目为28~32颗。

有学者对中国部分地区大学生口腔保健意识和行为现状进行了调查，研究发现：每天刷牙2次的同学占63.85%，刷牙时间≥3分钟的同学占17.95%，3个月左右换牙刷的同学占34.87%，知道且使用巴氏刷牙法的同学占36.92%，每次饭后使用牙线的同学占21.32%，有龋齿的同学占46.15%，会定期检查牙齿的同学占32.56%。由此可见，大学生的口腔状况并不乐观，需要接受口腔保健宣传教育，以更好地促进和维护口腔健康。

二、正确的刷牙方法

刷牙是维护和保持口腔清洁的最主要方法，它不仅能消除口腔内软白污物、食物碎片和部分牙面菌斑，而且具有按摩牙龈作用，减少口腔环境中的致病因素，增强组织的抗病能力。刷牙对于预防各种口腔疾病，尤其是对于治疗和预防牙周病和龋病等，具有重要的意义。在日常生活中，虽然人们每天都在刷牙，却有相当一部分人不懂得如何正确刷牙，所以学会正确的刷牙方法极为重要。

1.牙刷的选择

牙刷是口腔卫生保健用具，只有选用符合口腔卫生要求的保健牙刷，才能起到洁牙的效果，并且不损伤牙齿及牙周组织。保健牙刷的特点是：刷头小，在口腔中转动灵活；刷毛排列合理，一般是2~3排，便于清洁牙齿和刷牙后牙刷本身的清洗。刷毛应选用细而有弹性的优质尼龙丝；刷毛的顶端呈圆形，刷牙时不易损伤牙齿和牙龈；牙龈萎缩需要用牙间刷。

2.牙膏的选择

首选含氟牙膏，兼用其他牙膏。含氟牙膏不仅有抑制牙菌斑的作用，而且可以保护牙釉质，增强牙齿的抗酸能力，预防龋齿。

3.刷牙水温度

牙齿适宜在30 ℃~36 ℃水温下进行正常新陈代谢。因此刷牙时，牙齿如长时间受到骤冷或骤热的刺激，不但容易引起牙龈出血，而且直接影响牙齿的正常代谢，易诱发牙病，影响牙齿的寿命，从而影响身体健康。

4.刷牙的正确方法

（1）刷牙的要点：①将刷头放于牙颈部，毛束与牙面成45°，毛端向着根尖方向，轻轻加压，使毛束末端一部分进入龈沟，一部分在沟外并进入邻面；②牙刷在原位作近远中方向水平颤动4~5次，颤动时牙刷移动仅约1 mm，这样可将龈缘附近及邻面的菌斑揉碎并从牙面除去；③刷上下前牙的舌面时，可将牙刷头竖起，以刷头的前部接触近龈缘处的牙面做上下的颤动；④依次移动牙刷到邻面的牙齿，重复同样的动作。

（2）竖转动法的要点：刷上颌后牙时，将牙刷置于上颌后牙上，使刷毛与牙齿呈45°，然后转动刷头，由上向下刷，各部位重复刷10次左右，里外面刷法相同。刷下颌后牙时，将牙刷置于下颌后牙上，刷毛与牙齿仍呈45°，转动刷头，由下向上刷，各部位重复10次左右，里外面刷法相同。上、下颌前牙唇面刷法与后牙方法相同。刷上前牙腭面和下前牙舌面时，可将刷头竖立，上牙由上向下刷，下牙由下向上刷。刷上下牙咬合面时，将牙刷置于牙齿咬合面上，稍用力以水平方向来回刷。

5. 刷牙的时间

每天应做到早起和晚上临睡前各刷牙一次，并坚持饭后漱口。每次刷牙需3~5分钟才能将牙齿的各个部位刷到。晚上睡前刷牙更为重要，因它能清除当日三餐积存于牙齿上的食物残渣污垢。否则，在夜间睡眠状态下，口腔内滋生细菌，污物与唾液的钙盐沉积形成菌斑及牙石，日久便会产生龋齿及牙周病。牙菌斑在被去除后可不断在牙面重新形成，一般清洁并抛光牙面后1~6小时菌斑可重建，因此每天至少要刷牙2次。一般情况下提倡刷牙时每个区域颤动5~10次，或者提倡每次刷牙3分钟。刷牙时间的长短应该以能彻底控制菌斑为宜。

6. 牙刷的保养与更换

每次刷牙后必须用清水把牙刷清洗干净并甩干，将刷头朝上置于通风干燥处。应注意，牙刷使用时间长了，刷毛就会弯曲蓬乱甚至脱落，减弱了洁齿能力。因此，必须每3个月更换一把牙刷，切忌几个人合用一把牙刷。

第四节 睡眠健康

【本节导言】

睡眠是人体的一种主动过程，可以恢复精神和解除疲劳。充足的睡眠、均衡的饮食和适当的运动，是国际社会公认的3项健康标准。人的一生中有1/3的时间是在睡眠中度过的，睡眠质量的好坏，直接影响着另外2/3的人生旅程。而大学生活是大学生成长的重要阶段，睡眠质量低下不仅影响学习成绩，而且会严重损害学生的健康，引发一系列的免疫力下降、肠胃危机、心脏病风险、肥胖、神经失调等问题。

【核心概念】

睡眠质量

【学前思考】

- 良好的睡眠习惯有哪些？
- 如何改善睡眠？

一、睡眠的作用

高质量的睡眠能够补充人体能量，促进人体生长发育，增强机体抵抗力，以及保护人的心理健康与维护人的正常心理活动，因此，对人类健康极其重要。

1.消除疲劳，恢复体力

睡眠是消除身体疲劳的主要方式。睡眠期间是胃肠道及其有关脏器合成并制造人体能量物质以供活动时使用的好时机。另外，由于睡眠时体温、心率、血压下降，呼吸及部分内分泌减少，基础代谢率降低，从而使体力得以恢复。

2. 保护大脑,恢复精力

睡眠不足者,表现为烦躁、激动或精神萎靡,注意力涣散,记忆力减退等;长期缺少睡眠则会导致幻觉。而睡眠充足者,精力充沛,思维敏捷,办事效率高,这是由于大脑在睡眠状态下耗氧量大大减少,有利于脑细胞贮存能量。

3. 增强免疫力,康复机体

人体在正常情况下,能对侵入的各种抗原物质产生抗体,并通过免疫反应而将其清除,维持人体健康。睡眠能增强机体产生抗体的能力,从而增强机体的抵抗力;同时,睡眠还可以使各组织器官自我恢复速度加快。现代医学把睡眠作为一种治疗手段,用来帮助患者度过最痛苦的时期,以利于疾病的康复。

4. 促进生长发育

睡眠与生长发育密切相关,在出生后相当长的时间内,大脑继续发育,这个过程离不开睡眠;且生长速度在睡眠状态下增快,因为睡眠期血浆生长激素可以连续数小时维持在较高水平。所以应保证充足的睡眠,以保证其生长发育。

5. 保护心理健康

睡眠对于维护人的心理健康与正常心理活动是很重要的。因为睡眠时间短睡眠不佳,就会出现注意力涣散,持续时间过长则可造成幻觉等异常情况。

6. 利于皮肤美容

在睡眠过程中皮肤毛细血管循环增多,其分泌和清除过程加强,加快了皮肤的再生,所以睡眠有益于皮肤美容。

二、睡眠的不良习惯

1. 睡前过度用脑

晚上如有学习的习惯,要把较伤脑筋的事先做完,临睡前则做些较轻松的事,使大脑放松,这样便容易入睡。否则,大脑处于兴奋状态,即使躺在床上也难以入睡,时间长了,还容易失眠。

2. 睡眠仰俯

趴着睡(俯卧)影响呼吸、心跳,也易做噩梦;仰着睡(仰卧)则四肢肌肉不能放松,易疲劳,且手易搭胸,也易做噩梦。应该向右侧身屈膝,不压心脏。当然,左右变换睡姿也可以。

3. 睡前饱餐

睡前吃得过饱，胃肠消化负担加重，装满食物的胃会不断刺激大脑。大脑有兴奋点，人便不能安然入睡。

4. 睡前恼怒

睡前生气发怒，会使人心跳加快，呼吸急促，思绪万千，以致难以入睡。情绪的变化极易导致失眠，所以睡前非但不可恼，亦应防止任何过激的情绪。

5. 睡前剧烈运动

剧烈运动会使大脑神经细胞呈现兴奋状态，而且在短时间里这种兴奋状态不会平静下来，人便不能很快入睡。

6. 蒙头睡觉

蒙头而睡易引起呼吸困难，因为随着棉被中二氧化碳浓度的升高，氧气浓度不断下降，长时间吸进潮湿空气，对大脑危害极大。时间长了，就会导致缺氧、易做噩梦，醒后则会感到头晕、乏力，精神萎靡。

三、改善睡眠质量的方法

睡眠质量不好会威胁我们的身体健康，轻者疲惫、乏力、精神萎靡，重者头晕眼花、记忆力下降、神经衰弱。那么应如何改善睡眠质量呢？

1. 平静的心态

睡前不要过于兴奋或者激动，也不要带有情绪，保持平静的心态。心态好自然休息得好，胡思乱想是失眠的主要原因之一。

2. 睡前散步

晚饭后到睡觉前，适宜到户外散步，呼吸新鲜空气，帮助消化，减轻睡觉后身体器官的负担，通过简单的体力运动给自己一个安静的睡眠。

3. 睡前热水烫脚

睡觉前用一盆热水烫烫脚，可以缓解脚部疲劳，促进脚底血液循环，使人心宁神安地入睡。

4. 合适的睡姿

睡觉时选择一个自己感觉最舒适的睡姿，让全身的肌肉得到放松，让身体彻底得到解放。床铺最好舒适，可以帮助快速入睡。

5. 适宜的睡眠环境

睡觉前要营造一个良好的睡眠环境，首先不要开灯睡觉，室内温度控制在15~20 ℃，无噪声，睡前室内通风，睡眠环境是保证睡眠质量的关键因素。

6. 养成良好的、规律的起居习惯

每天尽量在同一时间入睡，当形成自己的生物钟和条件反射时，便可有规律地入睡和起床。

第五节 衣着卫生

【本节导言】

王充在《论衡》中说："夫衣与食俱辅人体，食辅其内，衣卫其外。"意思是衣服具体的作用是调节人体的体温，保护人的身体。冬日多穿衣服保暖，夏日衣服能阻隔外界的热气和防止烈日暴晒、灼伤皮肤，又能防止树枝、荆棘等刺伤皮肤和虫蛇侵扰。衣服和饮食一样是维护人体得以生存的不可缺少的条件。

【核心概念】

正确着装

【学前思考】

- 衣着卫生的重要性有哪些？
- 大学生如何穿着得体？

一、衣着的基本要求

衣着是指一个人的穿衣打扮，反映了每个人不同的品位和个人气质。衣着对我们很重要，因为它可以决定我们心情的好坏，也可以决定我们事业的成败。正确的着装，可以让我们更加自信，让生活更加惬意，也让我们在学习和事业中游刃有余。

1. 衣着要干净整洁

干净整洁是穿衣的首要原则。干净整洁的衣服让人身心舒适，有利于身体健康。反之，衣服藏污纳垢让人心情不畅，还会影响人的健康，甚至让人患上某些疾病。

2. 衣着要注意年龄

随着年龄的增长，人体生理机能也在不断变化，对衣着的选择也就应当有所区别。

青年人讲究体型美，爱穿紧身衣衫，以显英俊之气，但应注意衬衣与裤子不宜过于紧身瘦小，衣料质地也应以松软为佳，这样有利于健康。

3. 衣着要注意季节

不同的季节应选择相应的衣服。春秋季气候较干燥，寒冷、风较大，宜穿夹克、毛衣；夏季午间较热，应穿衬衫及轻便裤子与裙子；冬季气候寒冷且异常干燥，可穿戴大衣、羽绒衣、毛衣、围巾和手套等。

4. 衣着要注意颜色

"冬不穿白，夏不穿黑"这是人们从生活实践中总结出来的经验。一般说来，深色的东西，对太阳光和热辐射吸收多，反射少；而浅色的东西则反射多，吸收少。因此，夏天人们都喜欢穿浅色衣服，能把大量的光线和热辐射反射掉，使人感到凉爽；冬季穿黑色和深蓝色的衣服最好，它们能够大量地吸收光和热辐射，人自然就感到暖和了。

5. 衣着要注意保温性

保温性好的衣服，以毛织品为佳，棉织品次之，最后是丝绸制品。因为多孔的织品，能储存较多的空气，所以厚而松的织品保温性好。

6. 衣着要注意透气性

透气性好的衣服可以把皮肤排出的汗液和污浊之气散发出去，使皮肤保持干燥，并可调节体温。所以，要选择透气性好的织品制作衣服，胶布、油布、塑料布等透气性差，会影响皮肤的新陈代谢，损害健康，不宜做服装。

二、大学生着装礼仪

五千年中华文明博大精深，在其发展过程中，礼仪一直被一步步传承，中国亦被尊称为"礼仪之邦"。礼仪不仅仅包含行动、言语上的得体，着装亦是一种外在的体现。不同的场合，合适的着装是人际交往、社会关系不可或缺的。另外，适宜的着装亦能带给自己美的享受。时代在发展，时尚亦在变迁，不同时期，着装风尚亦不同。大学生作为无经济来源的特殊群体在着装时更要遵循这一教导。大学校园是教授知识的殿堂，大学生在追逐时尚前沿的同时也应注意着装应符合自己身份。

一般来说大学生穿着以休闲、运动装为宜，但不同场合不同时间应灵活对待，合理穿着。休闲、运动装适合大学生的大部分活动，穿这样的衣服进办公室、去上课、去游玩都没问题。除特别规定必须穿特定的服装的场合外，休闲运动装是不会引起争议的。但在一些重要的会议、庄重的场合还是提倡穿正装。

在一些特定的场合,如实验室、宿舍、求职等,必须按有关规定进行着装。实验室中一定要穿着简单,穿特定实验服装;宿舍中可以随意一点,但也要根据宿舍环境进行着装。对于求职的大学生来说必须穿正装,给人一个好的印象。

面试是大学生活重要的一部分,对于每一位大学生来说面试是展示自己、走向成功的阶梯,而面试中的第一印象分亦占了很大比重。良好的着装风貌是给别人留下良好的第一印象的绝佳机会。面试时一般要穿西装衬衣。

(1)西装应保持同色配套,并且颜色最好以深色或深蓝色为主。防止穿着过于老旧的西装。

(2)不要穿新西装去参与重要公司的面试,七八成新的服装最自然妥当。

(3)正式面试时,以长裤并熨烫笔直为好。裤子长度以直立形态下裤脚覆盖住鞋跟的3/4为佳。

(4)白色衬衫永不过时,而蓝色衬衫是IT行业男士的最佳选择,能表现出聪慧、沉稳的气质。不要穿带图案的或条纹衬衫。

(5)面试前,要将衣物洗熨平整,这个非常必要。

总之,大学生在学校里应注意着装礼仪,穿着要符合身份;注意色彩的搭配;从而进一步提高大学生的就业竞争能力。

第六节
戒烟限酒

【本节导言】

防控大学生吸烟酗酒恶习在校园蔓延是一项复杂的系统工程，应当认清吸烟酗酒恶习的危害性，发挥学生干部率先垂范的作用；家庭、媒体担负起社会责任，营造健康良好的校园文化氛围，采取心理疏导等有效方法，加大校园戒烟限酒综合治理的力度，大学生吸烟酗酒恶习的状况就一定能得到有效抑制和改善，就会创造出更加有利于大学生健康成长的育人环境。

【核心概念】

戒烟限酒

【学前思考】

- 吸烟的危害有哪些？大学生应该怎样戒烟？
- 大学生酗酒的危害有哪些，如何预防？

一、拒绝烟草

在我们的大学校园，我们可以看到不少学生在抽烟，大学生逐渐成了烟民中的重要组成部分，其中男生比例远远高于女生。因此，大学生抽烟现象成了社会关注的焦点之一，也是学校领导、老师和众家长关心孩子们健康成长的焦点。

（一）大学生抽烟的动机

1. 追逐潮流，盲目跟风

看着别人抽烟，感觉很帅、很酷，认为这是一种潮流，于是也跟着抽烟，久而久之便上瘾了。大学生正处在踏入社会的过渡时期，接触的东西比一般人多，也比一般人更喜欢追求流行时尚，所以追求潮流、盲目跟风可能是大学生抽烟的主要原因。

2. 遭遇挫折失败时以吸烟解除烦恼

大学生正一步步走向社会，走向独立，必然会遭遇很多的挫折，比如常见的失恋、与同学发生矛盾、求职失败等等。大学生如果不能很好地处理这些问题，便会开始颓废、偏激，于是有许多人选择抽烟来排解心中的烦恼，这些人也成了烟民中的一部分。

3. 受其他人的怂恿

大学生周围有许多吸烟的人：父母、亲人、朋友。随着年龄的增长，周围的人认为大学生已经成年，于是，在许多的场合下他们会向大学生递烟。不论这种行为是否真的出于恶意，但是这的确是极具影响力的引导，让大学生开始吸烟。

吸烟危害健康已是众所周知的事实。大学生需要知道的是，烟中有许多有害物质，香烟点燃后产生对人体有害的物质大致分为六大类：

（1）醛类、氮化物、烯烃类，这些物质对呼吸道有刺激作用；

（2）尼古丁类，可刺激交感神经，引起血管内膜损害；

（3）胺类、氰化物和重金属，这些均属毒性物质；

（4）苯丙芘、砷、镉、甲基肼、氨基酚以及其他放射性物质，这些物质均有致癌作用；

（5）酚类化合物和甲醛等，这些物质具有加速癌变的作用；

（6）一氧化碳能降低红细胞将氧输送到全身的能力。

（二）抽烟对人的危害

吸烟虽可短暂让精神振奋一下，但会上瘾，有害健康，而且二手烟还会殃及身边的人。抽烟对身体健康的危害主要有以下几点：导致心血管疾病，如冠状动脉心脏病、主动脉瘤、心律不齐、下肢静脉栓塞；导致癌症，如肺癌、喉癌、食管癌等；导致肺部疾病，如慢性阻塞性肺病、肺炎、支气管炎等。15%的抽烟者会有慢性阻塞性肺病（肺气肿、慢性支气管炎）；其他，如卒中、消化性溃疡、骨质疏松症、牙周病、白内障等疾病。

（三）大学生远离香烟的措施

虽然社会、学校层面均在引导大学生远离香烟方面做出了一定的努力，但作为大学生的我们也需要协同努力，才能真正远离香烟对人体造成的危害。因此，从大学生个人层面，应当知晓吸烟的危害，形成一种反对吸烟的习惯，努力做到不沾烟、不吸烟。树立正确的人生观、价值观,培养良好的生活习惯和心态,提高自己面对挫折的能力。应当适当交际,不交损友,只交善友,不因任何不良因素而吸烟,要保持上进的心理状态。听从学校有关戒烟或反吸烟组织的建议,对吸烟保持高度的警惕。

大学生是未来的社会建设者,担负着民族复兴的重任,但是吸烟这一不良行为正摧残着无数的大学生,因此,从自我做起,从现在做起,彻底认清吸烟的危害和弊端,远离烟草,远离尼古丁。

二、控制饮酒

近年来,大学生醉酒、酗酒现象日趋严重,且酒后滋事伤害事件也频频发生。大学生酗酒恶习在校园蔓延的现象已经成为影响和谐校园建设的重要因素。大学生酗酒恶习的形成有诸多方面的原因,包括历史文化因素、生理特征因素、社会环境因素、青春期心理因素和酒风异化因素等。大学生酗酒恶习的预防措施如下:

1.认清酗酒恶习的危害

(1)社会危害

酗酒之害,触目惊心,数以百万计的家庭和无数痛苦悔恨都与酗酒有关。近年来,大学生寻衅滋事、打架斗殴、破坏公物等重大违法违规行为,绝大多数是酗酒惹的祸。大学生酒后出现自残或失手将他人打伤事件,甚至从事一些破坏活动,如侮辱女同学、拦路抢劫、破坏设备、放火、驾车将人撞死撞伤等恶性事件也时有发生。

(2)身心伤害

①危害生理健康。南方某大学工程系学生苏某,是个文质彬彬的学生,但平时爱喝酒,酒量很好,他在庆祝自己22岁生日时,20分钟内连喝20杯啤酒后失去知觉,最终死在医院。酒中的乙醇在体内有95%是通过肝脏来吸收解毒,酗酒会导致脂肪肝,形成肝硬化;酗酒还会导致多种消化器官疾病,降低人体呼吸道系统的防病毒能力,使人体的癌细胞增多,诱发多种心脏病变。大学生正处于成长发育阶段,身体的各类器官尚不完全成熟,酗酒对身体的损伤更加严重,将直接影响到生理机能的正常发育。

②危害心理健康。酗酒会使人脑器官组织损伤,出现记忆减退、意识障碍、反应迟钝、过度兴奋、动作不协调等,导致酒精中毒性精神病和中毒性幻觉症等精神异常病症,使人变得待人冷漠或不可理喻;酗酒会使人精神恍惚,没有家庭责任心;酗酒还会导致思维能力下降,对事物的分析、判断能力减弱,智力衰退,甚至会出现妄想、幻觉,诱发人格改变和反常行为,表现出焦虑、烦躁、抑郁等负面情绪,严重者还会产生自杀念头。

③危害成长成才。大学生正处在成长发育期，酗酒会使生殖器官的正常功能衰退，性成熟推迟2~3年；酒后更是使人昏昏欲睡，精力分散，直接影响人的思维和注意力，从而影响正常的学习和休息；酗酒导致思维迟缓，记忆力和判断力下降，致使智力减退，学习效率下降，学习退步，况且，醉酒后，大脑和身体的恢复又有一个过程，对学业的影响极大；大学生酗酒后的兴奋状态常会导致失态，神志不清还会引发有悖于社会公德，甚至做出伤及他人或使自己遭到意外伤害的行为，由此滑向违法犯罪的深渊，受到法律制裁，荒废了学业，断送了大好的前程。

（3）校园危害

大学生酗酒不仅容易酿成个人、家庭悲剧，还危及校园公共秩序、公共权益和和谐校园建设。虽然大学生酗酒并非经常引发死亡事件，但会在校园内引发一系列的严重后果。大学生饮酒时间通常大多集中在夜间，除校园及周边小吃摊点外，在宿舍内喝酒现象也相当普遍。在宿舍内酗酒吵闹使左邻右舍彻夜难眠，在校外酗酒后，深夜喧嚣回校更是扰得校园不得安宁，且酒后滋事伤害事件也频频发生，严重干扰了校园正常的作息制度和公共秩序，影响了校园稳定。正因为酗酒有上述种种危害，为了保证大学生健康成长成才，维护正常校园秩序，必须引起学生、家庭、学校、社会的高度关注，大力提倡不饮酒，采取有力措施严禁酗酒，有效防控醉酒滋事。

2.发挥学生干部率先垂范的作用

学生干部既是“限酒”的倡导者，又是“限酒”的主要对象。只有从学生干部抓起，以身示范，学生才会跟着学，照着做，才会收到以身作则的效果，使“限酒”工作成为学生干部和广大学生的自觉行动。可以通过建立“人盯人”限酒互助小组做好教育转化工作，即安排一名学生干部帮助一名有酗酒恶习的学生，从学习、思想与行为上经常关心帮助，使受助者在学生干部率先垂范的感染下告别酗酒恶习。

3.培养健康的生活情趣

遇亲朋聚会、喜庆宴会，喝点酒是无可厚非的，但一定要求自己把握尺度，养成不酗酒的习惯。为此，大学生应参加科学、文明、健康的校园文化活动，如读书报告会、读书讲座、读书征文、读书论坛、专家讲座、好书介绍和读书心得交流会、专业技能大赛、职业生涯规划设计大赛、创意创业大赛等活动。其中读书可以陶冶情操，还可以养性治愚，在活动中培养健康的生活情趣，促进自我的身心健康与和谐的人际关系，从而戒除酗酒的恶习。

总之，只要大学生意识到酗酒的严重危害性，酗酒恶习的状况就能得到有效抑制和改善，就会创造出更加有利于大学生健康成长的环境。

【本章交流与讨论】

- 你认为不良的用脑习惯在哪些方面会影响学业，请举例说明。
- 谈谈既往你对科学用眼的认识，并分析造成近视的主要原因有哪些。
- 请根据自己的亲身体验或者观察，阐述口腔卫生的重要性。
- 请根据自己的亲身体验或者观察，阐述睡眠健康的重要性。
- 你认为不良的睡眠习惯在哪些方面会影响生活和学习，请举例说明。
- 谈谈既往你对吸烟酗酒危害的认识，并谈谈如何戒烟限酒。

CHAPTER 5

第五章

情绪与健康

本章学习之后，你将能够：

- 了解情绪的概念；
- 从积极与消极两个方面理解情绪；
- 了解当代大学生的情绪状况；
- 知道如何调节自己的情绪，维护身心健康。

第一节

焦虑与健康

【本节导言】

情绪是人类心理现象的一个重要组成部分。而焦虑，是心理学家乃至社会各界一直以来都十分关注的情绪问题。无论是什么职业，无论是哪个年龄段，男性或女性，都有着不同的烦恼和所焦虑的问题。本节主要介绍了焦虑的基本概念等相关内容，并围绕当代大学生阐释了他们所产生的焦虑症状以及应对策略等。

【核心概念】

状态焦虑　自我效能感　积极情绪的对比效应

【学前思考】

- 什么是焦虑？
- 目前我国大学生主要存在哪些焦虑？
- 哪些因素会导致大学生产生焦虑情绪？
- 如何应对焦虑？

一、焦虑

大学生在日常学习、生活中，难免会出现焦虑情绪，长期、深度的焦虑会严重影响其学习和生活。正因焦虑影响的广泛性和可能的危害性，焦虑也是目前心理学家研究得非常深入的情绪之一。认识焦虑，正确避免和应对焦虑，可以帮助大学生维护身心健康，拥有更高质量的生活。

（一）什么是焦虑

焦虑是使人痛苦而其原因具有不确定性的一种情绪。具体说来，焦虑是对未来产生威胁和损失的负面预期，并可能伴随着紧张、烦躁不安或者一定的身体症状。由其概念可知，焦虑包括认知、生理和行为三种基本成分。适当的焦虑可以促进激素的分泌，有助于我们处于威胁情境时能迅速紧张起来，并做出应对准备。在现代生活中，焦虑有助于我们保持清醒的头脑，集中注意力，从而更高效地完成任务。但如果长期保持焦虑状态，或者焦虑程度过于严重，那么便会造成一定的焦虑障碍，从而严重影响我们的学习与生活。众多心理学家也建立过一些焦虑理论。弗洛伊德的精神分析理论认为，焦虑是一种向自我预示真实的或潜在的危险信号的情绪。巴甫洛夫和华生的学习或行为理论认为，有机体通过“焦虑”或“恐惧”这种调节机制来学会避免有害刺激。而埃森克认为，部分焦虑是遗传的，部分是习得的。遗传决定了个体“兴奋—抑制”的不平衡性，使得个体更容易受到后天环境的影响。而焦虑也可以通过与中性刺激结合从而从非条件性焦虑转变为条件性焦虑，从而使个体习得。

大学生焦虑是一种情绪反应，多数情况下，这种情绪反应具有短期性、阶段性、非疾病性和自我恢复性等特征，但也有少数学生有逐渐加重的趋势，最终引发焦虑症。

（二）焦虑的类别

根据焦虑的性质或持续时间，可以将焦虑分为状态焦虑和特质焦虑。状态焦虑指因为特定情境引起的暂时性的不安状态，而特质焦虑指的是一种一般性的人格特点或特质，表现为持续性的担心和不安。特质焦虑较严重的人在遇到困难或者激烈的挑战时，容易出现紧张、担忧、多虑与恐惧等情绪，这就致使更严重的状态焦虑情况。根据焦虑产生的根源，弗洛伊德将焦虑分为客体性焦虑、神经性焦虑与道德性焦虑。客体性焦虑指由外在环境中真实存在的客观事物引发的一种情绪体验，神经性焦虑是指个体害怕因自己的本能冲动受到惩罚而产生的焦虑，道德性焦虑则指的是个体的行为与自我的价值观念冲突而产生的一种包含内疚的情绪。根据产生的原因不同,焦虑可分为一般焦虑和测验焦虑。一般焦虑是指由高空、黑暗、医院等产生的焦虑,而测验焦虑指的是由测验、考试等所产生的焦虑,也可称之为学业评估焦虑或成就焦虑。根据焦虑的情境来看,焦虑包括生理需要的焦虑、物质需要的焦虑、情感需要的焦虑。目前我国大学生主要存在的焦虑包括:学业焦虑、就业焦虑、健康焦虑、存在焦虑、婚恋焦虑、社交焦虑、物欲焦虑等。

概念提示:存在焦虑是由人的生存境况决定的,是人在面对自身与世界的被给予性及其相互间关系时所产生的一种自然的主观状态。

二、焦虑的临床症状

焦虑症的核心症状主要有精神上的过度担心,所担心的对象不明确,程度不一;易被激怒,记忆力减退,注意力不集中;生理反应包括口干舌燥、急躁、尖叫、冒汗、发抖、呕吐、腹泻、头晕眼花、尿频尿急等;另外可能伴随睡眠障碍。

三、焦虑的影响因素

影响大学生焦虑情绪的因素是方方面面的,也是在遗传与环境的共同作用下产生的。

(一)个人因素

个人特质或人格方面:个人特质或人格会影响到大学生的焦虑情绪,一般将这类焦虑分为状态焦虑与特质焦虑,不同特质焦虑的人会存在高级神经活动的差异。特质焦虑者在生物学上为易形成焦虑情绪的个体,他们在忍受外界刺激的强度或持续时间方面都相对更弱,神经过程的不平衡性以及被刺激唤醒的敏感性都决定了特质焦虑者生性多疑、内心体验极为深刻、机智敏感等个人特质。时间管理倾向与特质、状态焦虑都呈显著负相关。个体的时间管理能力越高,体验到的焦虑情绪就越少。一般来说,适应能力越强的个体,体验到的焦虑情绪越少。尤其对于大一新生来说,进入了一个全新的环境,需要建立新的人际关系,需要适应新的教学模式,需要应对新的与以往不同的压力,能迅速适应新环境、融入新环境则很好,而适应能力较弱的个体便会迎来各种各样的焦虑。即将迈入新的工作环境的大四学生，面对升学与择业就业压力他们也需要一个良好的适应能力，也正因如此，有许多研究得出了大一与大四学生的焦虑水平都显著高于其他年级的学生的论断。另外，高成就动机的个体可能产生相对较少的焦虑情绪。大学生在面对问题时的归因方式也与焦虑有关，归因方式不合理的个体则更容易产生更严重的焦虑情绪，比如，总是将成功归因于运气，将失败归因于自己的能力。研究表明，自我效能感与特质焦虑、状态焦虑和考试焦虑之间存在负相关关系。自我效能感低的个体更容易出现上述焦虑情况。自我效能感低的个体，更容易出现无助感，更容易使用消极的认知策略，也就更容易焦虑。

日常生活中的睡眠质量、运动锻炼、饮食习惯、生活作息等都在一定程度上影响着大学生的焦虑水平。我们的身体和心理都需要一个稳定的、平衡的状态，这样才能有更好的生活状态。

概念提示：自我效能感指个体对自己是否有能力完成某一行为所进行的推测与判断。

（二）家庭因素

父母文化程度会影响孩子的焦虑程度，受教育程度高的父母通常会更多地与孩子进行沟通和交流，更加尊重孩子，会采用更积极的教养方式教育孩子而不是惩罚、拒绝与否认孩子。大学生的心理健康水平也与父母教养方式之间存在着不同程度的正相关关系。另外，家长的个性特质、家庭的构成形式等，都影响着孩子看待世界的方式。首先，家长的个性特质可能会遗传给孩子，也可能在后天家庭环境中潜移默化地影响孩子；其次，部分研究显示，非独生子女的特质焦虑水平显著高于独生子女。

（三）学校及社会因素

大学生的专业兴趣、学习策略、人际关系以及其所在高校培养方式、社会支持等均与其焦虑存在一定的关系。一般来说，大学生对自己的专业越有兴趣，便越不容易产生焦虑。“兴趣是最好的老师”，兴趣可以指引学生积极努力地向自己的目标前进，当学生专注于自己所爱好的东西时，往往阻碍就已经被排除掉一半了，他们更容易弱化所遇到的困难，即使有难题，也更容易用积极的心态去面对，因此，大学生找准自己的兴趣，或者说培养兴趣，就显得尤为重要。人是具有社会性的，也有人际交往的需要，都希望自己被接纳，并受到爱与尊重，一旦个体缺乏与外界的互动联系，也就自然而然会产生焦虑情绪。现在的大学生越来越多地出现网络成瘾等问题，这种看似是和外界的互动加强了，但对网络媒体的依赖感一旦得不到满足就会产生更严重的焦虑。解决这一问题的长久之计是增加现实生活中的互动,参与更多的现实交流。

四、焦虑的应对方式

预防或应对焦虑情绪有各种各样的方式,大学生应正视焦虑情绪,正确理解和对待焦虑,学会区分正常焦虑与非正常焦虑,分辨出问题的简单性与严重性,正确认识自己。

(一)积极锻炼

体育锻炼可以有效缓解大学生的焦虑情绪,其中,体育舞蹈锻炼比篮球锻炼的效果更为显著。相关研究表明,中等运动量的学生被检出的焦虑水平最低,其次为大运动量和小运动量者。尽管不同方式的体育锻炼之间会存在效果的差异,但我们仍可以选择一项自己喜欢的运动,建立一些适当的运动目标,进行运动时间的安排,每天运动1~2次,每次运动1~2小时效果最佳。不要认为只有男生才需要更多的运动,积极锻炼对女大学生的效果要好于男大学生。

(二)放松策略

第一种,正念冥想法,对焦虑情绪有及时缓解的作用。可以平躺在舒适的地方,闭上眼睛进行冥想,可以想所有你想到的事件、物品,尽量减少情感上的体验,可以以第三者的视角来回想,当然,也可以什么都不想,放空自己,或者还可以播放一段音乐,播放一段指导语,跟随它的指示进入冥想状态。第二种放松方法是先平躺,然后可以先将全身肌肉尽可能地绷紧,然后慢慢地放松下来,重复练习数次,体会这种一张一弛的变化感,将重点放在紧张之后的放松,尽可能慢地去体验。第三种,控制呼吸法,也可以叫深呼吸法。个体保持坐姿,双手掌心合拢轻放于肚脐上,嘴微闭,用鼻子尽可能深地吸一口气,保持2秒后再慢慢地呼出气体,吸气4秒后再呼气4秒,直至气体全部呼出。第四种,全身逐步放松法。先进行全身的肌肉放松,然后按下列动作依次进行:首先,放松状态的闭眼。按深呼吸法放松,重复3~5次,然后在心里用缓慢的语气对自己进行暗示:“我感觉我的头正在放松”,“我的头越来越放松,越来越放松……”“现在,我感觉我的头非常放松,非常舒适,非常非常放松,非常非常舒适……”然后,依次是头发、脸部、牙齿、脖子、肩膀、背部、胳膊、手部、腰部、腹部、大腿、小腿、脚部。还可以想象自己在一个非常舒适的场景，比如，想象自己躺在青青草坪上，旁边有流淌的小溪，伴着潺潺的溪流，不时还有鸟儿的叫声。听音乐可以说是大部分学生都会采用的缓解焦虑的方法，可以通过听一些舒缓的轻音乐，使自己凝神静气。

（三）改变认知、态度与信念

在遇到一件令人焦虑但又非做不可的事时，首先不要着眼于它如何困难，如何棘手，而是尽快思考该如何解决，先进行计划与安排。第一种方法暗示自己有能力解决，并且一步一步地尽可能地尝试，秉持"船到桥头自然直"的信念，必要的时候可以借助他人的支持。尽量不要去想如果失败，结果会怎么样，或者可以将最坏的结果列出来，然后说服自己"最坏的结果也不过如此"。第二种方法是认知领悟法，也可以叫作暴露法。这种方法主要适用于程度较严重的焦虑症人群，将自己所恐惧或逃避的情境按照由易到难的顺序排列出来，然后一一去尝试、克服，直到对某一个情境基本不会有焦虑情绪，再进行下一项挑战。第三种方法，积极情绪的对比效应。在一项实验中，对于同样的奖励，被试者在不同的前提情境下所体验到的情绪是不同的。当被试者所获得的奖励高于预期时，他们会感到很愉快，而当所获得的奖励低于自己的预期时，则被试者会情绪低落。这就告诉我们，积极情绪并不一定是绝对的，它是在心中进行了衡量和对比之后产生的，因此，我们可以适当调整自己的心理预期，或者改变比较对象。比如，在一次考试中，虽然我们的目标是考95分，当我们努力朝着这个目标奋斗过后，我们便已经享受了这个奋斗的过程，考试结束，我们大可以把预期相对调低，保守估计我们可以获得的分数，这样便能增大我们体验到积极情绪的概率。切忌"完美主义"，太过于追求不切实际的完美只会徒增烦恼，可以认为，有一定缺陷才叫完美。另外，对于一些不可控的因素，我们可以减少上行比较（与比自己更好的人进行比较）的次数，多进行一些下行比较（与比自己更差的人进行比较），这样也有利于积极情绪的获得。

（四）具体焦虑的应对方式

应对社交焦虑：首先，减少对网络或电子设备的依赖。减少线上交友、聊天的频率，创造现实交友的机会。当闲下来想要用手机时，可以使用一些替代物，比如读纸质书、出去散步、聚会等等。其次，多掌握一些社交技巧，学会理解他人情绪，站在别人的角度思考问题，善于做一个倾听者。在社会交往的过程中，最重要的一点是，正确认识自我，不要过于在意他人的评价，正确对待他人的负面评价。如何应对考试焦虑？第一，端正考试动机，正确认识考试的意义，我们并不是为了考试而学习，而是为了提升自我才学习，考试只是对这一阶段学习情况的一个简单评估，一次考试失利，并不能完全否认你的能力与努力。第二，平时就要有良好的知识储备，不要总以“临时抱佛脚”的心态来对待考试，要提前做好应试准备。第三，注意科学用脑，劳逸结合。

以上都是大学生在感到自己一段时间一直处于非常焦虑的状态时，可以采用的一些策略。

第二节
抑郁与健康

【本节导言】

焦虑和抑郁是两种关系比较紧密的复合性情绪。尽管大学生正处于身体健壮、并且身心发育逐渐成熟的年龄，却仍存在着患抑郁症的高风险。本节主要介绍了抑郁的概念、相关因素以及一些有助于大学生预防与应对抑郁的策略等。

【核心概念】

外源性抑郁　反刍思维　正念疗法

【学前思考】

- 什么是抑郁？
- 抑郁的相关因素有哪些？
- 如何应对抑郁？

一、抑郁

抑郁是一种复杂的情绪障碍，也是全球共同关注的一个公共健康问题。抑郁症既是世界范围内的主要致残原因，也是导致全球疾病负担的重大因素。2017年2月23日，世界卫生组织官方网站发布文章，称全球抑郁症患者已达3.22亿人，中国抑郁症患病率为4.2%。由于抑郁症的普遍性与危害性，我国也越来越重视抑郁症这一精神障碍，尤其是大学生的抑郁症状况。研究表明，大学生患抑郁症的比率高于总体水平，并且大学生抑郁症的发生率呈逐年递增的趋势。

（一）什么是抑郁

抑郁是一种弥散性的情感体验，一种以情绪持续低落，缺乏兴趣与享受感，精力下降，疲惫不堪等为典型症状的心境障碍。弗洛伊德认为，抑郁是指向自身的愤怒。学习理论则认为，抑郁是在一种重要的和习惯了的强化物被撤走之后的活动能力降低的状态。抑郁常与焦虑同时发生，它具有以下5个特点：

（1）持续消极的心境；

（2）负性的自我概念；

（3）生活上的不规律；

（4）不稳定的兴奋水平；

（5）在行为上回避他人的期望。

（二）抑郁的类别

按照严重程度来划分，抑郁可以分为轻度抑郁、中度抑郁和重度抑郁。如果采用量表进行施测，根据焦虑自评量表的标准来看，抑郁严重程度指数在0.50以下为无抑郁症状，0.50~0.59为轻度抑郁，0.60~0.69为中度抑郁，0.70以上则为重度抑郁。轻度抑郁在维持正常工作和社交时可能会偶尔遇到一些困难，而重度抑郁则严重影响患者的日常生活，更极端的抑郁还会导致自杀。按照是否有狂躁发作，可将抑郁分为单相抑郁和双相抑郁。单相抑郁指单纯的无狂躁发作的抑郁症，双相抑郁则指的是有狂躁发作的抑郁症。按原因来划分，抑郁症主要分为内源性抑郁症和外源性抑郁症。

二、抑郁的临床症状

抑郁情绪的躯体化症状：①精神状态方面。典型的抑郁个体会感觉常常处于精神迟滞状态，精力减退，容易疲劳。②身体感受方面。会觉得手脚沉重，体重减轻，体力不足，食欲与性欲降低。③情绪方面。闷闷不乐，易烦恼及情绪激动、害羞，有自杀的想法。④生理方面。可能会有心慌、失眠、头痛、出冷汗、无故哭泣、便秘、发热或发冷、身体酸痛、胃肠不适、四肢无力、发抖等。⑤行为表现方面。学习效率低、记忆力下降、难以集中注意力、不愿与人交往、不爱运动、动作缓慢、疏远亲友、做事反复、幻听、自伤等。⑥认知方面。错误的归因方式，例如把考试失利归因于自己的能力水平；错误的自我认知，对自己没有认同感；负性的自动化思维，例如总是消极地看待一件简单的小事，总悲愤于世道不公。

三、抑郁的影响因素

遗传因素是内源性抑郁症发病的主要原因，而各种各样的自身与环境因素的交互作用导致个体产生外源性抑郁症。

在个人特质或人格方面，错误的归因方式会使人容易产生消极情绪，从而导致抑郁；在成就方面，较积极的归因方式是将成功归因于自己的能力和努力，将失败归因于努力不足等内部可控因素。消极的归因方式还会降低人的自我效能感，从而丧失尝试新事物、迎接新挑战的信心。研究表明，内向的人更容易患抑郁症，原因可能是，相比外向的人，内向的人比较不善于倾诉，遇到烦恼的事时，内向的人可能更多地会觉得难以启齿，将坏情绪积压于内心。依据人格理论所划分的人格类型中，高神经质的人格类型的人更容易产生消极情绪甚至抑郁，实际生活中，抑郁的学生比非抑郁学生表现出更低的外向性、开明性、责任心和随和性。另外，众多研究表明，大学生的消极反刍思维也能够正向预测抑郁。消极反刍思维就是对于事件的消极认识与沉思，是一种自我中心认知，比如“我不能控制它”。心理韧性是个体成功应对压力事件并尽量避免该事件对未来的消极影响的能力，或者也可以是使个体从消极情绪中恢复过来的一种人格特质，心理韧性也与抑郁存在负相关关系。例如大学生对待失恋事件，心理韧性更好的个体很快就能找到方法帮助自己从悲伤情绪中走出来，避免消极情绪的保持，从而避免陷入抑郁。孤独感与抑郁感也有显著相关性，个体的孤独感能够正向预测抑郁感。人类具有社会性，需要与他人进行往来，更需要他人的支持。而大学生这一群体，正处于世界观与人生观成熟道路上的关键时期，也更需要来自他人的认可与接纳，受到孤立的个体，会感受到强烈的孤独感，长久积攒、压抑这种情绪则会自然而然地造成抑郁。影响大学生抑郁情绪的其他个人特质因素还包括害怕失败、自大、犹豫迟疑、不信赖、低自尊、高焦虑、低体貌满意度等等。抑郁会影响睡眠质量，而睡眠质量的下降也会进一步加重抑郁。个体的日常生活，比如睡眠，是有一定的持续时间和节律的，个体需要按照节律，有规律地安排自己的作息，紊乱的生物节律对HPA轴和糖皮质激素的调控作用会在一定程度上诱发抑郁症。

众多研究表明，家庭亲子关系与家庭支持对于大学生的抑郁甚至自杀想法起重要影响，较强的亲子冲突、较低的家庭和谐程度或家庭支持不够与高抑郁率相关，而良好的亲子关系，父母积极的教养方式，没有父母干预的决策，都可以帮助个体发展出良好的个人特质，从而降低抑郁率。另外，父母离异、家庭经济情况不好都可以是抑郁的部分诱发因素。

不同年级学生的抑郁率存在显著差异。一般来说，大一是焦虑症的高发时期，同时大四也是抑郁症的高发时期。对大一学生而言，刚过完紧张的高中时期，进入大学，大学不同于高中的学习模式，很多学生不适应，部分同学日夜颠倒，生物钟混乱，也是抑郁症发生的重要因素。一项对763名护理专业本科生的调查研究显示，来自学业方面的学业成就、学术压力、就业前景，同样增加了该专业本科生的抑郁率。转校生比非转校生产生了更多的抑郁情绪。人际关系不好也是大学生产生抑郁的主要影响因素，包括同伴友谊、恋爱状况、师生关系等。人际关系越差，越容易陷入抑郁，而未谈恋爱的大学生比谈恋爱的大学生更易产生抑郁心理。

概念提示：反刍思维指个体针对特定生活事件及自身情绪所进行的反复思考。沉思和反省是两种对于消极情绪的反刍因子。

四、抑郁的应对方式

（一）日常缓解与预防

认知改变：对事件的消极认知会产生各种各样的消极情绪，从而引发抑郁。我们可以尝试从源头出发，调整自己对事物的认知，试着多从积极的角度解释问题。例如，当你看到半杯水的时候，你会倾向于说："哇，还有半杯水！"还是"唉，只剩半杯水了！"？对于同一件事，如果我们改变自己的心态，就会发现结果变得很不一样。

情绪与行为的改变：体育锻炼有助于我们缓解抑郁情绪。身心一直都是紧密联系的，积极的心理离不开健康稳定的身体状态。对于大学生来说，虽然课程的变化较大，但我们更应该保持良好的生活习惯，形成一定的生活规律，可以对自己的日常生活进行一定的规划，每天安排适量的运动，包括跑步、游泳、打球等等。有研究对比了普拉提、瑜伽和打太极三种运动方式对抑郁情绪的缓解效果，结果显示打太极比其他两者的效果更加明显。当然，我们可以根据自己的实际兴趣与可操作性来选择合适的运动方式。

（二）临床上的心理干预

当个体意识到自己或他人意识到某个人存在较严重的焦虑情绪时，应及时寻找途径进行心理疏导，包括向学校的心理健康中心以及校外专业的心理咨询诊所寻求帮助。

沙盘游戏是目前教育、心理咨询等领域普遍使用的一种通过游戏缓解压力情绪、改善认知，从而获得心理治疗的一种手段和方式。咨询师通过让来访者在一个沙盘上进行游戏，从其游戏过程中获得一些信息，包括从沙具使用数量、摆放位置、角色类型等，从而了解其所处环境、心理状态、人格倾向以及心理问题的来源等，更好地与来访者进行沟通，并帮助其改善环境，有效解决心理问题。游戏可以使咨询师与来访者更容易建立起良好的沟通关系，咨询师通过游戏可以更好地安抚并掌握来访者相关的情绪，引导他们正确发泄，建立积极的认知。研究表明，对于抑郁程度较严重的大学生，沙盘疗法可以很好地帮助其缓解抑郁情绪。

目前最为常见的音乐治疗、绘画治疗和戏剧治疗，便是通过不同方式的艺术活动来达到帮助来访者缓解情绪，实现自我帮助。无论对于健康的人群，还是对于有心理障碍的人，无论对于儿童，还是对于大学生，艺术活动都是有益无害的活动，每个人都可以从自己喜欢的艺术活动中触发灵感。这样的艺术活动不需要很复杂，也不会设立过高的门槛，更不需要我们有多么高深的艺术造诣。艺术治疗的过程，就是让我们体验放松、体验快乐的过程，在治疗师的指导下，我们可以享受一段美妙的时光，也许是一起感悟音乐的韵律之美，也许是在绘画中泼洒梦想，也许是在不同角色中体味百态人生。艺术源于生活，这样的活动更可以带你领略艺术之美，带你领略生活之美。

正念疗法可以直接或间接地影响大学生的抑郁情绪 。正念训练是指个体不加以评判地看待任何事物，仅仅持续感受和体验每时每刻心理上与身体上对外部刺激的觉知。对于一个健康的人，正念疗法可以为其创造一个与自我近距离接触的机会，可以使其感受当下的自我并接纳自我。正念疗法在医学领域的应用也十分广泛，可被用于身患不同疾病的人，包括部分心脏病、癌症患者，对于患有慢性疼痛的病人也十分有效。大学生在生活中，同样也可以利用正念疗法来平衡自己的健康。当我们学会在生活中运用正念疗法时，我们就可以在任何情况下都关注当下的自己，意识到自己平时的一些无意识或者习惯性行为，从而改善不良行为、调节心理状态。例如，当我们开始集中注意力感受自己的身体时，可能会发现我们因焦虑而习惯性地频繁地来回走动，这时可以减少走动的频率，调整自己的心态，从而轻松应对压力。

第三节 情绪管理与情绪调节

【本节导言】

消极情绪对人的身心健康发展存在巨大危害，相反，积极情绪对于我们的人生却有着重要意义。为了维护长久的身心平衡，我们需要学会将消极情绪转化为积极情绪，并利用积极情绪来提高工作效率、缓解心理压力、预防疾病、成就美好人生。作为生活在信息时代的大学生，我们应该选择性地吸收有益信息，学会管理与调节情绪，在复杂的社会环境中增强适应性。本节主要介绍大学生的情绪特点及负面情绪的危害，情绪管理与情绪调节的主要策略，以及在近年来掀起热潮的积极心理学领域的部分内容。

【核心概念】

情绪　情绪管理　认知重评　表达抑制　主观幸福感

【学前思考】

- 什么是情绪？
- 大学生的情绪有哪些特点？
- 什么是“相对剥夺”？
- 如何增强主观幸福感？

一、情绪的概述

（一）情绪的概念及脑机制

情绪是人对外界客观事物的主观体验以及相应的行为反应，并且伴随一定的生理唤醒。与情绪有关的脑组织包括前额皮层、杏仁核等。左前额皮质与积极情绪有关，右前额皮层与消极情绪有关。杏仁核能够识别无论积极或是消极的情绪线索，海马和前扣带围皮质在情绪调节中发挥重要作用，大脑网状结构具有唤醒功能，能够维持大脑皮层的兴奋性，也是情绪产生的一个必要条件。但情绪并不仅仅与上述这些主要的脑组织相关联，情绪在大脑中的反应表现出广泛性与独特性，曾有研究者发现，个体在看诱发厌恶情绪的电影时，丘脑、梭状回、视皮质层以及小脑等脑区活性增加，而当观看诱发愉快情绪的电影时，初级和次级视皮质、梭状回、楔叶、距状裂以及嗅皮质的脑区活性增加。另外，眶额皮质对情绪效价的表征也有着重要意义。

（二）大学生的情绪特点

大学生情绪的一般特点主要包括稳定性与波动性、冲动性与理智性、复杂性与矛盾性、外显性与内隐性等。纵观个体的整个发展过程，大学生的心智发展处于相对成熟的阶段，且积累了丰富的知识，具备了基本素养。因此，比起青春期来说，大学生的情绪具有一定稳定性。与此同时，大学生正处于一个更加复杂的新环境，并在此之中不断获得心智的成长。这一个适应与成长的过程会给大学生带来纷繁复杂的情绪体验与情绪变化，因此，大学生的情绪具有一定的波动性与复杂性。就矛盾性来看，在大学生群体中存在独立性与依赖性之间的情绪矛盾，经历了青春期的大学生，自我意识已经获得了飞速成长，他们会更多地进行理性思考，计划与控制的能力更强，然而由于环境的变化，大学生在追求身心自由的同时，还对过去的环境，周围的人、事物或已经养成的习惯，都存在一定的依赖感。在这一时期，大学生的情绪还包含了理想与现实之间的冲突引起的情绪矛盾。大学生对自我、对未来、对社会有着一些期待与憧憬，但由于种种原因，在所认识到的自我与社会不同于期望时，大学生则容易陷入一种自我怀疑的情绪矛盾。身处于信息时代的大学生，拥有更多自我表露的途径，他们可以快速取得与他人的联系，他们对于外界刺激的反应尤为敏感，在表达情绪时更加直接，然而他们有时也会掩饰自己的真实情绪和感受。

在情绪表达方面，大学生的过渡性情绪表达破坏性更大，适应性情绪表达还有待提高，而抑制性情绪表达相对来说更为普遍。

（三）负面情绪的危害

负面情绪，包括上述所讲的焦虑与抑郁等，会影响大学生的个人身心健康。除了会引起如冒虚汗、呕吐、浑身酸软等不良生理反应，还会影响到日常作息，包括食欲不振、失眠多梦等，更可能影响到正常的工作与学习，包括难以集中注意力，很难完成某项任务。长期被负面情绪困扰的人群会因此而患病，更严重者还会产生一些伤害自己的过激行为。积极情绪就像一面旗帜，让你重拾自我，砥砺前行；消极情绪就像一个魔鬼，可以渐渐将一个人吞噬。

负面情绪不仅会伤害自己，也不利于个体与他人建立和谐融洽的关系。一个每天眉头紧锁的人，又如何让他人亲近呢？情绪的传递也是一种能量的传递，好的情绪会吸引他人。个体在学校在社会都离不开与他人的竞争与合作，负面情绪则很可能影响你在这过程中的一些行为，造成一种恶性竞争，比如，当你极其嫉妒某人时，你很有可能失去自我，从而产生一些对他人利益的破坏行为。

负面情绪容易让人意志消沉，丧失心智，更容易引发人的攻击性，如果不及时消除，这必定会在我们安定和谐的环境中埋下隐患。另外，负面情绪会扼杀大学生的创造力，负面情绪长期缠身的大学生，将整日沉浸在自己的世界里，以自我为中心，对外界冷漠以待，不闻不问，无法更多地做出对社会有益的事，更无法回馈社会。

二、情绪管理与调节策略

情绪管理是个体为适应社会而对自身情绪进行调节与控制的一系列行为。情绪管理能力是一种心理特征，是人们完成情感与情绪活动所需要具备的心理条件。美国心理学家萨洛维和梅耶提出的情绪智力理论中曾提到，情绪管理是情绪智力的核心要点之一。

（一）大学生情绪管理能力的特点

大学生的情绪管理能力在总体上表现出正向的趋势，但个体差异较大。当代大学生在遇到消极事件或情境时，会更多地思考，更多地用理智解决问题，但较容易受消极因素影响，对于即将失败或失败的行动采取补救措施的能力还有待进一步提高。

（二）情绪管理与调节策略

除了前文中曾提到的缓解焦虑、抑郁情绪的一些日常干预方法之外，大学生群体还可以从如下几个方面进行情绪管理与调节。

（1）认知重评与表达抑制是两种主要的情绪管理方式。认知重评就是重新评估自己对某一事件的认识，包括评价忽视与评价重视。表达抑制即对即将到来的情绪反应进行的抑制行为。尽管两种方式都能降低情绪行为的表达，但认知重评同样也会削弱生理反应与心理体验，而表达抑制则刚好相反。例如，当遭遇不公平事件时，我们第一时间会委屈、愤怒，认知重评后，我们可能认为“世界上本就没有绝对的公平”，还可能认为“也许这并不是不公平，确实有一些我不曾考量的因素”，于是负性情绪得以缓解。而表达抑制则是对自己负性情绪外露的一种言语或表情上的抑制，虽然同样减少了情绪行为的表达，但是却会有更高的心理唤醒以及相应脑区的激活。

(2)转移注意力也是情绪调节的一种方式,指个体将注意力指向情绪并给予积极评价。个体可以通过关注自己消沉意志的症状、原因和后果来帮助自己摆脱消极情绪。

(3)心境修复则指的是个体采用乐观的态度来改善消极情绪。而对于一些难以摆脱的消极情绪,对于未来也不存在太大意义的事件,我们可以选择遗忘。

(4)情绪调节自我效能感指的是个体在面对负面情绪时对自己是否能成功将其缓解或消除的一种信念。培养情绪调节自我效能感有助于大学生在面对消极事件时,更倾向于采取求助或其他积极方式解决问题,而情绪调节自我效能感低的人则更倾向于选择逃避。为培养我们的情绪调节自我效能感,在遇到问题时,可以不断暗示自己能够顺利解决;为培养我们的情绪调节自我效能感,可以在意识到消极情绪出现时,不断暗示自己无需无谓的悲伤和懊恼,抓住现在,很快便能“雨过天晴”。

(5)沟通无论在哪种情境之中都非常重要。例如,我们可以通过多参加社团活动投身于不同的情境,认识不同的人,既开阔眼界,又建立起了自己的人脉圈。有很多东西我们都能够在与人交往中学到,同伴之间互帮互助,形成平等而和谐的关系。马斯洛在需要层次理论中提出,我们有尊重和爱的需要,因此,获得一定的亲密关系是我们达到自我满足、自我实现的必要条件之一。沟通的力量是无穷的,当我们有负面情绪时,可以向同伴倾诉,可以向老师求教,可以与父母探讨。总之,给负面情绪安设一个出口。

三、积极心理学

(一)积极心理学的兴起

一些心理学家曾将消极情绪定义为适应性情绪,将积极情绪定义为发展性情绪,从人类早期的“为生存而战”到现在的“享受生活”不难看出,积极情绪是在国家有一定发展程度后,在消极情绪的基础之上建立起来的,因此,心理学家对积极情绪关注得也就更晚。然而,就在20世纪90年代,心理学家赛里格曼提出了“积极心理学”这一概念。

(二)主观幸福感

主观幸福感是指个体在衡量了自己的标准后,在主观上对自己当前生活满意度的一种情绪体验与状态。我们对主观幸福感有三个衡量指标:较少的消极体验、对快乐情绪的体验和较高的生活满意度水平。这也是积极心理学研究的课题之一。

从整个社会来看,大学生作为一个社会群体,总体幸福感水平是相对较低的。且所体验到的积极情绪随年级升高而递减。这可以解释为:初入校园的大学生会存在新鲜感,并且会对于进入一所大学就读产生不自觉的愉悦感,在课业与科研压力上也是相对轻松的，越临近大四，大学生越容易感受许多无形的压力，包括课题压力、就业压力与升学压力，在主观上体验到的幸福感便呈递减趋势。

主观幸福感的实现论认为，当个体实现了自己所设定的目标后，就会因满足感而提升主观幸福感，因此，我们不妨在生活中设定一些合理的目标，然后一步步地朝目标前行。目标的难度水平为自己通过努力能够达到即可，无须太大太远。主观幸福感的人格特质论重视人本身的人格特点，更加关注获得长久而非短暂的主观幸福感。因此，我们更应从小就培养坚韧、乐观的品质。主观幸福感的信息加工判断理论认为，个体主观幸福感的获得不仅仅来自于外界环境刺激，而是自身经验与愿望和外界环境交互作用的结果。因此，当我们在自身所具备的条件基础上设置了合理的目标，并且目标有所实现时，我们会从中获得更多的成就感。当我们再次遇到类似的情境时，结合外来事件与过去经验，我们便会有更高的自我效能感与成就感，任何事情都会变得更容易，这样就形成了一个良性循环。除了要有适当的目标进而全身心投入，并获得成就感之外，我们还可以从良好的人际关系中获得幸福感，尽量把时间安排给有意义的事情，避免虚度感。生活中，有一种常见的心理现象叫作"相对剥夺"。人们对于自己所处环境的不满并不是因为某种绝对标准，而是在与比自己更好的对象比较之后产生的相对剥夺感。举个例子，当人们在评估自己的贫富状况时，并不会根据自己绝对的生活舒适度来进行评判，而是跟比自己更富裕的人进行比较。因此，在一些我们难以改变的事情上，包括外貌和固有的能力等，我们不妨多进行一些下行比较，在心里获得一些满足感，为自己建立起一定的自尊与自信。

【本章交流与讨论】

- 思考自己大多数焦虑情绪是由什么原因引起的，并为自己制订出缓解焦虑的方案。
- 焦虑情绪会对个体产生哪些具体危害？
- 如果你发现身边的人有抑郁症状，你会怎么办？
- 你认为该如何预防抑郁？
- 你自己还使用过哪些提高主观幸福感的方法？

CHAPTER 6

第六章

性与健康

本章学习之后，你将能够：

- 了解人体生殖系统解剖；
- 理解性生理、性反应、性行为等；
- 理解爱情和亲密关系以及如何树立正确的爱情观；
- 理解生殖健康的定义以及如何促进生殖健康；
- 了解计划生育的策略以及性传播疾病的预防。

第一节
性生理和性反应

【本节导言】

人类是世界上“性”致最高的动物。人从诞生开始就与“性”密不可分，而性健康也直接关系到人类的健康。本节将从解剖到生理，介绍人类性的起源及其发生发展，为进一步理解性健康、促进性健康奠定基础。

【核心概念】

性心理　性反应　性行为

【学前思考】

- 人是怎么诞生的？
- 男性和女性在解剖上有什么异同？
- 男性和女性之间会产生什么反应？

一、人体生殖系统解剖与生理

人类的胚胎在第8周就确定了其性别的分化方向，通俗点说就是最后是男是女此时便已成定局。男女在身体上的迥然差异，最明显的就体现在生殖系统上。

(一)男性生殖系统

男性生殖系统包括内生殖器和外生殖器(图6-1)。

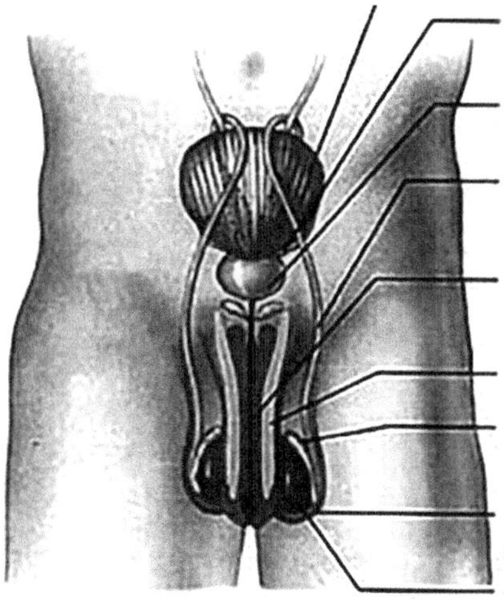

图6-1　男性生殖系统解剖图

1. 男性内生殖器

(1)睾丸

睾丸是男性生殖腺,左右各一,呈卵圆形,由精索将其悬吊于阴囊内,长4~5 cm,厚3~4 cm,各重15 g左右。是产生雄性生殖细胞(即精子)的器官,也是产生雄性激素的主要内分泌腺。

睾丸主要功能是产生精子和分泌男性激素(睾酮)。前者与卵子结合生成受精卵,是繁殖后代的重要物质基础,后者则是维持男性第二性征(副性征)的重要物质。睾丸在胚胎早期位于腹腔内,准确位置是位于腹股沟管内环处,以后逐渐下降,到第7个月时,睾丸快速通过腹股沟管而降至阴囊中,睾丸以上部位则闭锁。睾丸在下降至阴囊的过程中,可能出现各种异常情况,如鞘膜突不闭锁或闭锁不完全,则发生鞘膜积水、精索囊肿、疝等;如睾丸下降不完全而停止在腹腔中或腹股沟管中,称为"睾丸下降不全",或称"隐睾";如睾丸在下降时未至阴囊而偏移到会阴、阴茎根部、股部等处,称为"睾丸异位"。睾丸的位置不正常,会影响精子的生成和发育的质量,不利于生育。

(2)附睾

附睾是附睾管在睾丸的后缘盘曲而成,小管之间有纤细的纤维组织和蜂窝组织,分头、体、尾三部分。附睾外形细长,呈扁平状,又似半月形,左右各一,约长5 cm,附于睾丸的后侧面。附睾有储存和排放精子、促使精子成熟和分泌液体供给精子营养作用。上述生理功能是通过附睾上皮细胞的吸收、分泌和浓缩机能来完成的。

附睾的主要功能是促进精子发育和成熟,以及贮藏和运输精子。精子从睾丸曲细精管产生，但缺乏活动能力，不具备生育能力，还需要继续发育至成熟，此阶段主要在附睾内进行。附睾分泌一种直接哺育精子成熟的液体，称为附睾液，其液体含钾高、甘油磷酸胆盐浓度高、糖苷酶浓度高、酸碱度低、渗透压高、氧少、二氧化碳浓度高。一般来说，附睾贮存约70%的精子（2%贮存在输精管中）5~25天，平均12天，其贮存精子的时间比男性生殖器的其他部位时间长。附睾中的精子在性交时，通过附睾管、输精管、经射精管及尿道排出体外。精子在附睾管若长期不排出，则部分被分解吸收，部分逐渐进入尿道随尿液排出，所以在成年男子的尿液检查中，偶或可以发现精子。附睾发生炎症或其他疾病，可能影响到精子成熟的程度而不利于生育。

（3）精索、输精管及射精管

精索是从睾丸上端至腹股沟管腹环之间的圆索状物，是睾丸、附睾及输精管血液、淋巴液的循环通路，也是保证睾丸的生精功能及成熟精子输送的主要途径。精索的主要功能是将睾丸和附睾悬吊于阴囊之内，保护睾丸和附睾不受损伤，同时随着温度变化而收缩或松弛，使睾丸适应外在环境，保持精子产生的最佳条件而使睾丸不能随意活动（提睾肌）。外伤或感染而引起精索病变，可以破坏睾丸和附睾血液供应的特殊性，而影响睾丸和附睾的功能；精索的淋巴管发生堵塞则可造成睾丸和附睾功能减退；当精索静脉曲张时，精索静脉内血液瘀滞，会影响睾丸局部血液循环，致使睾丸内血氧减少，酸碱度改变，造成畸形精子增多，精子数量下降、精子活动度减退等。因此，精索是睾丸的“生命线”。

输精管是精索内的主要结构之一。输精管于输尿管与膀胱之间向正中走行，其末端膨大扩张形成输精管壶腹，最后与精囊管相汇合。其末端与精囊腺的排泄管汇合成射精管，穿过前列腺，开口于尿道。管壁厚，全长40~46 cm，直径2~3 mm。输精管是精子从附睾被输送到前列腺部尿道的唯一通路。输精管具有很强的蠕动能力，是因其管壁肌肉很厚。输精管的主要功能是运输和排泄精子。在射精时，交感神经末梢释放大量去甲肾上腺素物质，使输精管发生互相协调而有力的收缩，将精子迅速输往精囊排泄管、射精管和尿道中。当输精管发生炎症或堵塞时，精子就不能排出而造成男性不育症，同理，当男性节育时，亦可行结扎输精管术。

射精管是输精管壶腹与精囊管汇合之后的延续，位于前列腺底的后上方，其主要功能是射精。射精管很短，仅2 cm左右，管壁很薄。射精管具有很强的收缩力，保证了射精时的应有压力。另一方面，精液通过射精管的狭小开口，似乎有一种“挤出”感，通过神经反射，引发射精的快感，从而使人达到性高潮期。

（4）精囊腺、前列腺和尿道球腺

精囊腺为一对扁平长囊状腺体，左右各一，表面凹凸不平，呈结节状，位于输精管末端外侧和膀胱的后下方，其末端细小处为精囊腺的排泄管，与输精管的末端汇合成射精管，在尿道前列腺部开口于尿道。精囊长4~5 cm，宽约2 cm，容积约4 mL。精囊为屈曲状的腺囊，其主要功能是分泌一种黏液，这种黏液占精液的70%左右，对精子的存活有重要作用。精囊分泌物包括黏液、磷酸胆盐、球蛋白、柠檬酸和糖苷等碱性胶状液，其中主要是柠檬酸（125 mg/100 mL）和糖苷（315 mg/100 mL），它们是精液的主要组成部分（占50%~80%），射精时在前列腺液之后排出，苷糖在射精后提供精子活动的主要能源；精囊分泌物含凝固酶，主要作用是当精液射入女性阴道之后，可促使精液在阴道内保持短暂凝固，防止从阴道中流出，增加受孕机会。若精囊发生炎症或身体健康不佳，则会影响精囊的分泌功能，使糖苷含量减少，减弱精子的活力，甚至导致精子死亡，而造成男性不育症。

前列腺为一个栗子状的腺体，能分泌前列腺液，为精液的组成部分之一，含有多种微量元素及多种酶类。在精阜近端，平滑肌加强，称为前列腺前括约肌，具有防止逆行射精的功能。前列腺主要功能是分泌前列腺液（占精液的13%~32%）。前列腺液为乳白色黏性液体，呈碱性，每日分泌量0.5~2 mL，比血液含有更多的钠、钾、钙离子，以及大量的锌、镁等阳离子，此外还含有氯、碳酸氢盐、磷酸盐、枸橼酸盐、氨基酸等阴离子，提供精子活动的能源；前列腺液还含有酸性磷性酶，以保持男性第二性征的发育与成熟；前列腺液还含有大量的蛋白质分解酶，如纤维蛋白溶解酶和透明质酸酶，使精液液化，促进精子在精液中自由活动，并能溶解子宫颈管口内的黏液栓和卵子的透明带，促进卵子和精子的结合而受精；前列腺液偏碱性，能中和女性阴道中的酸性分泌物，有利于精子在阴道内生存。前列腺中的液化因子与精囊液中的凝固因子的作用完全相反，先凝固后液化，有助于生育性能的完善。前列腺受性刺激时可收缩，将前列腺液通过尿道排出。当前列腺发生炎症或其他疾病时，会影响前列腺液的分泌与排泄，不利于受精。

尿道球腺左右各一，位于尿生殖膈上下筋膜之间的会阴深囊内，主要功能是分泌少量的呈透明略带灰白色的一种蛋白黏液，也是精液的组成部分。这种蛋白黏液在阴茎勃起进行性交时先流出尿道口，润滑阴茎头部，有利于阴茎插入阴道。

（5）尿道

男性尿道既有排尿功能，又有排精功能，长12~20 cm。其中有尿道球腺，分泌液体，参与精液的组成，又有性交时润滑阴茎头的作用。尿道的主要功能是排泄尿液和精液，是尿液和精液的共同通道。

精液由精子和精囊腺、前列腺分泌的液体组成，呈乳白色，一次射精2~3 mL，含精子3亿~5亿个。

2.男性外生殖器

（1）阴阜

阴阜为耻骨前方的皮肤和丰富的皮下脂肪组织。成年人阴阜皮肤上有阴毛，皮下组织有皮脂腺和汗腺。青壮年时阴阜显著隆起，中年以后脂肪组织减少下陷，老年则萎缩变平。青春期的阴毛生长是男性第二性征的标志之一，雄激素的缺乏表现为阴毛稀少或不发育。

（2）阴茎

男性外生殖器中，最明显的是阴茎，包括阴茎轴及龟头。从外形上看，阴茎有松弛和勃起两种状态。阴茎后部为阴茎根，中部为阴茎体，呈圆柱形，前端膨大部为阴茎头。阴茎尖端有尿道外口。阴茎的头亦称为龟头，含有海绵组织，尿道口就位于龟头内。在阴茎轴与龟头之间是冠状沟。龟头、冠状沟与系带都充满神经末梢，对刺激是很敏感的。

阴茎内部由3个平行的长柱状海绵体组成，有血管及神经分布。阴茎上面两个海绵体称阴茎海绵体，下面一个称尿道海绵体，尿道从中穿过。平常尿液和精子均由此处排出，但它们不会搞混，故无须担心小便时，精液也会跟着一起出来。当海绵体内腔充血时，阴茎即变得粗而硬，这就是性兴奋时阴茎勃起的原因。

一般男性在儿童时期阴茎较小，一直到了青春期阴茎才开始成长，且颜色加深。阴茎的长短大小有一定范围，但和男性的性能力无关，亦不是影响女性获得性快感的要素。阴茎的大小和身材高矮、胖瘦，五官大小一样，存在众多差别，且与民族、种族等都有关系。长短不一、粗细不等属正常生理现象。常态下阴茎长度范围为4.5~8.6 cm，许多因素都可能影响阴茎的大小，包括身体脂肪过多、天气过冷、压力环境。如果阴茎在青春期后短于5 cm，而且没有勃起功能，特别是第二性征发育不良，无精子，无生育能力，才可以认为是阴茎发育不正常。

阴茎头和后端的连接处有阴茎包皮，如包皮过长而包着阴茎头不能翻起时，就形成包茎。包茎不仅影响性生活，还容易引起炎症，甚至癌症。因此，医生主张将多余的包皮通过手术切除。

阴茎的主要功能是排尿、排精液和进行性交，是性行为的主要器官。阴茎皮肤极薄，皮肤下无脂肪，具有活动性和伸展性。阴茎海绵体的血窦可以附入血液，在无性冲动时，阴茎绵软，在性刺激时阴茎海绵体的血窦内血液增多，阴茎则膨大、增粗变硬而勃起，当流入的血液和回流的血液相等时，则阴茎持续勃起；阴茎头部神经末梢丰富，在性交达到高潮时，由于射精中枢的高度兴奋而引起射精。在性刺激下阴茎不能勃起或勃起硬度不够，则无法进行性交活动，称为“阳痿”，阴茎勃起异常或阴茎畸形可引起性交困难。

（3）阴囊

阴囊位于会阴之间，是由皮肤、肌肉等构成的柔软而富有弹性的袋状囊，把睾丸、附睾、精索等兜在腹腔外、两胯间。阴囊内有阴囊隔，将阴囊内腔分成左右两部，各容纳一个睾丸和附睾。当遇冷、运动或性刺激时，阴囊的肌肉就会收缩，以拉高阴囊内的睾丸，以便靠近身体。这种使睾丸更靠近或更远离身体的移动，对睾丸来说是很重要的。因为睾丸必须维持在比体温稍低的温度中，遇冷或遇热都会造成精子减少。若长期暴露在过冷或过热的环境中，可能就会造成不孕，也会增加患睾丸癌的概率。

阴囊皮肤有明显的色素沉着，长有稀疏的阴毛。阴囊皮肤薄而柔软，并有很多的褶皱，如果将它展平，表面积会增大许多。阴囊皮肤还有丰富的汗腺，容易出汗，经常是湿漉漉的。阴囊的主要功能有保护睾丸、调节温度，有利于精子的产生和贮存等。

（二）女性生殖系统

1.女性内生殖器

（1）阴道

阴道是位于骨盆下部中央，呈上宽下窄的管道。前壁与膀胱和尿道相邻，后壁与直肠贴近。上端包围宫颈，下端开口于阴道前庭后部。环绕宫颈周围的部分称阴道穹隆。按其位置分为前、后、左、右4部分，其中后穹隆最深，与直肠子宫陷凹紧密相邻，为盆腔最低部位，临床上可经此处穿刺或引流。阴道同时也是性交器官、月经血排出及胎儿娩出的通道。幼女及绝经后妇女的阴道黏膜上皮甚薄，皱襞少，伸展性小，容易创伤而感染。阴道壁因富有静脉丛，故局部受损伤易出血或形成血肿。

（2）子宫

子宫位于盆腔中央，膀胱与直肠之间，下端接阴道，两侧有输卵管和卵巢。子宫的正常位置呈轻度前倾前屈位，主要靠子宫韧带及骨盆底肌和筋膜的支托。子宫为一壁厚、腔小、以肌肉为主的器官。成年人子宫呈前后略扁的倒置梨形，重约50 g，长7~8 cm，宽4~5 cm，厚2~3 cm，宫腔容量约5 mL。子宫上部较宽，称为宫体，其上端隆突部分称宫底，宫底两侧为宫角，与输卵管相通。子宫下部较窄，呈圆柱状，称为宫颈。宫体与宫颈的比例婴儿期为1∶2.成年妇女为2∶1，子宫腔内覆盖的黏膜又称子宫内膜，青春期后，子宫内膜受性激素影响，发生周期性改变并产生月经；性交后，子宫为精子到达输卵管的通道；孕期，子宫为胎儿发育、成长的部位；分娩时，子宫收缩使胎儿及其附属物娩出。

（3）输卵管

为一对细长而弯曲的管道，位于子宫阔韧带的上缘内，内端与宫角相连通，外端游离，与卵巢接近。全长8~14 cm。输卵管为卵子与精子相遇的场所，也是向宫腔运送受精卵的管道。

（4）卵巢

位于输卵管的后下方，为一对扁椭圆形的性腺，具有生殖和内分泌功能，产生和排出卵细胞，并分泌性激素。青春期前，卵巢表面光滑；青春期开始排卵后，表面逐渐凹凸不平；成年妇女的卵巢体积约4 cm×3 cm×1 cm，呈灰白色；绝经后卵巢萎缩变小变硬。

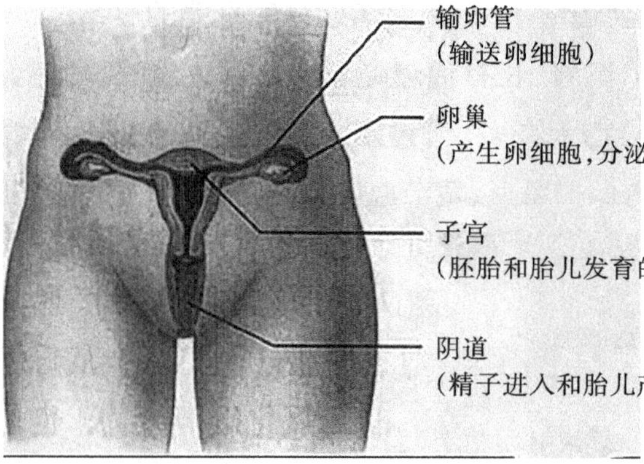

图6-2　女性内生殖器解剖图

2. 女性外生殖器

（1）阴阜

阴阜为耻骨前面隆起的脂肪垫。青春期该部皮肤开始生长阴毛，分布呈尖端向下的三角形。阴毛疏密、粗细、色泽可因人或种族而异。

（2）大阴唇

大阴唇为邻近两股内侧的一对隆起的皮肤皱襞。大阴唇外侧面与皮肤相通，皮层内有皮脂腺和汗腺，青春期长出阴毛；其内侧面皮肤湿润。大阴唇皮下脂肪层含丰富血管、淋巴管和神经。当局部受伤出血，易形成大阴唇血肿。未婚妇女的两侧大阴唇自然合拢，遮盖阴道口及尿道外口。经阴道顺产的妇女大阴唇由于分娩影响向两侧分开；绝经后大阴唇呈萎缩状，阴毛稀少。

（3）小阴唇

小阴唇为位于大阴唇内侧的一对薄皱襞。无毛，富含神经末梢，故敏感。

（4）阴蒂

位于两个小阴唇顶端的联合处，它与男性阴茎海绵体相似，具有勃起性。

（5）阴道前庭

阴道前庭为两小阴唇之间的菱形区域。前方有尿道外口，后方有阴道口，包含以下结构：①前庭球，又称球海绵体，位于前庭两侧，由有勃起性的静脉丛构成。②前庭大腺，又称巴氏腺，位于大阴唇后部，如黄豆大，左右各一。腺管细长，向内侧开口于前庭后方小阴唇与处女膜之间的沟内。性兴奋时分泌黄白色黏液起润滑作用。正常情况检查时不能触及此腺。若因感染腺管口闭塞，会形成前庭大腺脓肿。若仅腺管开口处闭塞使分泌物集聚，形成前庭大腺囊肿，则两者均能看到或触及。③尿道口，位于阴蒂头的后下方及前庭前部，为尿道的开口，略呈圆形。尿道口后壁两旁有一对腺体，称尿道旁腺，常为细菌潜伏之处。④阴道口及处女膜。阴道口位于尿道口后方、前庭的后部，为阴道的开口，其大小、形状常不规则。阴道口周缘覆有一层较薄黏膜，称为处女膜。膜中央有一孔，孔的形状、大小及膜的厚薄因人而异，月经期经血由此流出。处女膜多在初次性交时破裂，受分娩影响，产后仅留有处女膜痕。

3. 特殊性器官

乳房是女性第二性征器官，女性乳房还是哺乳器官。乳房主要由结缔组织、脂肪组织、乳腺、大量血管和神经等组织构成。乳房的位置随着年龄的增长会出现一些变化。成年女性的乳房位于胸大肌上的浅筋膜中，上、下缘分别与第2肋和第6肋齐平。受地区、种族等因素的影响，女性乳房开始发育的时间各不相同。绝大部分女性乳房开始发育的时间为8~13岁，完全成熟为14~18岁。乳房发育多从左侧开始，从开始发育到完全成熟，需要3~5年的时间。乳房的大小取决于遗传、后天锻炼、体重等诸多因素的影响。乳房的大小和生育能力没有直接关系。

二、大学生性心理概述

性心理是指在性生理的基础上与性征、性欲、性行为有关的心理状态与心理过程，也包括了与他人交往和婚恋等心理状态。世界卫生组织对性心理健康所下的定义是，通过丰富和完善人格、人际交往和爱情方式，达到性行为在肉体、感情、理智和社会诸方面的圆满和协调。性心理是人所具有的心理体验中最敏感、最直接、影响人生幸福和事业有成的重要因素。它的发展与性生理的成熟有着必然的联系，受性生理的制约。大学生生理发育处在青春后期，生殖系统发育基本成熟，性欲和性冲动的情感体验在心理与日常人际交往中愈加强烈并占有极其重要的位置。性意识、性吸引、性冲动、性情感与性压抑等直接影响自身身心健康与发展的诸多性心理问题，已逐渐成为大家重点关注的话题。

从性心理发展的规律来看，青春期要经历三个时期。一是异性疏远期。这一阶段往往正值青春期开始，主要表现为对性差异极为敏感，对异性冷漠。二是异性接近期。此时已褪去了青春期开始阶段的羞涩，男女之间产生了内在的情感吸引，彼此有了接近的需要，但多属不稳定、易转移和朦胧的自然表露状态。三是恋爱期。多处在青春后期的大学生阶段。此阶段的异性双方感情较稳定、专一，并由互相吸引、爱慕，发展到热恋。

1. 大学生性心理的基本特征

大学生的性心理通常表现出以下四个基本特征：

一是本能性和朦胧性。只有简单而幼稚的、本能的对某个异性同学的偏爱之情，只看表面或外在，不了解对方的内在情感。同时，对“性”又有着过强的好奇心与神秘感，“单相思”或“异性恐惧症”等均属此特征所致。

二是强烈的掩饰性。主要表现为既渴求与异性的交往和友谊，但又自我封闭以防止被别人发现；希望为自己所爱的人分担痛苦、共享欢乐，但又装作不以为然地掩盖自己内心的真实感受。

三是动荡性和压抑性。主要表现为尚未形成正确的、稳固的性价值观和恋爱观，自我控制能力较弱，常有性压抑感，以及性的生物性与社会性的冲突感。

四是性焦虑。主要表现为性特征方面的焦虑（如个子过高或过矮、长相过丑、青春痘太多等）、心理行为与性角色不吻合方面的焦虑等。

培养健康的性心理，不仅关系到大学生的成长与成才，更有助于在加速期性心理成熟的基础上发展健康的恋爱心理与行为，为今后创建美满和谐与幸福的家庭生活奠定基础，为社会精神文明起到推动作用和促进作用。

2. 大学生性心理健康标准

作为一名大学生，需要了解性心理健康标准。大学生性心理健康标准包括：

第一，性观念适中。具备一定的性生理和性心理知识，在性认知和性意识上既不保守封闭，又不主张完全的性自由和性放纵，注重树立正确的人生观、婚恋观、性道德观和价值观。

第二，具备较健全的心理素质。这是培养健康的性心理的基础和重要条件，具体表现为：对奉献给对方的爱不计回报，没有无理要求；对自己充满自信，任何时候、任何情况下都能悦纳自我；对他人通常给予信任，尤其是对自己所爱的人，更多的是信任而不是猜疑；理解和尊重对方，特别是当对方的兴趣或意愿与自己不符时，也能够站在对方的角度进行换位思考，设身处地、将心比心地去帮助自己心爱的人，以增进感情上的沟通与共鸣；能够宽容对方，尤其是当对方确实做错了事的时候，能够用真诚的情感给对方以心灵上的关心与抚慰；能够做到既专注于异性的爱，又有自己独立的人格要求，不轻易被他人所左右。

第三，能够自我克服不健康的性心态及性行为。例如恋爱问题中的单相思、草率恋爱、感官满足和功利满足、不文明的恋爱方式（感情不能自控等），以及同学之间的嫉妒、猜疑或恋人之间的互相控制等。

第四，注重塑造完整统一的人格。即表现为不自作多情，对待恋爱理智并慎重，能够控制自己冲动的情感，恋爱过程中言谈举止文雅、大方、平等相待、不粗俗，并适当地保持心理距离，勇于拒绝不如意的异性追求，等等。

第五，注重培养自己爱的能力与责任。包括接受爱的能力和给予爱的能力，以及以恰当的方式拒绝爱的能力和发展爱的能力。

第六，能够认真接受心理卫生与健康教育，主动矫正性态度，积极预防性变态，树立正确的性观念和爱情价值观。

针对大学生性心理健康的标准和大学生们在性爱方面的难题，可依据个体的实际情况，以及生理与心理素质特征采取相应的培养教育对策。比如：拓宽课堂性教育内容与范围，家庭教育与学校教育相结合，借助社会媒体及咨询机构加强宣教。

三、性反应、性表现和性行为

（一）性反应

男女达到性生理成熟后，性意识产生和发展，随之便出现性冲动和性要求。性反应是指男女在性交过程中，生殖器和身体发生的一系列变化，一般分为兴奋期、平台期、高潮期和消退期四个阶段。

兴奋期就是男女双方产生性欲、准备性交的阶段，是由肉体或精神的性刺激所引起。这时男子阴茎勃起，女子前庭大腺分泌物增多，阴道滑润，男女双方精神兴奋，主动亲近对方，要求性交。性交开始，此时已进入平台期，逐渐出现一种愉快的感觉。这个时期的长短因人的体质、年龄、情绪和性交间隔时间长短有关。当性反应进入高潮期，男子出现射精动作，女子阴道出现阵发性收缩，分泌物增多，这时性快感特别明显，精神高度兴奋。高潮期最短，仅几秒钟。高潮期以后便是性反应消退期，整个性交过程结束。

男女的性反应有一定差别，男性性兴奋发展速度快，女性相对较慢；男性每次都会有性高潮，而女性则不一定；男性高潮期后消退速度快，而女性则较慢。男性在一次高潮期之后需要一段时间的恢复，才能再一次出现高潮期，此段停滞期称为不应期，而女性则没有。

（二）性表现和性行为

1. 性表现

大学生常见的性表现有性幻想、性梦、手淫等。

性幻想是青春期心理活动的一个典型表现，即在清醒的状态下，把曾在社会环境中接受的情爱片段，通过大脑重新组合，虚构出自己的性爱活动，从而满足自己在性心理方面的需求。

性梦是人在深睡或假寐时出现与性爱有关的梦。其与性刺激、欲念、幻想和经历过的性活动有密切的联系，是性器官的充盈和性冲动未满足时发生的一种生理现象。它的结局在男性以阴茎勃起射精而告终；在女性以阴道湿润、类似骨盆底部反射性快感痉挛而结束。性梦是性心理活动的正常现象，不必大惊小怪。但沉醉其中将影响身体健康，甚至带来相应生殖系统疾病。故应积极接受性健康教育，消除性神秘感，同时加强课外活动，增加娱乐项目，分散对性方面的注意力，性梦就会逐渐减少。

手淫又称自慰，是指用手或借助其他物体刺激自己的性器官，以达到性兴奋和高潮的行为。手淫是自我排泄性能量的一种方法，在手淫过程中常伴随模仿的想象。我国大学生约有58%的男生、24%的女生有手淫的行为。我们应当正确认识手淫。手淫是青春期和性禁欲期的一种替代的性活动形式；在性病和艾滋病大肆流行的威胁下和对性有所需求时，手淫不失为一种自我满足的最适合形式。现代性治疗学家们在治疗某些性功能障碍时，也使用手淫技术作为初期阶段的治疗措施。虽然手淫无害，但绝不意味着走向另一极端——无节制的手淫。长期过度手淫的人，精神与身体健康都会受到损害。为了避免过度手淫，要积极参加集体活动和文娱活动，培养广泛的兴趣和爱好；要精神愉快、生活规律、按时睡眠、按时起床，特别是醒后不要贪床；不看淫秽读物；注意生殖器的清洁卫生，经常清洗，以去除积垢的不良刺激。

2. 性行为

性行为是指和异性在肉体上的接触。广义的性行为包括拉手、搂腰搭肩、接吻、拥抱、轻度爱抚、重度爱抚、性交等。爱抚是指男性和女性在肉体上的接触，而没有性器官的结合。轻度爱抚是指对腰部以上的爱抚；重度爱抚是指对腰部以下的爱抚。狭义的性行为是指男性阴茎进入女性阴道内的结合动作，即所谓性交。

我国的性道德和社会舆论认为，爱情、婚姻和性是统一的。恋爱以婚姻为归宿，婚姻要以爱情为基础，结婚以后才开始有性行为。但是，近些年，大学生发生婚前性行为的不在少数，有过性行为经历的年龄层降低，再加上性健康教育开展不力，因此从性领域产生的社会问题如：少女怀孕、堕胎、私生子、性病、艾滋病等也越来越严重。

婚前性行为也会产生一定不良影响，主要有以下几点：

首先在生理上，有婚前性行为的人往往对性行为持放纵的态度，他们可能与多人发生性行为，从而有促进性病特别是艾滋病传播的风险，甚至危及生命或者祸延下一代。此外，青年女性发生婚前性行为往往存在性知识缺乏，从而造成意外怀孕。在身体发育还未完全成熟的情况下,可能给生殖器官造成损伤或感染疾病;一旦怀孕,若无力抚养下一代,则涉及人工流产,从而对女性造成身体和心理的巨大损害;如果因恐惧、害怕或羞于启齿一再贻误终止妊娠时机,则不得不做中期引产术,由此给女性带来的危害将是终身性的;就算被迫选择生下孩子,也可能因照顾抚养等诸多问题造成低体重儿、先天畸形儿、智力低下等的发生率增高,影响到下一代。

其次在心理上,许多人特别是女性,更容易在婚前性行为之后因为各方的压力和自身焦虑、认可度降低等产生不正常的心理,严重时可能影响人格成长;婚前性行为还容易造成感情伤害,而这种伤害很可能影响将来的婚姻;还有一些甚至会因为性关系破裂之后,情绪盛怒导致暴力行为。

所以,在如此复杂而又不良的后果面前,相信选择减少婚前性行为是能够并且应该在大学生中达成共识的。为了促进这一共识的达成,我们还应做到积极消除社会不良影响,加强性健康知识的学习,同时注意增强自我防范意识。

第二节 爱情与亲密关系

【本节导言】

爱情在人的一生中非常重要，可以使人成长，使人学会爱。本节从爱情、亲密关系两方面对爱情进行阐述，以帮助大学生在现在或未来能够更好地维系爱情。

【核心概念】

爱情　恋爱　亲密关系

【学前思考】

- 爱情的三个构成成分是什么？
- 维系亲密关系的原则是什么？

一、爱情

友谊和爱情是人类情感生活中非常重要的两部分。这两种情感紧密地把朋友和恋人联系在一起，让我们的身体更加充满活力，让我们的生活更加美好，让我们的未来有更多的追求和向往。

友谊是指亲密朋友的关系，而爱情是指恋人和配偶之间的关系。友谊和爱情在很多方面有相似之处，如彼此接受的程度、尊重的程度、理解的程度、信任的程度、倾吐秘密的程度、默契的程度等。建立友谊的双方通常有共同的兴趣和价值观，相互接受、尊重、理解、信任，并享受这种关系带来的各种愉快的感觉。

友谊和爱情在很多方面也有不同之处，如恋人比朋友更迷恋对方，爱情比友谊更具有排他性；尽管爱情关系比起友谊关系更有可能产生困扰、冲突和相互指责，但爱情比友谊来得更深入、更牢固；很多恋爱是建立在牢固的友谊基础之上的。在牢固的友谊中加入激情和亲密情感的成分就会改变友谊的性质，从而激发出爱情的火花。

友谊和爱情这两种关系的性质不同:恋爱或结婚后,人们会继续与已有的朋友保持友谊关系,还可以结交新的朋友,建立新的友谊。如果对友谊和爱情的关系理解不到位,有可能影响恋爱关系。因此,恋人双方要多沟通,探讨彼此可以接受伴侣的友谊关系到什么程度,如哪些行为是可以接受的,哪种亲密程度是可以容忍的。只有双方对友谊的“界限”达成明确的共识,相互理解,才能在日后处理好友谊与爱情的关系。

(一)爱情三角理论

美国心理学家罗伯特·斯腾伯格提出,各种不同的爱情都是由三个构成成分组合而成。爱情的第一个成分是亲密,包括热情、理解、沟通、支持和分享等爱情关系中常见的特征。第二个成分是激情,其主要特征为性的唤醒和欲望。激情常以性渴望的形式出现,但任何能使伴侣感到满足的强烈情感需要都可以归入此类。最后一个成分是承诺,指投身于爱情和努力维护爱情的决心。承诺在本质上主要是认知性的,而亲密是情感性的,激情则是一种动机或者驱动力。

爱情三角理论认为,这三个成分就是爱情三角形的三条边。每个成分的强度都可由低到高地变化,所以爱情的三角形可能有各种大小和形状。实际上可能存在无数的形状。

完美的爱情是亲密、激情、承诺三大要素的结合。爱情令我们的生活更加美好。这种刻骨铭心的情感体验很难用一种或几种理论诠释。爱在我们每个人的心中,值得我们永远珍惜。

(二)恋爱

恋爱是为了寻求具有共同的志向与抱负的终身伴侣,恋爱是高尚、纯洁、美好的事物。在大学期间能找到心仪的恋爱对象,是件既幸运又幸福的事情。

首先,选择适合的恋爱对象是成功走向婚姻的第一步。每个大学生都有自己的爱情观、择偶观和婚姻观,但最重要的应当是价值观。选择恋爱对象时应该考虑到以下几个因素:成熟的个性、相同的价值观、社会性别平等的观念、性格协调与互补等。

其次,应当正确面对失恋。在追求完美爱情的过程中,挫折、磨难、痛苦、遗憾都在所难免,甚至失恋也会经常发生,但这些都不是放弃和否定完美爱情存在的理由。我们每个人对幸福的感受和诠释是不同的。曾经拥有爱情,已经是一件非常值得庆贺的事情了,这一次的失败或许是下一次的成功之母。失恋是人生中的宝贵经历,甚至是一笔财富。面对失恋的痛苦,有很多办法疏解,比如充分了解自己的情绪、明白不是某个人的错、留给自己一段时间走出来等。

二、亲密关系

(一)持久的爱情

恋爱后,最初的爱情会被平静的爱所取代,需要好好维系这种亲密关系。人们更愿意把持久的爱称为“亲密爱情”。在亲密爱情中,恋爱的双方都确信可以依靠对方。只有将爱转化成亲密的爱情才能“将爱情进行到底”。

1.建立持久爱情的做法

(1)许下承诺

承诺对于一段爱情的维系非常重要,它反映出人们要把爱情坚持到底的决心和勇气。

(2)关怀彼此

恋爱中的双方既要关心自己,也要关心对方,关注对方的需求,将对方的需求看成跟自己的需求一样重要,双方共同努力,面对未来。

(3)分享私事

持久的亲密关系需要相互信任。向对方倾吐自己的私事和秘密是信任对方的体现。分享私事会加深对彼此的了解,促进感情的发展。当然,每个人也有权力保留不与他人分享的秘密,要给对方留出必要的“空间”。

2.维系亲密关系的原则

(1)安全感

恋爱中,要加深对彼此的了解和信任,给予对方更多的支持,要让对方有机会了解自己真正的想法,给对方值得信赖的安全感。给予对方安全感的最佳方法是关怀和倾听。愿意与对方分享自己的喜怒哀乐,也全神贯注地倾听对方的喜怒哀乐,真诚的表情比发表意见更重要。若有意见不同,可以心平气和地提出来,共同讨论以求达成共识。

(2)给予自由

让自己和对方都感到自由,是维系亲密关系的重要内容。如果一味限制对方,要求对方符合自己的愿望,不仅很难达到目的,还会伤害双方的爱情。给对方自由,就是给对方被尊重的情感体验,这样才能使爱情持久。

(3)懂得感谢

表达感谢有多种方式,可以是物质上的,也可以是语言上的。发自内心的感谢和赞美有时甚至比物质赠予来得更温馨和浪漫。

(4)消除疑虑

恋人在相处中,难免会发生一些不理解或有疑虑的事情。如果对对方有怀疑,不必装出一副无所谓的样子。如果有充分的证据,最好还是向对方坦承自己的怀疑,彼此敞开心扉,消除疑虑,而不是深埋在心里,以免心生芥蒂。但如果通过交流沟通,发现是自己多疑了,也要虚心接受对方的批评,要给对方表明自己无辜的机会。

(5)培养幽默感

在处理恋人之间的问题时,是否有幽默感往往会使最终的结局截然不同。幽默是一种人生智慧,在面临困境时,它可以给人带来力量和快乐,有助于摆脱困境。幽默可以用来消遣自己,化解危机,但不能用来讽刺对方,不能用对方的痛苦取乐。

(6)留给双方成长的空间

世界上没有两个完全相同的人,恋人也是一样。人与人之间的不同体现在各个方面,包括成长的节奏。如果对方比自己成长得快,取得的进步大,不必感到嫉妒,而应真诚地恭喜对方,为对方的进步、成长和成功感到高兴,并以此作为自己奋斗、努力的动力,迎头赶上,但不宜过于看重"竞争"。

(二)亲密关系中的沟通与交流

沟通是人与人之间的交流过程。在这个过程中,人们用语言、手势、表情和动作等,与他人建立起联系,交换信息,表达自己的意愿,了解他人的意图,从而对自己或他人的态度、行为做适当调整或改变。

沟通和交流会受到文化、社会和心理背景的影响。不同的文化和社会为人们设定了一些不成文的规则,影响到人们的交流。沟通分为两类,一类是语言沟通,一类是非语言沟通。语言沟通是通过听、说、读、写、唱等方式,倾听别人,表达自己。除此以外,人们还可以通过身体的活动、头的位置、面部表情、与他人间的距离等来"传情达意",这就是非语言沟通。

1.非语言沟通的方式

非语言沟通有三种最重要的方式:接近、眼神接触和触摸。

(1)接近

接近是指在物理空间上或时间上的靠近。我们站或坐的地方相对他人的位置,表明了我们和他人的亲密程度。在社交场合,两个人开始交谈的距离,暗示了他们彼此关系的界定。在所有的文化中,当人们进行面对面交流时,其保持适中的距离,表明双方关系平常。而在绝大多数文化中,挨近对方要么意味着争取与对方更亲密,要么意味着威胁。远离对方,一般表示希望终止交流。

（2）眼神接触

眼神接触是指双方的眼神对视。通过观察两个人怎样看对方，我们可以发现很多“意味深长”的含义。如与他人的眼神接触比通常情况略微长一点，就意味着对对方感兴趣；盯着某人看，说明感到对方有强烈的吸引力；睁大眼睛可能是感到性吸引的表现。伴侣之间如果关系和谐，眼神接触就多；如果处于冲突阶段，一般会避免眼神接触。但对眼神接触的解读会因文化背景的不同而不同。

（3）触摸

触摸是人类最亲近的一种非语言沟通方式。从出生到老年，触摸对人的成长、健康和性生活都极为重要。人类的皮肤有很多感受器，能够感知冷和热、光滑和粗糙、痛苦和欢乐。婴儿从生下来就需要父母给予他适宜的触摸，经常搂抱和抚摸婴儿才能使其健康成长。触摸也是成年人之间表达爱意的重要方式。在亲密关系中，触摸所释放出的信号是感情的亲近。

2. 良好沟通的技巧

良好的沟通对营造健康的亲密关系至关重要，也是维系亲密关系的纽带。想要很好地与恋人沟通，需要一些技巧。

（1）敞开心扉

敞开心扉可以创造机会让自己和对方相互理解。要把我们内心深处的自我向对方敞露，并不总是那么容易，有时需要勇气。一旦敞开心扉，我们不但能够向对方表露自我，还能加深对自己的理解，发现一些不曾被我们自己看清或意识到的隐藏、压抑或者忽略的情感。敞开心扉是相互的，当我们向对方倾诉时，对方也会与我们分享他的内心世界。

（2）加强信任

信任是充分肯定某人的可靠和诚实的一种想法，是爱的基本特征，它在亲密关系中占据非常关键的位置。首先，敞开心扉需要信任，只有相信对方不会“滥用”向他披露的秘密，才会放心地告诉他，否则就无法敞开心扉。其次，我们对一个人的信任程度会影响我们如何解读来自对方的那些模糊不清的信息。所以，加强彼此间的信任，是良好沟通的前提。

（3）及时反馈

反馈指对对方发出的信息要有回应，确认自己的理解是否准确，澄清疑惑；如果有问题，要及时提问，求得答案。因为信任对方，所以向他敞开心扉，希望从对方那里得到及时的反馈，即他是怎么想的，他有什么问题，再给对方以反馈，在这个不断进行的过程中，沟通变得更加有效。在各种反馈形式中，对改善和加强亲密关系最有用的是建设性反馈。建设性反馈所透露出的信息有助于理解对方的感情变化、行动的方向和由此带来的结果。

(三)亲密关系中的冲突及解决

处于亲密关系中的双方有时看问题的角度不一样,产生冲突在所难免。关系越亲密,发生冲突的可能性越大。冲突需要我们建设性地解决,这样才不致使关系恶化,甚至达到暴力的程度。

首先我们要认识冲突。当恋爱发展到一定阶段,双方可能都会感觉到,越是了解对方,就越有可能与其发生冲突。我们最容易被自己所爱的人伤害,或者伤害我们所爱的人。所以,我们需要在亲密与冲突中寻找平衡。乔治·巴赫和彼得·怀登在他们的经典著作《争吵艺术——为夫为妻之道》中指出,口头争执如果有建设性作用的话,它不仅是可以接受的,而且是需要的。按照这一观点,假如恋人或夫妻知道如何适当地争执,那么,他们的感情就会得到良好的维系。没有争吵过的恋人或没有一起解决过问题的夫妻,往往情感会比较疏远。当然,很多人认为这种观点太激进,但是它鼓励人们开诚布公地交流、讨论问题,而不是逃避和否定问题,认为问题会自行消失。因此,在谈恋爱时,要正视冲突,不要逃避,有了问题就要及时解决。

每个婚姻里都有两个动力因素,那就是恩爱和怒气。恩爱紧密联系夫妻双方,而怒气则分离隔阂夫妻双方,恋爱同样也是如此。恩爱和怒气也需要在恋爱关系中保持平衡。谈恋爱时如果能正确使用愤怒,它也能帮助恋人建立更亲密和谐的关系。恋人之间商量问题时,千万不要一生气就唇枪舌剑。有愤怒的感觉就说明爱情关系里有不对的地方,应该冷静之后再理性地解决问题。换句话说,如果将愤怒看作一个晴雨表,来预告即将发生的"暴风雨",恋人双方可以共同面对来避免"暴风雨"的来临。

有哪些好的建议可以用来解决恋爱中的冲突呢?下面有15项规则或许对热恋中或即将进入恋爱的大学生有一定的启发意义。

①坚持协商。把自己看成一个成熟的成年人,成熟理性地进行协商。这能让当事双方认真仔细地倾听、理性地回答,并且共同找到让彼此满意的解决办法。

②避免强迫。强迫对方做出不情愿的决定,不是解决问题,而是把问题进一步复杂化。公平的争执强调协商,容许双方有讨价还价的空间。一方的强迫决定通常会导致另一方的强迫决定,结果完全没有协商。

③寻找解决方法。有时一方特别擅长争论并且经常"赢",另一方就可能谴责对方使用夸张的词汇和复杂的逻辑,并因此很不开心。一方看似赢得了争论,其实与对方一样,在恋爱中一败涂地。因为双方可能不会再敞开心扉、互相合作。爱情关系中公平争执的

目标不是赢得争论，而是共同找到双方都可以接受的解决问题的方法。

④说出真实感受。随着冲突升级，恋爱双方常常不能表明自己的真实想法。一方可能屈服一些违背意愿的事情来保护对方的感受，同时也使自己免受痛苦或难堪。而事实上，双方交流的感情越多，越早讲出自己的真实感受与对方交流协商，问题就能越早得到解决。

⑤使用恰当语句。首先，要避免使用“你”字句。“你”字句无论内隐或外显都是抨击对方的强烈信号。面对这类句子，大多数人都会生气并做出有力回击，促使矛盾进一步升级。其次，尽量使用“我”字句。使用“我”字句使说话人可以明确地指出爱情关系中的问题，并且坦白地将问题放到讨论的桌面上。同时这样的句子也表明对方是无辜的，除非后来证明其错误，而不是一开始就指责对方。

⑥澄清事实。恋人如果没有正确理解对方的信息，常常会导致争执。在了解真相之前，不要自以为很清楚事态。应该通过交流，把事情的来龙去脉搞清楚，找到问题所在。同样，不要试图揣摩对方的心思，给对方机会，让对方充分表达想法才是紧要任务。

⑦重复信息。有效的聆听者会向对方确认他们听到的内容，有效的聆听者不是逐字重复，而是用自己的话简要概括，以告诉对方他明白了对方的意思。这样做会带来三个积极的效果：首先，促使对方要听你说话；其次，延长了反应时间，使得讨论更加冷静和理性；最后，有助于信息的理解和澄清。

⑧表达需求。恋人在交往的过程中，有时不直接说明自己的需求，而是有引导性地提问，即在问题中暗示自己想要的结果。这类间接方式有时可能有效，但往往不如直接方式来得可靠、便捷。

⑨禁止把“性”当成武器。恋人在争执中，有时把性当成工具或者武器。如果使用性来说服对方，让对方同意自己的观点或者屈服，那么，问题或冲突常常得不到解决，甚至还会导致事态严重恶化。如果争执的问题是需要马上得到解决的，那么，双方发生性关系后很可能就不会再去解决这个问题。而且，被性说服而同意对方的那一方很可能后来会怨恨对方。怨恨的原因是当时并没有真正解决冲突，由于“性”的介入，错过了解决冲突的最佳时间。

⑩不说脏话。说脏话的人在还没开始抨击对方时就已经败给对方了。说脏话，表明当事人没有能力去公平有效地解决问题。说脏话在给对方带来伤害的同时，也是不尊重自己和对方的表现。

⑪不使用“冷暴力”。使用“冷暴力”，也就是以沉默来应战，是恋爱的一方试图与对方持平或操纵对方常用的一种手段。在精神上排斥对方以期对方就范或屈服，不但不能真正解决问题，还会使问题更难解决。因为分歧不会自行消失，它们可能暂时“隐藏”一段时间，不过最终还是会回来，并且通常比之前更复杂、更不易解决。被“冷暴力”的一方

的愤怒和沮丧可能还会进一步升级，导致双方关系的进一步恶化。

⑫就事论事。旧事重提或“揭疮疤”不利于问题的解决，也不会产生积极的结果。在公平的争执中，重要的问题不是“我们去过哪里”而是“从这里出发我们将去哪里”。

⑬呼叫“暂停”和“犯规”。如果恋人间的争执过于激烈，呼叫“暂停”是一个积极的办法。暂停的时间长短取决于双方情绪紧张激动的程度，有时一个小时足够，有时则需要一天。不过，暂停时间不能太长，因为如果时间太长，一方或双方可能就没有解决问题的急迫愿望了。如果一方违反了公平争执的规则，另一个有效的办法就是喊“犯规”。这样可以让双方冷静下来，彻底想清楚，然后再解决纷争。

⑭使用幽默缓和气氛。在发生冲突时，需要退一步，从另一个角度看看问题，如果可能的话可以自嘲，但嘲笑对方就不奏效了，甚至适得其反。

⑮以结束争执为目标。努力尽快或尽可能用可行的方法结束争执，是解决问题的重要方法。任凭争执持续下去可能导致“冷暴力”等消极情况的出现，越早达成一致意见越好。

第三节 生殖健康与保健

【本节导言】

生殖健康关系到人类的健康延续，也是社会健康持续发展的基础。如今，未婚青年婚前性行为比例不断增加，同时也带来了更多生殖道感染和性传播疾病的问题及未婚先孕或人工流产的问题。本节从生殖健康、避免意外怀孕的方法、男女生殖保健等方面进行阐述，以帮助大学生更好地做好生殖健康与保健。

【核心概念】

生殖健康　生殖保健　避孕

【学前思考】

- 生殖健康的主要内容是什么？
- 生殖健康的定义是什么？
- 避孕的定义是什么？
- 女性避孕的方法有哪些？

一、生殖健康概述

生殖健康的定义是指与生殖系统及其功能和过程所涉一切的事宜，包括身体、精神和社会等方面的健康状态，而不仅仅指没有疾病或虚弱。生殖健康包括：鼓励安全和负责的性行为；计划生育；预防孕产妇和新生儿死亡及致残；预防和治疗不安全的堕胎和生殖道感染（包括性传播疾病）；女性生殖器割礼等有害习俗、与生殖有关的暴力；各类妇科肿瘤的治疗。生殖健康不仅仅是生殖过程没有疾病和失调，更是一种身体、心理和社会的完好状态，是人的总体健康的一个关键部分。为方便理解，生殖健康的主要内容可归纳为以下6点：

①能够有满意而且安全的性生活。

②有生育能力。

③可以自由而且负责任地决定生育时间和生育数目。

④夫妇有权知道和获取他们所选定的安全、有效、负担得起和可接受的计划生育方法。

⑤有权获得生殖健康服务。

⑥妇女能够安全地妊娠并生育健康的婴儿。

二、避免意外怀孕的方法

全球生殖健康状况在过去30年已有相当大地改善，但也出现了一些新的问题。随着社会的发展和开放，接受性信息的频繁和广泛，未婚年轻人的性观念已发生了很大变化，青少年性成熟的年龄普遍提前，涉足性活动的比例逐渐增加。由于青少年性成熟与进入婚姻状态的时间间距增大，在此期间对性的需求以各种方式表现出来，一旦受到外部刺激或诱惑，就容易发生性行为。未婚青年人婚前性行为比例不断增加，同时也带来了更多生殖道感染和性传播疾病的问题。有婚前性行为，势必会造成未婚先孕以及人工流产的可能性增加。但人工流产不是生殖健康的一部分，而只是消除意外妊娠的一个选择。许多未婚青年对性行为的后果认识不足，对人工流产可能产生的不良影响和副作用也知之甚少，一旦意外受孕，往往不能引起足够重视，就近到小诊所做手术，术后缺乏休息和正确的保养，从而引起不规则出血、腹痛、生殖道炎症等一系列生殖健康问题。因此，在没有生育意愿的情况下进行性行为时，务必采取避孕措施，避免意外怀孕的发生。

所谓避孕，就是采用科学手段使妇女暂时不受孕。避孕主要控制生殖过程中3个关键环节：①抑制精子与卵子产生；②阻止精子与卵子结合；③使子宫环境不利于精子生存，或不适宜受精卵着床和发育。理想的避孕方法，应符合安全、有效、简便、实用、经济的原则，对性生活及性生理无不良影响，为男女双方均能接受及乐意持久使用。下面将分别介绍男性和女性常用的避孕方法。

（一）男性常用避孕方法

男性的避孕方法相对女性来说较少，常用的有：①阴茎套。即俗称的避孕套，是使用较多的一种男用避孕工具，只要使用正确，避孕效果较好，但有些男性因怕影响快感或使用不习惯而不愿意使用。②输精管结扎或堵塞为一种绝育手术，适用于不再生育的夫妇使用。③男用口服避孕药尚在研究中，暂未推广使用。④体外排精和会阴部尿道压迫法因不易正确掌握，故避孕效果不确切，不推荐或较少使用。目前我国男性使用的主要是阴茎套及输精管结扎。

（二）女性常用避孕方法

女性避孕常用的方法有：①宫内节育器。即节育环，是一种安全、有效、简便、经济、可逆的避孕工具，为我国育龄期女性的主要避孕措施。但不是所有女性都适合采用宫内节育器的方法避孕，要根据个人适应节育器的情况放置。不少人放置后不能适应，甚至产生一些并发症，不得不取器。②激素避孕。即使用甾体激素达到避孕的目的，激素避孕是一种高效避孕方法。激素避孕的避孕药包括口服避孕药物、长效避孕针、探亲避孕药、缓释避孕药等。口服避孕药物使用最为广泛，复方短效口服避孕药物如能正确服用，避孕效果几乎达到100%。③外用避孕。包括阴道套、外用杀精剂、安全期避孕等。其中安全期避孕并不十分可靠，故不推荐。④紧急避孕。包括放置宫内节育器和紧急避孕药物。前者需在无保护性生活后5日之内放置，可达95%的有效率。而后者制剂较多，激素含量较大，副作用亦大，不推荐用来常规避孕。⑤输卵管绝育术。类似男性的输精管结扎，不同的是结扎的是女性的输卵管。这是一种永久性的避孕措施，一次手术可以终身避孕，特别适用于不再生育或因病不能生育的妇女。

避孕失败且无生育愿望时，可在妊娠早期采用人工流产的方法进行补救。人工流产是指因意外妊娠、疾病等原因而采用人工方法终止妊娠。包括手术流产和药物流产，分别有各自的适应证，需在专科医师指导下进行选择。但人工流产对妇女的生殖健康有一定影响，甚至可能导致月经不调、不孕等严重的并发症，故应做好避孕工作，尽量避免人工流产。

三、生殖保健

生殖保健是指通过预防和解决生殖健康问题促进生殖健康的各种方法、技能和服务。此外，生殖保健还包括性健康保健，其目的是增进生活和个人的关系，因此，生殖保健并不仅仅是与生殖和性传播疾病有关的咨询和保健。

（一）男性生殖保健

据调查，中国的男科疾病发病率高达53%，且70%是城市男性白领。20~40岁的男性患前列腺炎的比例为22%，患泌尿生殖道感染的比例为17%。而40岁以上的男性患前列腺增生及性功能障碍的比例为60%。如此高比例的男性患男科疾病的原因,首先是环境污染。目前,我国成年男性不育症发病率约为10%,工作环境相对狭窄、人口密度较高、空气污染严重等都是造成发病的重要环境因素。其次,长期久坐办公室,四肢倦怠,缺乏锻炼,会导致性功能障碍和不育。再次,激烈的社会竞争,巨大的生活工作压力,使得情绪紧张、精神疲劳,长此以往,会造成男性性欲减退,从而引起男性性功能障碍。

要做到自身良好的生殖保健,需要注意以下一些生活习惯的养成:①养成健康的生活方式,平时加强体育锻炼,增强体质和机体抗病能力。②关注自我健康,学习有关生殖健康问题的基本知识,积极消除慢性病诱发因素,保持良好的健康状态。③注意饮食调节,避免过食辛辣油腻等食品,戒烟限酒,多饮水,勤排尿。④注意控制情绪,劳逸结合,规律生活,尽量少熬夜。⑤养成良好的个人卫生习惯,不穿紧身化纤内裤,勤换内裤,不在或少在公共浴池洗澡,保持外生殖器清洁。⑥注意同房卫生,同房前后都要清洗外生殖器。

(二)女性生殖保健

女性生殖保健应当贯穿一生各个重要时期,包括青春期、婚前期、生育期、围产期、绝经期及老年期。其中最关键的时期就是青春期的保健。

青春期保健:①学习相关健康知识,了解自身生理、心理的特点,懂得自爱,学会保护自己。②培养良好的个人生活习惯,合理安排生活和学习,有适当的运动与正常的娱乐,劳逸结合,避免熬夜。③饮食注意营养均衡,定时定量,三餐有度。④体育运动对身体健康十分重要,注意运动负荷量,不宜过量运动,经期应避免剧烈地跑跳动作。⑤注意经期卫生,正确保护皮肤,防止痤疮,远离烟酒。⑥了解基本性生理和心理卫生知识,正确对待和处理性发育过程中的问题,减少非意愿妊娠,预防性传播疾病。⑦自我评估和体检相结合,尽量做到对疾病的及早发现,及早治疗。

【本章交流与讨论】

- 你是如何看待性?性差异有哪些?
- 在你心目中,什么样的恋爱关系才是健康的?
- 谈谈你对婚前性行为的看法。

CHAPTER 7

第七章

传染病的防治

本章学习之后，你将能够：

- 了解什么是传染病；
- 了解传染病的流行过程及影响因素；
- 了解国家法定传染病的分类；
- 了解大学生常见传染病的防治知识；
- 了解大学生常见性传播疾病的防治知识。

第一节 传染病防治知识

【本节导言】

传染病是由各种病原体引起的能在人与人、动物与动物或人与动物之间相互传播的疾病。病原体在我们的身边随手可及，特别是在大学校园这类人群高度密集的公共场所。本节主要阐述传染病防治的基础知识，让大学生能够利用所学知识达到自我保护，远离传染病的目的。

【核心概念】

传染病　传染源　病原携带者　人群易感性

【学前思考】

- 传染病的定义是什么？
- 传染病的流行过程及影响因素有哪些？
- 传染病可分为几类，共多少种？
- 传染病如何预防？

一、传染病的定义

(一)传染病的定义

传染病是由病原微生物(病毒、立克次体、细菌、螺旋体等)和寄生虫(原虫或蠕虫等)感染人体后产生的有传染性的疾病。

目前,传染病已成为全球各国面临的共同威胁。历史上曾多次暴发传染病,例如发生在公元前430到公元前427年的雅典鼠疫、14世纪的欧洲鼠疫、15世纪末几乎灭绝印第安人的天花病毒、19世纪让世界颤抖的霍乱等,都曾给人类造成了毁灭性的灾难。而在半封建半殖民地的旧中国,鼠疫、天花、霍乱也频频流行。

中华人民共和国成立后,国家实施了“预防为主”的卫生方针政策,有效地控制和减少了传染病的发生和发展,甚至有些传染病被消灭或基本消灭,取得了举世瞩目的历史性成就。但1961年埃尔托霍乱流行,1962年甘肃会宁肺鼠疫暴发,1978年广东佛山市登革热流行,2003年的SARS疫情暴发,2013年的H_7N_9亚型禽流感病毒暴发等,都直接影响了我国人民的生命和财产安全。受我国的快速城市化、大量的人口流动和全球气候变化等因素的影响,一些传染病发病率出现了反弹,而且新发病毒的不断涌现及新疫情暴发的不确定性给传染病防控带来了极大挑战。因此对传染病防治的研究仍需继续坚持并加强,以求达到最终消灭一切传染病的目的。

(二)传染病的发生与发展

各种传染病的发生与发展都有一个共同的特征,就是疾病发展的阶段性。

1.入侵门户

入侵门户指病原体入侵身体的部位,与发病机制有密切关系。病原体通过适当的入侵门户,才能在人体内定居、繁殖及引起病变。

概念提示:病原体指可造成人或动植物感染疾病的微生物(包括细菌、病毒、立克次体、真菌等)、寄生虫或其他媒介。

2.机体内定位

病原体通过入侵门户进入体内,可在入侵部位直接引起病变,也可在入侵部位繁殖并分泌毒素,而在远离入侵部位引起病变,或进入血液循环,然后定位某一靶器官引起该器官的病变。每种传染病都有其规律性。

概念提示：靶器官指病原体通过入侵门户进入身体，被吸收后可随血流分布到全身各个组织器官，但其直接发挥毒害作用的部位往往只限于一个或几个组织器官，这样的组织器官称为靶器官。

3. 排出途径

排出途径是显性感染者、隐性感染者和病原携带者由身体排出病原体的途径。病原体的排出途径可能是单一的，也可能是多个的；而有些病原体存在于血液中，要等待虫媒叮咬或输血才离开人体。传染病的传染期是由病原体排出体外持续的时间长短决定的。

（三）传染病的特征

传染病的以下四个基本特征，是区别于其他疾病的主要特征。

1. 由病原体引起

每种传染病都是由特异性的病原体，包括微生物、寄生虫等引起的。病原体属于寄生性生物，所寄生的自然宿主为动植物和人。能感染人的微生物超过400种，它们广泛存在于人的口、鼻、咽、消化道、泌尿生殖道以及皮肤中。

每个人一生中都会受到病原体的感染，在人体免疫功能正常的条件下并不会引起疾病，有些微生物甚至对人体有益，如肠道菌群（大肠杆菌等）可以合成多种维生素。这些菌群的存在还可抑制某些致病性较强的细菌的繁殖，因而这些微生物被称为正常微生物群（正常菌群）。但当机体免疫力降低，人与微生物之间的平衡关系被破坏时，正常菌群也可引起疾病，故又称它们为条件致病微生物（条件致病病原体）。

机体遭病原体侵袭后是否发病，一方面与其自身免疫力有关，另一方面则与病原体致病性的强弱和侵入数量的多少有关。一般情况下，数量愈多，发病的可能性愈大。尤其是致病性较弱的病原体，需较多的数量才有可能致病。少数微生物致病性相当强，少量感染即可致病，如鼠疫、天花、狂犬病等。

2. 传染性

传染性是指病原体从宿主排出体外后，可通过某种途径到达新的易感染者体内从而感染他人，这是传染病与其他感染性疾病的主要区别。而显性感染者、隐性感染者或病原携带者把病原体传染给他人的时期称为传染期。不同的传染病传染期有不同的特点，但每种传染病的传染期都是相对固定的，可作为隔离病人的依据之一。

3. 流行病学特征

传染病的流行过程在自然和社会因素的影响下，会表现出不同特征。不同传染病在时间上（季节分布）、空间上（地区分布）、不同人群（年龄、性别、职业）中的分布是不相同的，即在不同的时间、地域、人群中，某种传染病的发病率和发病程度是存在差异的。这提示我们需要进一步寻找影响传染病分布的原因。

传染病根据其传播途径有输入性和带入性之分。在本国原不存在或尚未发现或已消灭，从国外传入的传染病，称为输入性传染病。在一个国家内某种传染病在某些特定的自然或社会条件下由一个地区传到另一个地区，称为带入性传染病。

传染病根据其流行强度有散发性、流行性、大流行性和暴发性之分。散发性传染病是指其发病率呈历年的一般水平，各病例间在发病时间和地点上无明显联系。流行性传染病是指其发病率显著高于历年的一般水平。大流行性传染病是指某传染病的流行范围甚广，已超出国界或洲界。暴发性传染病是指发病时间高度集中在一个短时间内，且有很多相同的病例发生，这些病例多有相同的传染源或传播途径。

4.感染后身体可产生免疫

病原体进入人体后，无论是显性或隐性感染，体内都能产生针对病原体及其产物的特异性免疫。感染后体内产生免疫属于主动免疫，又称自动免疫。主动免疫后对之后的感染有高度抵抗的能力，但是免疫的持续时间在不同传染病中有很大差异。

概念提示：被动免疫是指人体被动接受抗体或其产物所获得的特异性免疫能力。

二、传染病的流行过程及影响因素

传染病的流行过程是指传染病在人群中发生、发展和转归的过程。流行过程的发生必须具备3个相互联系的基本条件，即传染源、传播途径和人群易感性，同时受社会因素和自然因素的影响。

（一）传染源

传染源是指病原体能在体内生长繁殖并能排出体外的人或动物，主要包括以下4个方面。

1.显性感染者

显性感染者是指病原体侵入体内后，不仅引起机体产生特异性免疫，还可通过病原体本身的作用或机体的变态反应，导致组织损伤，引发病理改变和临床表现的一类人群。

概念提示：特异性免疫是指病原体侵入人体感染后产生的免疫，因不同病原体所具有的抗原不同，因此是抗原的特异性识别引起的特异性免疫。

2. 隐性感染者

是指病原体侵入人体后，仅引起机体产生特异性的免疫应答，不引发或只引发轻微的组织损伤，临床上没有任何症状、体征的一类人群。

3. 病原携带者

是指病原体侵入人体后，虽然不表现出任何临床症状，却能长期排出病原体的一类人群。

4. 受感染的动物

病原体入侵动物后，不仅在某些动物间传染，也可传染给人类，造成严重后果。

病原体侵入人体后，若机体免疫力较弱，或入侵的病原菌毒力较强、数量较多，而机体又不能维护其内部环境的相对稳定性，机体组织细胞就会受到一定程度的损害，表现出明显的临床症状，称为显性感染；若机体免疫力较强，或入侵的病原菌毒力较弱、数量较少，不出现明显病症，称为隐性感染。

隐性感染者绝大多数会通过机体的免疫系统消灭病原体，从而获得免疫力。但是病原体在隐性感染者体内潜伏期间，隐性感染者仍然是重要传染源。有一小部分免疫状态异常者不能消灭病原体，又无临床症状，但是体内会长期携带病原体，同时会长期排出病原体，即被称为病原携带者。病原携带者常因无症状与体征而未被发现、未被隔离，故其也是重要的传染源。

（二）传播途径

传播途径是指病原体从传染源排出后，侵入新的易感宿主前，在外界环境中所经历的全过程。

1. 经空气传播

主要见于呼吸系统传染病的传播方式，包括经飞沫传播、经飞沫核传播和经尘埃传播。

（1）经飞沫传播

体内含有病原体的人群通过呼气、打喷嚏、咳嗽将大量病原体经口和鼻排入环境，飞沫会陆续降落到地面，局限于传染源周围。因此，经飞沫传播只能累及传染源周围的密切接触者。此种传播在一些拥挤的公共场所如车站、学校、商场等较易发生。

(2)经飞沫核传播

飞沫核是飞沫在空气中失去水分后由剩下的蛋白质和病原体所组成。它以气溶胶的形式飘浮在空气中。一些耐干燥的病原体如结核杆菌等通过此方式传播。

(3)经尘埃传播

含有病原体的较大的飞沫或分泌物落到地面,干燥后形成尘埃,易感者吸入后即可感染。结核杆菌也可通过此方式传播。

2.经水传播

主要见于肠道传染病的传播方式,包括经饮用水传播和接触被感染的水体传播。前者是饮用了粪便污染后的水从而引起传染病的传播;后者是接触了被感染的水体导致传染病的传播。

3.经食物传播

主要见于肠道传染病、某些寄生虫病、少数呼吸系统疾病的传播方式。当食物本身含有病原体或受病原体污染时,即可引起传染病的传播。食用感染绦虫的牛、猪肉,或在生产、加工、运输、贮存与销售的各个环节被污染的食物,均可引起传染病的传播。

4.经接触传播

主要见于多种肠道传染病、某些呼吸道传染病、人畜共患病、皮肤传染病等的传播方式。包括直接接触传播和间接接触传播。前者是在没有任何外界因素参与下,传染源与易感者直接接触而引起疾病的传播;后者是易感者接触了被传染源污染的日常生活用品等所造成的传播。

5.经节肢动物传播

主要见于肠道传染病等的传播方式,是以节肢动物作为传播媒介而造成的感染,又称虫媒传播,包括机械性传播和生物性传播。前者是病原体直接附着在节肢动物的体表或体内,但其形态特征不发生变化,也不进行繁殖,通过接触或随同节肢动物的分泌物排出体外传播疾病;后者是病原体在节肢动物体内进行繁殖,通过节肢动物的唾液、呕吐物或粪便感染易感机体。

6.经土壤传播

主要见于肠道寄生虫病等的传播方式。传染源的排泄物或分泌物可直接或间接地污染土壤,易感人群通过各种方式接触了被病原体污染的土壤所致的传播。

7.垂直传播

病原体通过母体传给子代的传播,又称母婴传播。包括经胎盘传播、上行性传播和分娩引起的传播。

(1)经胎盘传播

指孕妇体内的病原体可经胎盘血液引起胎儿宫内感染,但并非所有感染病原体的孕妇都能引起胎儿感染。

(2)上行性传播

病原体经孕妇阴道通过宫颈口到达绒毛膜或胎盘,引起胎儿宫内感染。

(3)分娩时引起的传播

分娩时,胎儿暴露于母亲严重污染的产道内,胎儿的皮肤、黏膜、呼吸道、肠道均可遭受病原体感染。

8. 医源性传播

指在医疗、预防工作中,由于未能严格执行规章制度和操作规程,人为地引起某种传染病传播。

(三)人群易感性

对某一传染病的易感程度称为人群易感性,缺乏特异性免疫力的人称为易感者。易感者在某一特定人群中的比例及机体的免疫程度决定该人群易感性的高低。若易感者的比例在人群中升高,则传染病的发病率大大增加。但若在人群中实行人工自动免疫,可把易感者水平降低,控制传染病疫情的发生。

传染病的流行过程同时受自然因素和社会因素的影响。自然环境中的各种因素,包括地理、气候和生态环境等对传染病流行过程的发生和发展起重要作用。不同传染病存在的地区性和季节性差异与自然因素有着密切关系。自然环境中的各种因素还可直接影响病原体在外环境中的生存能力和状态。社会因素包括社会制度、经济、生产和生活条件、文化水平、风俗、信仰等,对传染病的流行过程有决定性的影响。其中,社会制度起主导作用。我国实施贯彻以预防为主的方针,同时推行计划免疫,使许多传染病被控制或消灭。但新的传染病也在不断涌现。

三、传染病的分类

为了预防、控制和消除传染病的发生与流行,保障人体健康和公共卫生安全,中国目前的法定报告传染病分为甲类、乙类和丙类3类,共41种。此外,还包括国家卫生健康委员会决定列入乙类、丙类传染病管理的其他传染病和按照甲类管理开展应急监测报告的其他传染病。

甲类传染病(2种):鼠疫、霍乱。

乙类传染病(28种):猴痘、新型冠状病毒、严重急性呼吸综合征、艾滋病、病毒性肝炎、脊髓灰质炎、人感染高致病性禽流感、麻疹、流行性出血热、狂犬病、流行性乙型脑炎、登革热、炭疽、细菌性和阿米巴性痢疾、人感染H_7N_9禽流感、肺结核、伤寒和副伤寒、流行性脑脊髓膜炎、百日咳、白喉、新生儿破伤风、猩红热、布鲁氏菌病、淋病、梅毒、钩端螺旋体病、血吸虫病、疟疾。

丙类传染病(11种):流行性感冒、流行性腮腺炎、风疹、急性出血性结膜炎、麻风病、流行性和地方性斑疹伤寒、黑热病、包虫病、丝虫病,除霍乱、细菌性和阿米巴性痢疾、伤寒和副伤寒以外的感染性腹泻病、手足口病。

其中,对乙类传染病中严重急性呼吸综合征、炭疽中的肺炭疽,采取甲类传染病的预防、控制措施。

四、传染病的治疗

(一)治疗原则

治疗传染病的目的,不仅在于促进患者的康复,同时还要消灭病原体,控制传染病的流行。要坚持综合治疗原则,一般治疗、对症与支持治疗、病原或特效治疗、康复疗法、中医中药治疗并重的原则,同时要做好隔离、消毒、疫情报告、接触者的检疫与流行病学调查。

(二)治疗方法

1.一般治疗

根据患者体内病原体的排出方式、时间及传播途径,对患者进行隔离治疗,同时做好消毒工作;给予患者良好舒适的卫生和护理环境,保障患者休息状态;治疗期间要给予患者适当的营养,为其补充足量维生素,必要时补给血液和免疫制品,积极调动患者机体防御和免疫功能。

2.对症与支持治疗

根据患者的身体状况给予相应的对症与支持治疗。降温、纠正酸碱失衡及电解质紊乱、服用镇静药物、给予强心药、吸氧等疗法可减轻患者的痛苦,调整其各系统的功能,保护其重要器官免受损伤或将损伤降至最低。

3. 病原或特效治疗

针对患者体内的病原体，给予针对性强的抗生素、血清免疫制剂、抑制病毒基因复制的抗病毒疗法以及较强杀菌作用的化学疗法等。

4. 康复疗法

针灸、理疗法在传染病的治疗中应用范围广泛，对退热、止惊、止痛、肢体瘫痪及其他后遗症的治疗，均有不同程度的效果，可以促进患者康复。

5. 中医中药治疗法

中医药具有解表宣肺、清气泻下、清营开窍及滋阴化瘀等作用，许多中草药还具有抗菌、抗毒、调节免疫功能的作用。

五、传染病的预防

传染病的预防是传染病防控中的一个重要环节。应根据各传染病的特点及构成传染病流行过程的三个基本环节来采取综合性措施，以达到控制并消灭传染病的目的。

（一）管理传染源

对传染病患者必须做到早发现、早诊断、早隔离、早治疗、早报告。同时，对传染病的接触者应视具体情况进行医学观察、检疫或隔离。要在人群中检出病原携带者，进行治疗、健康宣教和随访观察。要严格遵守并执行国家法定传染病报告制度，及时报告。

（二）切断传播途径

要阻断病原体从传染源转移到易感宿主的过程，从而防止疾病的发生。最常用的切断传播途径的措施是消毒，可根据不同病原体及其传播途径采取不同的消毒方法。

（三）保护易感人群

提高易感人群的免疫力是保护易感人群最有效的方法。一是通过改善营养、锻炼身体等措施提高易感人群机体的非特异性免疫力；二是通过预防接种提高易感人群的特异性免疫力。

第二节

常见传染病的预防

【本节导言】

大学校园是人员居住较密集的集体学习和生活场所，一旦出现一个传染性患者，很容易相互传染而造成传染病的暴发流行。本节主要阐述大学生常见传染病的防治知识，让大学生了解如何在校园、教室、寝室远离传染病的侵害，做好自我保护。

【核心概念】

乙型病毒性肝炎　水痘　流行性腮腺炎　细菌性痢疾　肺结核

【学前思考】

- 病毒性肝炎的定义是什么？
- 麻疹有哪些临床表现？
- 如何预防水痘的发生？
- 关于肺结核防治，国家给予了哪些优惠政策？

一、病毒性肝炎

（一）定义

病毒性肝炎是由多种肝炎病毒引起的，以肝脏炎症和坏死病变为主的一组传染病，具有传染性强、传播途径复杂、流行面广泛、发病率较高等特点。病毒性肝炎主要通过粪—口、血液或体液传播，临床上主要表现为乏力、食欲减退、恶心、呕吐、肝肿大及肝功能损害，部分病人可有黄疸和发热。有些患者出现荨麻疹、关节痛或上呼吸道症状。目前已确定的病毒性肝炎共有5个类型：甲型、乙型、丙型、丁型、戊型。

1. 甲型病毒性肝炎

（1）病原体

甲型肝炎病毒属小核糖核酸病毒科肝病毒属，直径27~32 nm，球形。该病毒抵抗力较强，耐酸、碱、乙醚，高温下对水中的氯原子也有耐受性。使用5%~8%的甲醛、70%的乙醇能迅速灭活。

（2）临床表现

甲型病毒性肝炎潜伏期平均为30天，典型病例发病初期常有疲乏、食欲减退、恶心呕吐并伴有发热等症状，随后出现黄疸、尿色深黄、大便灰白、皮肤巩膜出现黄染、肝脾肿大，还可出现腹泻、皮疹、关节疼痛、咽炎等症状。

概念提示：潜伏期是指病原体侵入人体至最早出现临床症状的期间。不同的传染病潜伏期长短不同，与侵入体内的病原体数量、毒力、繁殖能力以及机体的抵抗力等因素有关。

（3）流行病学特征

①传染源。甲型病毒性肝炎患者绝大多数为急性，慢性病患者极少见。一般情况下，患者在发病前2周至发病后1周从粪便排出的甲型肝炎病毒数量最多，至发病后30天仍有少数患者从粪便中排出病毒。②传播途径。主要传播途径为粪—口传播。日常生活接触传播是散发性发病的主要传播方式，饮用被污染的水、食用被污染的食物是暴发流行的主要传播方式。因此在集体单位如学校，甲型病毒性肝炎的发病率特别高。③易感性与免疫力。血清中的特异性抗体可通过胎盘从母体传给胎儿，但胎儿6个月龄后，特异性抗体逐渐消失而成为易感者。随着年龄的增长，易感性随之下降。

（4）预防措施

①控制传染源。发现患者应及时诊断、治疗，并进行病例报告，同时要将患者隔离。②切断传播途径。做好饮水消毒、食品卫生安全、食具消毒，加强个人卫生、粪便管理等。③保护易感人群。通过接种甲型肝炎减毒活疫苗进行主动免疫；接种人血清或胎盘球蛋白获得被动免疫，可预防或减少此类传染病的发生。

（5）并发症

少数甲型病毒性肝炎患者病程转为慢性肝脏感染，或发展为肝硬化和肝癌。

2. 乙型病毒性肝炎

（1）病原体

乙型肝炎病毒属嗜肝脱氧核糖核酸病毒科，直径42 nm，球形。该病毒对外界环境抵抗力很强，能耐受60 ℃的温度4小时和一般浓度的消毒剂，但高压灭菌法或100 ℃加热

10分钟可灭活使该病毒失去感染性。在病毒感染者的外周血中还有一种无核酸、无传染性，呈圆形或管形的颗粒，即乙型肝炎表面抗原。

概念提示：乙型肝炎表面抗原是乙型肝炎病毒的外壳蛋白，本身不具有传染性，存在于乙型病毒性肝炎患者的血液、唾液、乳汁、精液和阴道分泌物等体液中。它是感染乙型肝炎病毒的标志。

（2）临床表现

乙型病毒性肝炎潜伏期平均为70天，起病隐匿，主要症状为全身乏力、食欲减退、腹部不适、厌油，少数病人有恶心呕吐症状，部分病例有发热和黄疸，检查可发现肝肿大、压痛，脾肿大，少数病人有肝区疼痛。

（3）流行病学特征

①传染源。慢性病患者和病毒携带者是乙型病毒性肝炎的主要传染源。②传播途径。体液传播是乙型病毒性肝炎的主要传播途径。含有病毒的体液传播为通过唾液、精液和阴道分泌物传播，血液传播为通过输血、血制品、药物注射和针刺等方式进行传播。母亲体内的病毒可经胎盘、分娩、哺乳、喂养等方式进行传播。生活上的密切接触是次要的传播方式。③易感性与免疫力。婴幼儿和青少年是该病毒的易感人群。随着年龄的增长，通过隐性感染获得特异性免疫的比例随之增加。

（4）预防措施

①控制传染源。发现急性乙型病毒性肝炎患者应及时诊断、治疗，并进行病例报告，同时要将患者隔离。针对慢性病患者和病毒携带者还应进一步检查各项传染性指标，阳性患者应禁止献血和从事托幼工作。②切断传播途径。防止病毒通过血液和体液传播。患者的器具物品应单独使用，并定期进行消毒。③保护易感人群。接种乙肝疫苗是保护易感人群最经济、安全、有效的方法。新生儿、婴幼儿、青少年以及成人高危人群是接种疫苗的优先人群。

（5）并发症

少数乙型病毒性肝炎患者病程转为慢性肝脏感染，或发展为肝硬化和肝癌。

3.丙型病毒性肝炎

（1）病原体

丙型肝炎病毒属黄病毒科，存在于感染者肝细胞、血清白细胞和血浆内。该病毒对外界抵抗力不强，对一般化学消毒剂敏感，100℃加热5分钟或60℃加热10小时、高压蒸气和甲醛熏蒸等均可灭活病毒，但被丙型肝炎病毒污染的血液及血液制品极易造成病毒扩散传播。

（2）临床表现

丙型病毒性肝炎潜伏期平均为50天，主要症状为恶心、食欲下降、全身无力、肝脏肿大有叩击痛，部分病人可出现急性黄疸性肝炎，黄疸轻度或中度升高。

（3）流行病学特征

①传染源。慢性病患者是丙型病毒性肝炎的主要传染源。②传播途径。主要经血液传播，包括经输血和血制品及经破损的皮肤和黏膜传播；经性传播；经母婴传播。③易感性与免疫力。凡未感染过丙型病毒性肝炎的人，全部人群均对该病毒易感。

（4）预防措施

①控制传染源。与乙型病毒性肝炎患者控制原则一致。②切断传播途径。防止病毒通过血液和体液传播，同时防止经破损的皮肤和黏膜传播。在日常生活中，不与他人共用剃须刀及牙具等，患者的器具物品应单独使用，并要定期进行消毒。建议丙型病毒性肝炎感染者在性交时使用安全套，并要定期进行检查。在丙型肝炎流行时，切断传播途径是最行之有效的控制措施，及时对血液中心、血站进行监督，确保血液及血液制剂的洁净是阻止丙型肝炎流行的最好办法。③保护易感人群。目前尚无有效的疫苗用于预防接种。

（5）并发症

丙型肝炎病毒慢性感染可导致肝脏慢性炎症坏死和纤维化，部分患者可发展为肝硬化和肝癌，同时会出现腹腔积液、静脉曲张破裂出血、肝性脑病等，对患者的健康和生命危害极大。

4.丁型病毒性肝炎

（1）病原体

丁型肝炎病毒为直径35~37 nm的球形颗粒，外膜为丁型肝炎表面抗原。

（2）临床表现

丁型病毒性肝炎潜伏期平均为40天，与急性乙型病毒性肝炎的临床表现一致。丁型肝炎病毒可与乙型肝炎病毒同时感染人体，也可以在乙型肝炎病毒感染的基础上引起重叠感染。当乙型肝炎病毒感染结束时，丁型肝炎病毒感染也随之而结束。

（3）流行病学特征

①传染源。慢性病患者与病原携带者是丁型病毒性肝炎的主要传染源。②传播途径。主要通过血液制品、针刺、破损的皮肤黏膜传播，也可通过性传播和母婴垂直传播，并有家庭聚集传播现象。③易感性与免疫力。目前尚无研究表明其易感人群和免疫状况。

(4)预防措施

因该病毒通常是与乙型肝炎病毒同时感染或重叠感染，其预防控制原则与乙型病毒性肝炎患者控制原则一致。

(5)并发症

该病毒与乙型肝炎病毒同时或重叠感染的急性肝炎，病情加重可发展为肝硬化。

5. 戊型病毒性肝炎

(1)病原体

戊型肝炎病毒无包膜，呈球状，直径平均为32~34 nm，是一种正链RNA病毒。该病毒对外界抵抗力不强，加热灭活病毒比较容易。

(2)临床表现

主要表现为食欲减退、全身乏力、发热、黄疸、呕吐、腹泻，体征主要有肝脾肿大，肝区压痛、叩击痛，其表现与甲型病毒性肝炎相似。

(3)流行病学特征

①传染源。以急性患者为主。儿童感染后多表现为隐性感染，成人则多表现为显性感染。②传播途径。病原体一般通过粪—口途径，主要是通过被污染的水传播。③易感性与免疫力。凡未感染过戊型病毒性肝炎的人，全部人群均对该病毒易感。

(4)预防措施

与甲型病毒性肝炎患者控制原则一致。

(5)并发症

若不及时采取延缓肝细胞坏死的对症和支持治疗，可能会导致肝性脑病、脑水肿，引起大出血、肾功能不全，继发引起电解质紊乱、腹水、低血糖等。

二、麻疹

(一)定义

麻疹是由麻疹病毒引起的急性呼吸道传染病，是传染性最强的传染病之一。麻疹是目前已知没有动物宿主的一种人类疾病。

(二)病原体

麻疹病毒属于副黏病毒科麻疹病毒属，直径为120~250 nm，球形，有包膜。病毒对热不稳定，对紫外线、γ和β射线敏感，脂溶剂、乙醚、氯仿可灭活病毒。

（三）临床表现

典型的麻疹首先表现为发热，患者体温达39 ℃~40 ℃，可伴有流涕、打喷嚏、咳嗽、流泪、畏光、眼结膜炎等症状。在发热2~5天后出现皮疹，为玫瑰色丘疹，从耳后、发际、前额、面、颈部开始自上而下波及躯干和四肢、手掌、足底。持续5~6天后逐渐消退，皮肤上会有脱屑，也会有色素沉着。7~10天后痊愈。

（四）流行病学特征

1. 传染源

麻疹患者是唯一的传染源。患者眼结膜、鼻、口腔、气管的分泌物中都含有病毒，并具有传染性。

2. 传播途径

病毒可通过飞沫传播，与感染者的密切接触或直接接触感染者的鼻咽分泌物进行传播。

3. 易感人群

人群普遍易感，特别是未接受免疫接种的人或没有通过罹患该病获得免疫力的人均可受到感染。

（五）预防措施

1. 控制传染源

对患者要做到早期发现、早期隔离，对接触麻疹的易感者应医学观察3周。

2. 切断传播途径

维持良好的个人卫生习惯，注意室内通风换气，充分利用日光或紫外线照射消毒；患者衣物应在阳光下暴晒，患者曾住房间应通风并用紫外线照射。

3. 保护易感人群

接种疫苗是预防麻疹的最有效的措施。

（六）并发症

麻疹常见的并发症有失明、肺炎、喉炎、中耳炎、脑炎、严重腹泻，其中以肺炎常见。

三、水痘

（一）定义

水痘是由水痘带状疱疹病毒初次感染引起的急性传染病。主要发生在婴幼儿和学龄前儿童中，成人发病症状比儿童更严重。该病为自限性疾病，一般不留瘢痕，病后可获得自身免疫，但病毒会以静止状态存留于体内，多年后可再次感染复发而出现带状疱疹。

概念提示：自限性疾病指疾病在发生发展到一定程度后能自动停止，并逐渐恢复痊愈，并不需特殊治疗，只需对症治疗或不治疗，靠自身免疫就可痊愈的疾病。

（二）病原体

水痘带状疱疹病毒属疱疹病毒科，为双链的脱氧核糖核酸病毒。病毒糖蛋白决定了病毒的致病性和免疫原性。病毒在体外抵抗力很弱，不耐热和酸，能被乙醚等消毒剂灭活。人类是该病毒的唯一宿主。

（三）临床表现

水痘一般发病较急，在发病24小时内出现皮疹，出现皮疹之前可无任何症状或有发热、头痛、全身倦怠、乏力、恶心、呕吐、腹痛等。皮疹以皮肤和黏膜成批出现周身性红色斑丘疹、疱疹、痂疹为特征，呈向心性分布，主要发生在胸、腹、背，四肢等。

（四）流行病学特征

1. 传染源

水痘患者为唯一传染源。患者从皮疹出现前1~2天到疱疹完全结痂期间都具有传染性。水痘带状疱疹病毒存在于皮肤黏膜组织、疱疹液及血液中，还可由鼻咽分泌物排出体外。

2. 传播途径

水痘传染性很强，主要通过空气飞沫、直接或间接接触水痘疱疹液而进行传播，还可通过输血传播。

3. 易感人群

任何年龄人群均可感染水痘带状疱疹病毒，易感儿童发病率可达95%以上。

（五）预防措施

1. 控制传染源

对患者要做到早期发现，早期隔离治疗至疱疹全部结痂或出诊后7天，避免与他人接触。对接触水痘的易感者应医学观察3周。

2. 切断传播途径

保持良好的个人卫生习惯，注意室内通风换气，充分利用日光或紫外线照射消毒；被患者污染的食具器具及物品要及时进行消毒处理。

3. 保护易感人群

接种疫苗是预防水痘的最有效措施。接种水痘减毒活疫苗，预防效果为68%~100%，并可持续10年以上。肌肉注射水痘带状疱疹免疫球蛋白，接触后12小时内使用有预防功效。

（六）并发症

若因瘙痒抓破的面部痘疹，可引起化脓感染，若病变损伤较深，有可能留下瘢痕。还可并发水痘性肺炎、水痘性脑炎、重症肺炎等。

四、流行性腮腺炎

（一）定义

流行性腮腺炎是由腮腺炎病毒侵犯腮腺引起的急性呼吸道传染病，主要发生在儿童和青少年时期。

（二）病原体

腮腺炎病毒属RNA病毒的副黏病毒科。病毒颗粒呈球形，直径为100~200 nm，有包膜，厚15~20 nm，表面有小突起的糖蛋白，含血凝素、血溶素和神经氨酸酶。病毒可被乙醚、氯仿、福尔马林、56℃水煮20分钟及紫外线有效灭活。人是腮腺炎病毒唯一的宿主。

(三)临床表现

患者受感染后,部分可有倦怠、畏寒、食欲不振、低热、头痛等症状,其后则出现一侧腮腺肥大或两侧腮腺同时肿大,局部疼痛、过敏等症状。

(四)流行病学特征

1. 传染源

早期患者及隐性感染者均为传染源。

2. 传播途径

主要通过飞沫传播。

3. 易感人群

无免疫力的人群均可发病,但感染后一般可获得较持久的免疫力。

(五)预防措施

1. 控制传染源

发现患者,早期进行隔离和治疗。

2. 切断传播途径

及时将被患者污染的食具器物进行煮沸消毒。传染期间,患者需佩戴口罩。

3. 保护易感人群

目前国内应用减毒活疫苗喷喉、喷鼻及气雾免疫,保护力达100%;避免与流行性腮腺炎病人接触。

(六)并发症

可侵犯各种腺组织或神经系统及肝、肾、心脏、关节等。

五、细菌性痢疾

(一)定义

细菌性痢疾简称菌痢,亦称为志贺菌病,是志贺菌(痢疾杆菌)属引起的肠道传染病。志贺菌经人体消化道感染后,可引起结肠黏膜的炎症和溃疡,并释放毒素入血,从而引起一系列临床症状。儿童和青壮年均是高发人群。

(二)病原体

志贺菌,又称痢疾杆菌,属于肠杆菌科志贺菌属,为兼性厌氧的革兰氏阴性杆菌,有菌毛,无鞭毛、荚膜及芽孢,不具动力,最适宜于需氧生长。痢疾杆菌进入机体后是否发病与细菌数量、致病力和人体抵抗力有关。致病力强的痢疾杆菌,只要有10~100个细菌进入人体即可引起发病。某些慢性病、过度疲劳、暴饮暴食等因素可导致人体抵抗力下降,易使痢疾杆菌侵入。

(三)临床表现

临床表现主要有发热、腹痛、腹泻、黏液脓血便,同时伴有全身毒血症症状,严重者可引发感染性休克、中毒性脑病。

(四)流行病学特征

1. 传染源

以急性菌痢患者与慢性带菌但无临床症状者为主要传染源。

2. 传播途径

主要通过粪—口传播。痢疾杆菌随患者或带菌者的粪便排出,通过日常生活直接接触,或苍蝇、蟑螂等间接接触进行传播,最终经口进入消化道使易感者受感染。

3. 易感人群

人群对痢疾杆菌普遍易感,成人感染一般与自身机体抵抗力降低、接触感染机会多、不良卫生习惯有关。感染菌痢后不会产生巩固免疫力,故可反复多次发病。

（五）预防措施

1.控制传染源

早期发现患者和带菌者，及时给予有效隔离和彻底治疗。同时要监测从事饮食业者、保育员及水厂工作人员，感染者应立即隔离并给予彻底治疗，必要时调离工作岗位。

2.切断传播途径

要养成良好的个人卫生习惯，同时注意饮食和饮水安全，定期对餐具物品进行消毒灭菌。

3.保护易感人群

口服活菌苗可使人体获得免疫性，免疫期可维持6~12个月。

（六）并发症

慢性菌痢患者有溃疡结肠病变者，可并发营养不良、贫血、维生素缺乏等症；可并发溶血性尿毒综合征、败血症等。

六、结核病

（一）定义

结核病是由结核杆菌感染引起的慢性传染病。结核菌可以侵入人体全身各种器官，如脑、胃、肠、心包、盆腔、骨、腹膜、淋巴、皮肤等，但主要侵犯肺脏，称为肺结核病。结核病又称为痨病和“白色瘟疫”，是一种严重危害人类健康的慢性呼吸道传染病。

（二）病原体

结核杆菌形状细长，两端呈圆形，微弯或笔直，抵抗力很强。一般单个结核杆菌散布侵入人体或动物体的组织后，即可发生结核。

（三）临床表现

肺结核最常见的症状为连续咳嗽、咳痰2周以上，或痰中带有血丝。同时，还可能伴有胸痛、盗汗、午后低热（一般不超过38 ℃）、全身疲乏、食欲减退、乏力和消瘦等其他常见的症状。

（四）流行病学特征

1. 传染源

主要是痰涂片或痰培养为阳性的肺结核患者，其中尤以涂阳肺结核的传染性为强。

2. 传播途径

主要经飞沫传播。患者咳嗽、打喷嚏或大声说话时喷出的飞沫都可将结核杆菌传播给他人。

3. 易感人群

人群普遍易感。

（五）预防

1. 控制传染源

出现肺结核可疑症状或被诊断为肺结核后，应当主动向学校报告，不隐瞒病情，不带病上课；传染期肺结核患者应该休学，隔离治疗，独居一室，尽量避免去公共场所，尤其是封闭场所。

2. 切断传播途径

不随地吐痰，咳嗽、打喷嚏时掩口鼻，去公共场所时应主动戴口罩，以减少结核杆菌的传播；勤洗手，经常开窗通风；规范全程治疗，绝大多数患者可以治愈，还可避免传染他人；同室居住的人员都属于密切接触者，应及时进行筛查和诊断，一旦诊断为肺结核，应立即治疗。

3. 保护易感人群

接种卡介苗疫苗是预防肺结核最有效的措施，但也不能完全避免受感染。同时要保证充足的睡眠，合理膳食，加强体育锻炼，提高抵御疾病的能力。

（六）并发症

肺结核患者咯血可引起窒息、失血性休克、肺不张、结核性支气管播散和吸入性肺炎等严重并发症；肺结核可引发自发性气胸、支气管扩张、肺部继发感染，还可引起急、慢性呼吸功能衰竭和心脏功能衰竭等严重并发症。

第三节
常见性传播疾病的预防

【本节导言】

性传播疾病是以性接触为主要传播方式，主要病变多发生在生殖器部位的一组疾病，简称性病。目前已知性病有20多种，以梅毒、淋病、生殖器疱疹、尖锐湿疣、艾滋病最为常见且危害性大，被列为重点防治的传播疾病。本节主要阐述性传播疾病的防治基础知识，利用所学知识达到自我保护、远离性病的目的。

【核心概念】

梅毒　淋病　生殖器疱疹　尖锐湿疣　艾滋病

【学前思考】

- 性传播疾病的定义是什么？
- 性传播疾病有哪些预防措施？
- 梅毒有哪些流行病学特征？
- 淋病有哪些临床表现？
- 尖锐湿疣有哪些并发症？如何预防？
- 预防艾滋病"四免一关怀"政策指的是什么？

一、梅毒

（一）定义

梅毒是由苍白（梅毒）螺旋体引起的慢性、系统性性传播疾病。患病后病程漫长，早期侵犯生殖器和皮肤，晚期侵犯全身各器官，并有多种多样的症状和体征。

（二）病原体

苍白螺旋体又称梅毒螺旋体，长为5~20 μm，宽为0.2 μm，是一种纤细的螺旋状微生物。人类是梅毒螺旋体的唯一宿主，梅毒螺旋体离开人体后不易生存，在干燥环境中1~2小时即死亡，41 ℃可存活2小时，耐低温，-78 ℃可生存数年，一般的消毒剂很容易将它杀死。

（三）临床表现

主要表现为阴部糜烂，外发皮疹，筋骨疼痛，皮肤起核而溃烂，神情痴呆等。临床上可表现为一期梅毒，其侵入部位可发生溃烂或硬下疳；二期梅毒，皮肤黏膜、肝、脾、骨骼、神经系统受到损害及淋巴结肿大；三期梅毒即晚期梅毒，可侵及神经系统和心血管系统等，晚期损害病程长，破坏性大，可造成器质性毁坏，导致功能异常和丧失；潜伏梅毒，感染病原体后未形成显性梅毒而无临床表现。

（四）流行病学特征

1. 传染源

梅毒是人类独有的疾病，显性和隐性梅毒患者均是主要传染源。患者皮损及其分泌物、血液中都含有梅毒螺旋体。感染后的头2年最具传染性，而在4年后性传播的传染性大为下降。

2. 传播途径

性接触是梅毒的主要传播途径；患有梅毒的孕妇可通过胎盘将梅毒传染给胎儿，引起胎儿宫内感染，孕妇即使患有无症状的隐性梅毒也具有传染性；通过输入被污染的血清或血清制品及共用针头也可以传染；破损皮肤或黏膜接触被病原体污染的日常用品、餐具等同样可以传染。

3. 易感人群

性伴侣多的人群，传染梅毒的机会就增加。

（五）预防

1. 控制传染源

及时发现早期梅毒和梅毒潜伏患者，并给予合理治疗，对患者衣物、毛巾、被褥、所用水池、浴具和便具进行清洗和消毒。同时动员患者的性伴侣及与患者有过亲密接触的人作血清学检查，以及时发现感染者并给予治疗或预防性治疗。

2. 切断传播途径

提倡良好性道德观和推广使用安全套；对患梅毒的孕妇，应及时给予有效治疗，以防止将梅毒传染给胎儿；梅毒患者在未治愈前应禁止性行为。

3. 保护易感人群

提倡洁身自爱，提高人群防范性病的意识；注意劳逸结合，进行必要的身体锻炼，增强自己的抵抗力。

（六）并发症

梅毒螺旋体侵犯中枢神经系统，可引发脑膜血管病变、脊髓痨、麻痹性痴呆；侵犯心血管系统，可导致主动脉炎、主动脉瓣闭锁不全、主动脉瘤等；损害骨骼、眼、呼吸道、消化道等系统，引起组织和器官破坏、功能丧失，严重者导致残疾或其他不良后果。梅毒孕妇可将病毒传染给胎儿，引起死产、流产、早产，导致婴儿的先天梅毒。

二、淋病

（一）定义

淋病是淋病奈瑟菌（简称淋球菌）引起的以泌尿生殖系统化脓性感染为主要表现的性传播疾病，是常见的性传播疾病之一。

（二）病原体

淋球菌为革兰氏阴性双球菌，外形为卵圆或豆状，成对排列。宜在潮湿、温度35 ℃~36 ℃、含二氧化碳的环境中生长。离开人体不易生存，在干燥的条件下1~2小时就能死亡，一般消毒剂均能杀死淋球菌。淋病多发生于青年男女。

（三）临床表现

临床表现以尿道炎、宫颈炎多见，典型症状是排尿困难、尿频、尿急、尿痛，排出黏液或脓性分泌物等。也可侵犯眼睛、咽部、直肠和盆腔等处以及血行播散性感染引起关节炎、肝周炎、败血症、心内膜炎或脑膜炎等。

（四）流行病学特征

1. 传染源

显性和隐性淋病患者均是主要传染源。大多数患者症状轻微或无症状，是潜在的传染源。

2. 传播途径

主要通过性接触传播。由于生理结构的不同，女性被感染的风险大于男性；母婴传播主要是淋球菌由宫颈上行，引起羊膜腔内感染，从而感染胎儿。

3. 易感人群

性伴侣多的人群，传染淋病的机会就增加。

（五）预防

1. 控制传染源

及时发现淋病患者和潜在的传染源，给予相应治疗，同时动员患者的性伴侣作血清学检查，及时发现并给予治疗或预防性治疗。

2. 切断传播途径

提倡良好性道德观和推广使用安全套；对患淋病的孕妇，应及时给予有效治疗，以防止将淋病传染给胎儿；淋病患者在未治愈前应禁止性行为。

3. 保护易感人群

提倡洁身自爱，提高人群防范性病的意识；注意劳逸结合，进行必要的身体锻炼，增强自己的抵抗力。

（六）并发症

淋球菌上行蔓延可并发前列腺炎、精囊炎、输精管炎和附睾炎；可并发盆腔炎，患者输卵管炎症后阻塞可继发不育或宫外孕。淋球菌进入血液，可引起败血症、多发性关节炎、心包炎、心内膜炎、脑膜炎以及皮肤损害。还可并发淋球菌性结膜炎、咽炎和直肠炎等。

三、生殖器疱疹

(一)定义

生殖器疱疹是由单纯疱疹病毒引起的性传播疾病,是常见的性传播疾病之一。生殖器疱疹可反复发作,对病人的健康和心理影响较大,也是较为严重的性传播疾病之一。

(二)病原体

单纯疱疹病毒是生殖器疱疹的主要病原体,传染后引起初发生殖器疱疹。初发生殖器疱疹消退后,残存的病毒可在体内长期潜伏下来,当机体抵抗力降低或在某些激发因素如发热、受凉、感染、月经、胃肠功能紊乱、创伤等作用下,潜伏的病毒将被激活,致皮肤黏膜表面病损,导致复发。人类是单纯疱疹病毒的唯一宿主,离开人体病毒则不能生存,紫外线、乙醚及一般消毒剂均可使之灭活。

(三)临床表现

外生殖器或肛门周围有群簇或散在的小水疱,之后破溃形成糜烂或溃疡,自觉疼痛。腹股沟淋巴结肿大,有压痛。患者可伴有发热、头痛、乏力等全身症状。

(四)流行病学特征

1. 传染源

生殖器疱疹患者以及无明显症状的感染病毒者为该病的主要传染源。

2. 传播途径

主要通过性接触传播;还可通过接触患者病损处的水疱疱液、渗出液、皮肤黏膜表面的病毒进行传播;口唇及其周围患有疱疹的人,可通过口—生殖器性交进行传播;患生殖器疱疹的孕妇,可通过胎盘将病毒传给胎儿,还可经产道传给新生儿。

3. 易感人群

性伴侣多的人群,传染生殖器疱疹的机会就增加。

（五）预防

1.控制传染源

及时发现生殖器疱疹患者和病原携带者，给予相应治疗，同时动员患者的性伴侣作血清学检查，及时发现并给予治疗或预防性治疗。

2.切断传播途径

提倡良好的性道德观和推广使用安全套；对患生殖器疱疹的孕妇，应及时给予有效治疗，以防止将病毒传染给胎儿；患者在未治愈前应禁止性行为。

3.保护易感人群

提倡洁身自爱，提高人群防范性病的意识；注意劳逸结合，进行必要的身体锻炼，增强自己的抵抗力。

（六）并发症

男性可并发尿道炎，女性可并发子宫颈炎和子宫内膜炎。

四、尖锐湿疣

（一）定义

尖锐湿疣是由人乳头瘤病毒感染所致的以肛门生殖器部位增生性损害为主要表现的性传播疾病。大多发生于18~50岁的中青年人。

（二）病原体

人乳头瘤病毒是一种嗜上皮性病毒，有高度的特异性。该病毒属双链闭环的小DNA病毒，包含约8000个碱基对，易在人体温暖潮湿的条件下生存繁殖，故外生殖器和肛周是最容易发生感染的部位。

（三）临床表现

在易感染部位会出现细小淡红色丘疹，单个或群集分布，湿润柔软，表面凹凸不平，呈乳头样、鸡冠状或菜花样突起。根部常有蒂，且易发生糜烂渗液，触之易出血。皮损裂缝间常有脓性分泌物溢出，并有恶臭，且可因搔抓而引起继发感染。

（四）流行病学特征

1. 传染源

尖锐湿疣患者为该病的主要传染源。

2. 传播途径

性接触为主要的传播途径；还可通过接触患者使用过的物品而传播；孕妇分娩时可经产道传染给新生儿。

3. 易感人群

主要发生在性活跃的人群；女性阴道炎和男性包皮过长也是尖锐湿疣发生的常见因素。

（五）预防

1. 控制传染源

及时发现尖锐湿疣患者，给予相应治疗，同时动员患者的性伴侣作血清学检查，及时发现并给予治疗或预防性治疗。

2. 切断传播途径

提倡良好的性道德观和推广使用安全套；对患尖锐湿疣的孕妇，应及时给予有效治疗，以防止将病毒传染给胎儿；患者在未治愈前禁止性行为；防止接触性传染，注意个人卫生。

3. 保护易感人群

提倡洁身自爱，提高人群防范性病的意识；注意劳逸结合，进行必要的身体锻炼，增强自己的抵抗力；积极治疗女性阴道炎，男性包皮过长应及时进行包皮手术。目前，我国已经上市二价、四价、九价人乳头瘤病毒疫苗，又称宫颈癌疫苗，女性接种宫颈癌疫苗可防止人乳头瘤病毒感染，降低患宫颈癌的风险。

（六）并发症

尖锐湿疣可以并发恶性病变，与生殖器癌，例如宫颈癌、阴茎癌等之间有密切联系；尖锐湿疣患者同时还会伴有淋病、梅毒、衣原体感染、滴虫病等。

五、艾滋病

（一）定义

艾滋病，全称是“获得性免疫缺陷综合征”。它是由艾滋病病毒即人类免疫缺陷病毒（HIV）引起的一种病死率极高的慢性传染病。人类免疫缺陷病毒侵入人体内，主要攻击人体的免疫系统，感染者会逐渐丧失对各种疾病的抵抗能力，最终导致死亡。

（二）病原体

人类免疫缺陷病毒是一种不同于一般病毒的逆转录病毒，具有极强的迅速变异能力。人体免疫系统无法阻止艾滋病病毒的繁殖和扩散，其产生的抗艾滋病病毒抗体是非保护性抗体。该病毒对外界环境的抵抗力弱，离开人体后，常温下在血液或分泌物内只能生存数小时至数天，在自然条件下不能存活。高温、干燥以及常用消毒药品都可以杀灭这种病毒。该病毒主要损害人体的免疫系统细胞，造成免疫系统无法抵抗其他各种感染和疾病，导致各种机会性感染和并发症的发生。

（三）临床表现

人类免疫缺陷病毒侵入人体后可分为四期。一期可出现急性感染，表现为发热、全身不适、头痛、厌食、恶心、肌肉痛、关节痛和淋巴结肿大，一般持续3~14天后自然消失；二期为无症状感染，但是具有传染性，此阶段可持续2~10年甚至更长；三期则进入持续性全身淋巴结肿大期，一般持续肿大3个月以上；四期则发生体质性疾病，即发热、乏力、不适、盗汗、厌食、体重下降、慢性腹泻和易感冒等症状；神经系统症状，出现头痛、癫痫、进行性痴呆、下肢瘫痪等；严重的临床免疫缺陷，出现各种机会性病原体感染；因免疫缺陷而继发肿瘤及并发其他疾病。

（四）流行病学特征

1. 传染源

艾滋病感染者和艾滋病病人是主要传染源。

2. 传播途径

人类免疫缺陷病毒主要存在于感染者和病人的血液、精液、阴道分泌物、乳汁中。性接触是人类免疫缺陷病毒最主要的传播途径，与已感染的伴侣发生无保护的性行为，包括同性、异性和双性性接触；经静脉注射吸毒进行传播，与他人共用被感染者使用过的、未经消毒的注射工具，是一种非常重要的传播途径；经母婴传播，在孕期、产后和母乳喂养过程中，感染病毒的母亲都有机会将病毒传播给胎儿及婴儿；输入被病毒感染的血液及血制品（包括人工授精、皮肤移植和器官移植）也可传播病毒。但握手，拥抱，同吃同饮，共用厕所和浴室，共用办公室、公共交通工具、娱乐设施等日常生活接触不会传播病毒。

3. 易感人群

人群普遍易感。高危人群包括：男性同性恋者、静脉吸毒者、与病毒携带者经常有性接触者、经常输血及使用血制品者和病毒感染母亲所生婴儿。

（五）预防

1. 控制传染源

艾滋病感染者和病人应采取必要的防护措施，防止传染他人。艾滋病自愿咨询检测是及早发现感染者和病人的重要防治措施。

2. 切断传播途径

正确使用质量合格的安全套，及早治疗并治愈其他性病可大大减少感染和传播艾滋病的风险；拒绝毒品，禁用注射器静脉吸毒；避免不必要的注射、输血和使用血液制品；对感染艾滋病病毒的孕产妇及时采取抗病毒药物干预、减少生产时损伤性操作、避免母乳喂养等预防措施，可大大降低胎儿、婴儿被感染的可能性。

3. 保护易感人群

目前还没有疫苗可以预防，也没有治愈这种疾病的有效药物或方法。洁身自爱、遵守性道德是预防经性接触感染艾滋病的根本措施。

（六）并发症

艾滋病并发症主要是机会性感染，如原虫感染、细菌性感染、真菌感染、病毒性感染；同时会引起各种恶性肿瘤的发生。

（七）国家优惠政策

艾滋病威胁着每一个人和每一个家庭，影响着社会的发展和稳定，预防艾滋病是全社会的责任。关心、帮助、不歧视艾滋病病毒感染者和病人，鼓励他们参与艾滋病防治工作，是控制艾滋病传播的重要措施。为加强艾滋病防治工作，维护正常经济社会秩序，遏制艾滋病流行蔓延，我国政府出台了预防艾滋病“四免一关怀”政策。“四免一关怀”中的“四免”分别是：农村居民和城镇未参加基本医疗保险等医疗保障制度的经济困难人员中的艾滋病病人，可到当地卫生部门指定的传染病医院或设有传染病区（科）的综合医院服用免费的抗病毒药物，接受抗病毒治疗；所有自愿接受艾滋病咨询和病毒检测的人员，都可在各级疾病预防控制中心和各级卫生行政部门指定的医疗等机构，得到免费咨询和艾滋病病毒抗体初筛检测；对已感染艾滋病病毒的孕妇，由当地承担艾滋病抗病毒治疗任务的医院提供健康咨询、产前指导和分娩服务，及时免费提供母婴阻断药物和婴儿检测试剂；地方各级人民政府要通过多种途径筹集经费，开展艾滋病遗孤的心理康复，为其提供免费义务教育。“一关怀”指的是国家对艾滋病病毒感染者和患者提供救治关怀，各级政府将经济困难的艾滋病患者及其家属纳入政府补助范围，按有关社会救济政策的规定给予生活补助；扶助有生产能力的艾滋病病毒感染者和患者从事力所能及的生产活动，增加其收入。

概念提示：机会性感染指一些致病力较弱的病原体，在人体免疫功能正常时不会致病，但当人体免疫功能降低时，会导致各种疾病。

【本章交流与讨论】

- 请根据自己的亲身体验或者观察，阐述某种传染病对身心健康的影响。
- 谈谈你对性传播疾病患者的看法。
- 若你不幸感染艾滋病，你最想告诉谁？
- 若你得知身边的朋友是艾滋病患者，你会怎么做？

CHAPTER 8

第八章

常见疾病防治与健康

本章学习之后，你将能够：

- ■ 了解大学生常见疾病的防治；
- ■ 了解慢性疾病的病因与防治；
- ■ 进一步了解环境因素、内在因素与健康的交互影响；
- ■ 掌握从现阶段开始如何预防慢性疾病的发生；
- ■ 做出罹患疾病后的正确就医态度及行为。

第一节 大学生常见疾病的防治

【本节导言】

随着社会的发展，竞争日益激烈，大学生面临的压力越来越大。大学生一般都处于青少年到成人的过渡阶段，其生理功能和心理适应正处在关键时期，在此期间容易引发一些疾病。本节将从大学生实际情况出发，从大学生的生理、心理特点分析到介绍常见的内、外科疾病的病因和防治，重点介绍上呼吸道感染、急性胃肠炎、痤疮、颈椎病等疾病。

【核心概念】

亚健康状态　上呼吸道感染　急性胃肠炎　痤疮　颈椎病

【学前思考】

- ● 大学生面临的压力有哪些？
- ● 大学生可能患有的疾病有哪些？
- ● 大学生怎么样预防常见疾病的发生？

一、大学生常见病概述

普通高校大学生的年龄一般在16~25岁，正处于由青少年向成人过渡的阶段，生理和心理正处在一个发展的关键时期，是各种思想观念发生碰撞和冲突的时期。大学生常见疾病的发病率也逐年攀升，大学生的生活不规律、健康知识缺乏、就业压力、心理发展尚未成熟等是大学生疾病发生的主要因素。在我国高校中，每年因学生发生各种疾病而引发休学的情况逐渐增多。大学生每年住院治疗患者大约占各类疾病发生的0.3%，所以了解常见疾病的防治有重要意义。

（一）大学生常见疾病的主要特点

大学生躯体疾病的潜伏期长且不易被发现。大学生发生躯体疾病的概率较大，除了意外创伤之外，大多都没有明显的表征。大学生本人不容易及时发现隐藏的疾病，自视年轻，生活不规律，自身对卫生及健康知识缺乏，以及由于惰性和拖延甚至容易忽视，随着疾病的演变与发展，容易造成大学生病情恶化或者突发状况导致的疾病加重。

大学生常见疾病大部分是由心理和生理以及社会因素共同长期作用导致的。许多大学生习惯于不吃早饭、挑食、熬夜，有些甚至存在吸烟、酗酒等不良生活习惯，加上缺乏正确和足够的体育锻炼，一部分大学生在体态上开始趋向于肥胖，从而导致身体的机能、耐力有所下降，甚至存在一些大学生因为体态等因素导致一些心理的亚健康或心理疾病。另外，学业压力，自身惰性和拖延，缺乏健康保健知识等不良因素也是大学生发病的累积因素。总之，大学生在学习生活中的不良习惯、负面情绪等没有及时得到纠正，长此以往，多种不良因素叠加起来将引起大学生的心理反应异常以及身体疾病的发生。

概念提示：亚健康状态，世界卫生组织将机体无器质性病变，但有些功能改变的状态称为“第三状态”，是一种介于健康和疾病之间的临界状态，在我国称为“亚健康状态”。

（二）大学生的常见病及预防

根据各地高校现状调查研究显示，大学生常见疾病中以上呼吸道感染、急性胃肠炎、痤疮、颈椎病最为常见。这4种疾病我们将在后面的章节详细介绍。另外近视、智齿冠周炎、龋齿、意外创伤以及一些传染性疾病在大学生群体中也较多见。看书姿势不正确，看书或使用电脑时间过长，不注意用眼卫生和习惯是导致近视的主要原因（近视的具体内容见本书第四章第二节“用眼卫生”）；智齿是牙列中最后萌出的牙，多于18~25岁萌出，由于智齿的萌出异位或阻生，当全身抵抗力下降、细菌乘虚而入时，便可能引起牙冠周围组织炎症，患智齿冠周类；不了解刷牙时间和错误的刷牙方法、爱吃甜食、牙齿发育期摄入食物的营养结构不合理是大学生患龋齿的主要原因（具体内容可见本书第四章第三节“口腔卫生”）；意外创伤是大学生中常见的致伤、致残、致死的主要原因（具体内容见本书第九章“应急救护”）；由于大学生是群体生活，易引发某些传染病的流行，了解常见传染病的预防具有重要意义（具体内容见本书第七章“传染病的防治”）。

大学生的生活不规律、健康知识缺乏、就业压力大、心理发展尚未成熟等原因是大学生疾病发生的主要因素。常见的健康卫生知识和常见疾病的防治措施主要有以下几点：

1. 加强自我调节，缓解精神压力

大学生要学会自我疏导和自我调节，保持良好的人际关系，拥有积极的生活态度，养成良好的性格，减少精神压力和焦虑等负面情绪的产生。生活中发生的不如意的事情，很容易导致焦虑、自卑、抑郁等不良情绪，大学生要及时通过采取自我倾诉、向朋友倾诉、转移目标、更换环境、升华感情、理智控制、培养幽默感等方式缓解心理压力或其他不良情绪。大学生要充分重视情绪给身心健康带来的影响，释放内心的压力，调节好自己的内分泌和免疫系统，减少身心疾病的产生。

2. 保证充足的睡眠，规律科学作息

大学生思想活跃，是知识高密度的群体，应该加强对自我作息的管理，要合理安排自己的生活学习和休息玩耍的时间，避免狂睡或狂欢的情况，坚决杜绝通宵游玩和考试期间通宵学习的不良习惯，按时作息，保证每天得到充分的休息和充足的睡眠。

3. 适量体育锻炼，科学安排膳食

适量的体育锻炼可以增强大学生的体质，提高免疫力，促进消化和增强食欲，有助于缓解精神上的压力，还能辅助治疗某些精神疾病，提高抗疲劳能力，增强活力和情趣，使自己的内心愉悦。大学生要注意饮食卫生，每日三餐规律进食，合理搭配，少食辛辣上火的食物，不吃生冷腐败霉变的食品，避免暴饮暴食和过量饮酒，选择卫生安全的餐饮机构就餐。

4. 养成良好的生活卫生习惯

避免受凉，及时加减衣物，保持环境通风，勤洗衣物，上呼吸道感染流行时应戴口罩；加强口腔卫生管理，养成饭后漱口的习惯，每天按时正确刷牙，定期进行口腔检查；养成良好的饮食习惯，多吃蔬菜和水果，少吃油腻性食物；保持皮肤清洁，正确使用护肤品；养成良好的用眼习惯以及正确的坐姿，注意用眼卫生，学习或阅读时需每小时休息 5~10 分钟。

二、上呼吸道感染

上呼吸道感染简称“上感”，是包括鼻腔、咽或喉部急性炎症的总称。广义的上感不是一个疾病诊断，而是一组疾病，包括普通感冒、急性病毒性咽炎和喉炎、疱疹性咽峡炎、咽结膜热、细菌性咽扁桃体炎等。狭义的上感又称普通感冒，是最常见的急性呼吸道感染性疾病，多呈自限性，但发生率较高。成人每年发生2~4次，儿童发生率更高，每年6~8次。全年皆可发病，冬春季较多。

（一）病因

上感是人类最常见的传染病之一，多发于冬春季节，多为散发，且可在气候突变时小规模流行，主要通过患者喷嚏和含有病毒的飞沫空气传播，或经感染的手和用具接触传播。可引起上感的病原体大多为自然界中广泛存在的多种类型的病毒，健康人群也可携带，由于人体对其感染后产生的免疫力较弱且短暂，病毒间也无交叉免疫，故可反复发病。

概念提示：接触传播：指病原体通过直接接触传播或者间接接触传播的方式；直接接触传播：指在没有任何外界因素参与下，传染源与易感者直接接触而引起疾病传播的方式；间接接触传播：指间接接触了被污染的物品所造成的传播。

上呼吸道感染有70%~80%由病毒引起。包括鼻病毒、冠状病毒、腺病毒、流感和副流感病毒、呼吸道合胞病毒、埃可病毒、柯萨奇病毒等。另有20%~30%的上感由细菌引起。细菌感染可直接感染或继发于病毒感染之后，口腔定植菌溶血性链球菌为最常见，其次为流感嗜血杆菌、肺炎链球菌、葡萄球菌等，偶见革兰氏阴性杆菌。受凉、淋雨、气候突变、过度疲劳等可使原已存在于上呼吸道的或从外界侵入的病毒或细菌迅速繁殖，从而诱发上呼吸道感染。老幼体弱，免疫功能低下或患有慢性呼吸道疾病的患者易感。

（二）临床表现

根据病因和病变范围的不同，上呼吸道感染的临床表现有不同的类型。

1. 普通感冒

起病较急，潜伏期1~3天不等，因病毒而异，肠病毒潜伏期较短，腺病毒、呼吸道合胞病毒等潜伏期较长。主要表现为鼻部症状，如喷嚏、鼻塞、流清水样鼻涕，也可表现为咳嗽、咽干、咽痒或有灼热感，甚至有鼻后滴漏感。发病同时或数小时后可有喷嚏、鼻塞、流清水样鼻涕等症状。2~3天后鼻涕变稠，常伴咽痛、流泪、味觉减退、呼吸不畅、声嘶等。一般无发热及全身症状，或仅有低热、不适、轻度畏寒、头痛。体检可见鼻腔黏膜充血、水肿、有分泌物，咽部轻度充血，并发咽鼓管炎时可有听力减退等症状。脓性痰或严重的下呼吸道症状提示合并鼻病毒以外的病毒感染或继发细菌性感染。如无并发症，5~7天可痊愈。

概念提示：鼻后滴漏：是指鼻炎、鼻窦炎病人鼻腔炎性分泌物倒流，经后鼻孔流入鼻咽部、口咽部、下咽部，对咽部黏膜造成刺激，引发咽部不适，是引起慢性咳嗽的重要原因之一。

2. 流行性感冒

流行性感冒是由流感病毒引起的急性传染病。潜伏期1~2天，最短仅数小时，最长3天。起病急骤，以全身症状为主，呼吸道症状轻微。根据不同临床表现和病情严重程度又分为单纯型、肺炎型、肠道型和中毒型。

（1）单纯型：最为常见。先有畏寒、发热，继之全身酸痛不适，乏力、头昏、头痛。部分有喷嚏、鼻塞、咽痛和咳嗽等症状。

（2）肺炎型：常见于老年人、2岁以下儿童或有慢性基础疾病者。临床表现高热、烦躁、呼吸困难、咯血痰和明显发绀。体检口唇紫绀，肺部呼吸音减低，可闻及湿啰音哮鸣音。X射线胸片可见两肺广泛小结节性浸润，近肺门部较多。多数患者逐渐恢复，少数发展至呼吸或循环系统衰竭死亡。

概念提示：发绀：是指血液中去氧血红蛋白增多使皮肤和黏膜呈青紫色改变的一种表现，也称为紫绀。这种改变发生在皮肤较薄、色素较少和毛细血管较丰富的部位，如唇、指（趾）、甲床等。

（3）肠道型：以恶心、呕吐和腹泻等消化道症状为主。

（4）中毒型：少见。临床表现高热、神志昏迷、休克，弥漫性血管内凝（DIC），成人常有谵妄，儿童可发生抽搐。体检肺部体征不明显。部分患者出现循环衰竭，病死率高。

概念提示：休克：是机体遭受强烈的致病因素侵袭后，由于有效循环血量锐减，组织血流灌注广泛、持续、显著减少，致全身微循环功能不良，生命重要器官严重障碍的综合征候群。

概念提示:弥漫性血管内凝(DIC):不是一种独立的疾病,而是许多疾病在进展过程中产生凝血功能障碍的最终共同途径,是一种临床病理综合征。

概念提示:谵妄:又称为急性脑综合征。表现为意识障碍、行为无常、没有目的、注意力无法集中。是由多种原因导致的临床综合征。

3.急性病毒性咽炎或喉炎

(1)急性病毒性咽炎:多由鼻病毒、腺病毒、流感病毒、副流感病毒以及肠道病毒、呼吸道合胞病毒等引起。临床特征为咽部发痒或有灼热感,咳嗽少见,咽痛不明显。当吞咽疼痛时,常提示有链球菌感染。流感病毒和腺病毒感染时可有发热和乏力。腺病毒咽炎可伴有眼结膜炎。体检咽部明显充血水肿,颌下淋巴结肿大且触痛。

(2)急性病毒性喉炎:多由鼻病毒、甲型流感病毒、副流感病毒及腺病毒等引起。临床特征为声嘶、讲话困难、咳嗽时疼痛,常有发热、咽痛或咳嗽。体检可见喉部水肿、充血,局部淋巴结轻度肿大和触痛,可闻及喉部的喘鸣音。

4.疱疹性咽峡炎

主要由柯萨奇病毒A和新型肠道病毒71型引起的上呼吸道感染,表现为明显咽痛、发热,病程约1周,多于夏季发作,儿童多见,偶见于成年人。体检可见咽充血,软腭、悬雍垂、咽及扁桃体表面有灰白色疱疹及浅表溃疡,周围有红晕,以后形成疱疹。

5.咽结膜热

主要由腺病毒、柯萨奇病毒等引起。临床表现有发热、咽痛、畏光、流泪,体检可见咽及结合膜明显充血。病程4~6天,常发生于夏季,儿童多见,游泳者易于传播。

6.细菌性咽扁桃体炎

多由溶血性链球菌,其次为流感嗜血杆菌、肺炎球菌、葡萄球菌等引起。起病急、明显咽痛、畏寒、发热(体温可达39 ℃以上)。体检可见咽部明显充血,扁桃体肿大、充血,表面有黄色脓性分泌物,颌下淋巴结肿大、压痛,肺部无异常体征。

(三)预防与治疗

1.预防措施

(1)避免发病诱因:避免与感冒患者接触;避免受凉、淋雨;避免过度疲劳等。

(2)增强体质:坚持有规律地、适度地运动;坚持冷水浴面或面部按摩等。

（3）用增强机体抵抗力的药物：对于经常、反复发生上呼吸道感染的患者，可酌情应用卡介苗素或黄芪口服液，有适应证者可注射呼吸道多价菌苗。目前仅流感病毒有疫苗。

2. 健康宣教

（1）开展上呼吸道感染科普知识讲座，让大学生了解它是一种自限性疾病，懂得什么情况下应该去门诊就诊，不乱用药。

（2）患病期间保证充足的营养和水分摄入，多饮水。若有发热要密切观察体温变化，体温 38.5℃以上时应对症治疗。采用正确合理的降温措施，保证水分补充，及时更换汗湿衣服，保持口腔及皮肤清洁。

（3）体弱易感者避免用手接触口、眼、鼻，尽量少去公共场所。注意与感冒患者隔离，防止交叉感染。

（4）注意气候变化，适时增减衣物，避免受凉。保持室内空气流通，勤晒被褥。

（5）加强体育运动及锻炼，多进行户外活动。

3. 治疗措施

（1）休息：病情较重或体弱者应卧床休息，忌烟酒、多饮水，室内保持空气流通。

（2）解热镇痛：如有发热、头痛、肌肉酸痛等症状者，可选用解热镇痛药，如复方阿司匹林、对乙酰氨基酚、吲哚美辛（消炎痛）、去痛片、布洛芬等。咽痛可用各种喉片如溶菌酶片、咽喉片，或中药六神丸等。

（3）减充血剂：鼻塞、鼻黏膜充血水肿时，可用盐酸伪麻黄碱，也可用1%麻黄碱滴鼻。

（4）抗组胺药：感冒时常有鼻黏膜敏感性增高，频繁打喷嚏、流鼻涕，可选用马来酸氯苯那敏或苯海拉明等抗组胺药。

（5）镇咳剂：对于咳嗽症状较明显者，可给予右美沙芬、喷托维林等镇咳药。

（6）抗菌药物：单纯病毒感染无须使用抗菌药物，有白细胞计数升高、咽部脓苔、咳黄痰等细菌感染证据时，可酌情使用青霉素、第一代头孢菌素、大环内酯类或喹诺酮类。极少需要根据病原菌选用敏感的抗菌药物。

（7）抗病毒药物：目前尚无特效抗病毒药物，而且滥用抗病毒药物可造成流感病毒耐药现象。因此如无发热，免疫功能正常，发病超过两天的患者一般无须用药。免疫缺陷患者可早期常规使用。广谱抗病毒药物利巴韦林和奥司他韦对流感病毒、副流感病毒和呼吸道合胞病毒等有较强的抑制作用，可缩短病程。

（8）中医中药：具有清热解毒和抗病毒作用的中药亦可选用，有助于改善症状，缩短病程。小柴胡冲剂、板蓝根冲剂应用较为广泛。

三、急性胃肠炎

急性胃肠炎是胃肠黏膜的急性炎症，临床表现主要为恶心、呕吐、腹痛、腹泻、发热等。本病常见于夏秋季，其发生多由于饮食不当，暴饮暴食；或食入生冷腐馊、秽浊不洁的食品。

（一）病因

（1）食入微生物感染和细菌毒素污染食物：包括沙门氏菌和金黄色葡萄球菌毒素，以及流感病毒和肠道病毒的感染。与食物中毒相类似。

（2）物理因素：进食生冷、粗糙、过热等刺激性强的食物，可使胃黏膜划破、损伤。

（3）化学因素：一些药物比如阿司匹林等非甾体类消炎药，酒精、咖啡、浓茶等，刺激胃黏膜而使其损伤，发生糜烂，有点状出血。

（4）精神、神经因素：神经功能失调，各种急重症的危急状态，以及机体的变态（过敏）反应均可引起胃黏膜的急性炎症损害。

（5）全身性疾病：比如神经系统疾病、心脑血管疾病等，机体受基础疾病影响，体质下降，胃肠道功能衰退而造成急性胃肠炎。

（二）临床表现

（1）腹痛，正中偏左或脐周压痛，呈阵发性加重或持续性钝痛，伴腹部饱胀、不适。少数病人出现剧痛。

（2）恶心、呕吐，呕吐物为未消化的食物，吐后不适感减轻，部分患者直至呕吐出黄色胆汁或胃酸。

（3）腹泻，伴发肠炎者出现腹泻，随胃部症状好转而停止，可为稀便和水样便。轻型腹泻一般状况良好，每天大便在10次以下。较重的腹泻，每天可至数十次。

（4）脱水，由反复呕吐和腹泻失水过多引起，皮肤弹性差，眼球下陷，口渴，尿少等症状，严重者血压下降，四肢发凉。

（5）呕血与便血，少数病人呕吐物中带血丝或呈咖啡色，大便发黑或大便隐血试验阳性，说明胃黏膜有出血情况。

（三）预防与治疗

1.预防措施

（1）严把食物卫生关是预防此病的关键。搞好饮食、饮水卫生和粪便管理，大力消灭苍蝇，是预防该病的根本措施。冰箱内的食品要生熟分开，进食前要重新烧熟烧透。

（2）饭前便后要洗手，蔬菜瓜果生吃前要消毒，外出度假要选择干净卫生的饭店等都是应注意的有效预防措施。

（3）节制饮酒，勿暴饮暴食，慎用或不用易损伤胃黏膜的药物。

2.治疗措施

（1）一般治疗措施：①去除病因，卧床休息，停止进食一切对胃有刺激的食物和药物，给予易消化的清淡的少渣的流质饮食，利于胃的休息和损伤的愈合。②鼓励饮水，由于呕吐腹泻失水过多，患者应在尽可能情况下多饮水，补充丢失的水分。病情轻者口服葡萄糖-电解质液以补充体液的丢失。如果持续呕吐或明显脱水，则需静脉补充5%~10%葡萄糖盐水及其他相关电解质。

（2）对症治疗：在医生指导下进行药物治疗。

四、痤疮

痤疮也称为青春痘、暗疮等，是一种累及毛囊皮脂腺的慢性炎症性皮肤病，好发于皮脂溢出部位，如面部、前胸、后背。痤疮是一种常见的皮肤病，一般多见于青少年，痤疮没有年龄限制。

（一）病因

痤疮的发生主要与皮脂分泌过多、毛囊皮脂腺导管过度角化、痤疮丙酸杆菌感染和雄激素等因素密切相关。进入青春期后人体内雄激素特别是睾酮的水平迅速升高，促进皮脂腺发育并产生大量皮脂，皮脂排出增多，为毛囊内的正常寄生菌痤疮丙酸杆菌提供了生长物质基础；过度繁殖的痤疮丙酸杆菌可刺激皮肤局部免疫反应，产生炎性皮损（如丘疹、脓疱等），同时痤疮丙酸杆菌的代谢产物可刺激毛囊皮脂腺导管上皮增生及角化过度，使皮脂分泌受阻、排泄不畅而产生粉刺。除此之外，痤疮还与其他因素有关。

（1）遗传：痤疮存在一定的遗传性，如果父母双方为油性或者混合性皮肤，曾患过痤疮，那子女患痤疮的概率也会增加。

(2)饮食不当:最新的研究资料提示,高血糖指数食物(即能使血糖快速升高的食物)与痤疮的发生有一定的关系,如甜点、淀粉类食物。除此之外,痤疮与乳品摄入量呈正相关,且与脱脂牛奶的相关性最强。

(3)内分泌:生活不规律,熬夜,精神过于紧张或焦虑,会造成内分泌紊乱,刺激油脂的分泌。

(4)使用不当的护肤品:较为油性的护肤品,或使用粉质彩妆后未清洁彻底,可能造成毛囊堵塞,皮脂排泄不畅。

(二)临床表现

任何年龄段的人都可发生痤疮,其中15~30岁的青年男女是好发人群。常见部位是面部(T区、额部、面颊)、前胸、后背。非炎性皮损主要是黑头粉刺(开放性粉刺,内含脂栓,由皮脂氧化所致)、白头(闭合性粉刺,可挑挤出白色豆渣样物质)。炎性皮损初期为与毛囊一致的圆锥形丘疹,病情稍重时形成炎性丘疹,顶端可有小脓疱;炎症继续发展,可形成大小不等的暗红色结节或囊肿,后者挤压时有波动感,经久不愈可形成脓肿,破溃后可形成瘢痕。

皮损常呈对称性分布,常伴有皮脂溢出。常常以一两种皮损为主。一般无自觉症状,炎症明显时可有疼痛。痤疮的病程呈慢性,时轻时重,多数患者至青春期后逐渐缓解,少数至中年期。

(三)预防与治疗

1.预防措施

从某种意义上来说,痤疮的预防尤为重要,注意以下几点可有效防治和减少痤疮的发生。

(1)保持心态平衡:痤疮既是病态也是一种生理现象,青春期在面部长几个痘痘,不必过于担心,要乐观自信,坚持积极、合理地治疗。如过于焦虑、烦躁不安,反而会加重其发生。

(2)保持面部清洁:经常洗手,防止常常用手摸脸和以手托腮的不良习惯。切忌过度清洁面部,很多患有痤疮的朋友常采用祛痘控油的洗面奶,一天洗几遍脸。实际上过度清洁会损伤皮肤表面的皮脂膜,反馈性地刺激皮脂分泌,不利于痤疮恢复。因此,洗脸次数每天1~2次即可,若使用控油功能的洗面奶,还应注意补水保湿。

(3)饮食:痤疮的发生与饮食有一定的关系,总的来说饮食要注意"四少一多",即少吃辛辣食物,少吃油腻食物,少吃甜食,少吃乳制品,多吃蔬菜、水果及豆制品。

(4)不要用手指挤压:面部血管丰富,面部的血液可以直达脑内并最终回流至心脏。用手挤压痤疮,有可能使细菌通过伤口进入血液,再通过血液循环进入身体各部位,从而引发如脑膜炎、静脉炎等严重并发症,治疗不及时可危及生命。面部从双侧内眼角至嘴唇周围医学上称为"危险三角区",不可随意挤压,以防止发生不良后果。

(5)保持良好的生活习惯:最好不吸烟,不喝酒、浓茶、含糖饮料等。保持充足的睡眠,每日应保证至少7小时睡眠,睡眠最佳时期是晚10时到凌晨5时,尽量避免熬夜。保持大便通畅。

2.治疗措施

痤疮的治疗要合理用药,用药原则为去脂、溶解角质、杀菌、消炎及调节激素水平。具体用药需在医生指导下进行。

五、颈椎病

在颈肩疼痛疾病中,颈椎病是最常见病之一,随着现代生活方式的变化,长期低头族增多,并且发病年龄越来越年轻化,其发病率为3.8%~17.6%,严重影响患者的身心健康和生活质量。颈椎病是因颈椎间盘退行性改变,伴有劳损或外伤,导致颈部软组织和椎体动、静力平衡失调,产生椎间盘突出(或膨出)、韧带钙化、骨质增生,从而刺激或压迫颈部神经根、脊髓、血管而出现一系列症状和体征的综合征。

根据压迫或者刺激不同的结构或组织,颈椎病可分为神经根型颈椎病、脊髓型颈椎病、椎动脉型颈椎病、交感型颈椎病、特殊类型颈椎病(食管型颈椎病、颈型颈椎病、混合型颈椎病)等。

(一)病因

颈椎病的病因和发病机制目前没有统一定论,主要发病机制包括机械压迫学说、多因素导致的颈椎退行性变及其继发改变是颈椎病的发病基础。在整个脊柱系统中,由于颈椎的解剖结构及其所承载的功能,所以颈椎相较胸椎、腰椎,其运动度最大,导致颈椎最容易退变,尤其是长期从事屈颈伏案姿势工作、颈椎外伤、发育性颈椎管狭窄者,更容易退变。

(1)退行性改变。颈椎的基本功能单位由相邻的椎体及椎间盘、双侧的关节突关节、钩椎关节组成,并辅以椎体及其附属的韧带、肌肉、软组织共同配合,行使颈椎的功能。

椎间盘的髓核含水80%，纤维环含水65%，随着年龄的增大，椎间盘含水量逐渐减少，其弹性和韧性逐渐降低，椎间盘破裂，失去了支撑作用，致使椎间盘突出和椎间隙狭窄。由于椎间盘的退变，导致椎体间节段不稳后椎体后缘骨赘形成。椎间盘形态和功能的变化，促使颈椎应力发生重新分布，关节突关节继发性改变，关节间隙变窄和关节增生，导致椎间孔变窄。颈椎椎体间失稳，黄韧带代偿性增生产生压迫。由于颈部生物力学改变还可刺激钩椎关节过度增生。前纵韧带和后纵韧带在外伤或劳损后可反应性增生和肥大，甚至钙化和骨化。颈部肌肉的劳损和痉挛可影响颈椎屈曲度。

(2)慢性劳损。包括睡眠姿势不良，如枕头过高，长时间低头玩手机、打麻将、看电视，从事计算机、显微镜、雕刻、刺绣等需要长时间低头工作的人员，在屈颈状态下椎间盘的压力大大高于正常体位易加速颈椎间盘的退变和颈部软组织的劳损。

(3)创伤。颈椎椎体压缩性骨折造成颈椎生理前凸消失或弧度减小，受损节段椎间盘受力加大，加速颈椎退变，暴力导致颈椎间盘突出表现为程度不同的神经损害症状及颈部疼痛。临床上许多颈椎病患者早期曾有颈部外伤史。

(4)发育性颈椎管狭窄，颈椎管狭窄者在遭受外伤后容易损伤脊髓，甚至轻微的外伤也易于发病。

(二)临床表现

各种不同类型的颈椎病早期都主要以局部症状为主，神经根型主要表现为颈痛、上肢放射性疼痛或麻木、相应肌力下降，臂丛牵拉试验阳性等；脊髓型主要表现为上肢精细动作变笨拙、下肢有踩棉花感，躯干部感觉异常(束带感、蚁行感等)、大小便改变、肌张力增高、腱反射亢进、病理征阳性等；交感型主要表现为头晕、头痛、视物不清、耳鸣、消化不良、心悸、多汗等；椎动脉型主要表现为眩晕、猝倒等；食管型还可出现吞咽困难等；颈型主要表现为颈椎局部的疼痛、肌肉僵硬等。

(三)预防与治疗

1.预防措施

颈椎病大多数的治疗效果满意。在症状缓解后，应注意适当防护，避免症状复发。因此应注意颈部的保暖，避免颈部受凉。避免颈部外伤，注意休息，避免长时间伏案工作，长时间低头玩手机等，避免长时间让颈椎处于屈曲位、仰伸位、扭转位。保持良好的睡眠习惯及睡眠姿势，选择高度适宜的枕头，枕头应中间低、两端高为佳，不能过高过低，以仰卧及侧卧时能基本保持颈部的生理曲度为宜。注意颈背部肌肉的等长收缩锻炼，有助于增强颈椎的稳定性。

2.治疗措施

颈椎病是逐渐发展的生理性或病理性的退变性疾病，目前尚缺乏有效的治疗方式使颈椎及其椎间盘、附件、韧带的退变逆转。因此，颈椎病治疗的目的是减缓其退变及阻止其因此继发的炎症水肿反应所导致的临床症状。颈椎病的治疗原则是采用经济、可靠的方法，在较短时间内有效缓解患者的痛苦、改善其功能。颈椎病的治疗可分为保守治疗、微创治疗和手术治疗。不同的临床类型、严重程度，要选择最合适的方式，以期达到更好的治疗效果，减少不良反应。

（1）健康宣教、康复与功能锻炼。颈椎病属于慢性退行性疾病，其起病缓慢，病程进展可急可缓，因此，要让患者对颈椎病有一定的清楚认识，知道其是可以控制的疾病，患者必须具有良好的医从性，坚持颈部功能锻炼及康复理疗计划，这是治疗颈椎病提高其治疗效果、防止病情复发的基础。

（2）保守治疗。保守治疗对于大多数的神经根型和交感型颈椎病、早期的脊髓型颈椎病有较好的疗效，也适用于手术后的患者。保守治疗可贯穿颈椎病的整个治疗过程。①休息、颈部制动。这种治疗是颈椎病各种治疗措施的基础，可以使颈部的肌肉得到放松，缓解肌肉痉挛引起的疼痛。②物理治疗。利用声、光、电、热、电磁等，改善局部血液循环、缓解肌肉痉挛、减轻炎症反应。包括局部的冷、热敷，红外线，高频电疗法。③颈椎牵引。通过牵引缓解受压的神经根、脊髓，恢复颈椎间盘的高度等，以利于水肿消除、缓解肌肉痉挛。④中医疗法。采取中医疗法通经活络、松解软组织及痉挛的肌肉，如推拿按摩、中药熏药、中药封包等。⑤药物治疗。具体用药需在医生指导下进行。

（3）微创治疗。随着影像技术的进步及微创外科的发展，微创治疗避免了传统开放手术的创伤大、出血多、切口感染等并发症的缺陷，得到了大众的认可。包括经皮穿刺颈椎间盘切除术、椎间孔镜下椎间盘摘除术等。

（4）手术治疗。手术治疗是颈椎病的终极治疗方式，可在直视下切除突出的椎间盘或增生的骨赘，解除对脊髓、神经根、椎动脉的压迫，重建颈椎的稳定性，以阻止病情的进展。包括经前路椎间盘切除、椎体间植骨融合术，经前路椎体次全切、椎间盘切除植骨融合术，经后路椎板切除减压术，后路单开门或双开门椎板成形术。

第二节 慢性病的防治

【本节导言】

慢性呼吸疾病、心脑血管疾病、恶性肿瘤、糖尿病与代谢性疾病被世界卫生组织列为全球四大慢性病。慢性病的病因未完全明确，是机体内因在外部因素作用下产生的。作为大学生，如能了解常见慢性病的防治措施，有助于我们建立良好的生活习惯。

【核心概念】

慢性病　心脑血管疾病　糖尿病　慢性呼吸系统疾病　恶性肿瘤

【学前思考】

- 你所知的慢性病有哪些？
- 慢性病的防治措施有哪些？
- 大学生怎么样预防慢性病？

一、慢性病概述

（一）慢性病的定义

慢性病的全称是慢性非传染性疾病，不是特指某种疾病，而是对一类起病隐匿，病程长且病情迁延不愈，缺乏确切的传染性生物病因证据，病因复杂，且有些尚未完全被确认的疾病的概括性总称。世界卫生组织将慢性呼吸疾病、心脑血管疾病、恶性肿瘤、糖尿病与代谢性疾病列为全球四大慢性病，其中心脑血管疾病包含高血压、脑卒中和冠心病。

（二）慢性病的危害

慢性病的危害主要是造成脑、心、肾等重要脏器的损害，易造成伤残，影响劳动能力和生活质量，且医疗费用高，增加了社会和家庭的经济负担。

慢性病综合防控工作力度虽然逐步加大，但防控形势依然严峻，心脑血管病、恶性肿瘤等慢性病已成为主要死因，慢性病导致的死亡人数已占到全国总死亡人数的86.6%，此前为85%，而导致的疾病负担占总疾病负担的近70%。

（三）我国居民慢性病情况

中国心血管病现患病人数约3.3亿，其中脑卒中1300万、冠心病1139万。高血压患病人数约2.45亿，患病率为总体患病率的23.2%~33.6%。我国成年人糖尿病的患病率为12.8%，预计到2045年世界范围内糖尿病的患病人数将达到7亿。近年来，我国居民因慢性病死亡的比例在持续增加，2019年我国因慢性病导致的死亡占总死亡的88.5%，其中心脑血管病、癌症、慢性呼吸系统疾病死亡比例为80.7%；我国居民因心脑血管疾病、癌症、慢性呼吸系统疾病和糖尿病等四类重大慢性病导致的过早死亡率为16.5%。但是，我国癌症5年生存率在近十年已经从30.9%上升到40.5%。

（四）慢性病发生的原因

世界卫生组织调查显示，慢性病的发病原因60%取决于个人的生活方式，同时还与遗传、医疗条件、社会条件和气候等因素有关。在生活方式中，膳食不合理、身体活动不足、吸烟、过量饮酒是导致慢性病的四大危险因素。其中，我国吸烟人数超过3亿，2018年中国15岁以上人群吸烟率为26.6%，其中男性吸烟率为50.5%。我国每年有100多万人因烟草失去生命，如果不采取有效行动，预计到2030年将增至每年200万人，到2050年增至每年300万人。

（五）慢性病的预防

体能消耗过少，包括体育锻炼过少和日常活动的减少是慢性病发生的首要因素。因此，每周至少要锻炼3次，且每次半小时以上。最佳的锻炼时间是下午4:00~5:00，其次为晚间饭后2~3小时。锻炼的方式以有氧运动为主，包括快走、慢跑、游泳等耐力型运动和器械、哑铃、拉力器等力量型运动。耐力型和力量型运动要结合，即便是65岁以上老年人每周也应该进行2至3次8~10分钟的力量型锻炼。

除此之外，还应该保持合理膳食、适量运动、戒烟限酒、心理平衡。合理膳食指荤素搭配、蔬菜水果兼顾。

二、常见慢性病

(一)高血压

高血压为较常见的心脑血管疾病。如今心脑血管疾病已成为现代人类的首要死因。目前我国几乎每个家庭中都有这样的疾病患者,而这些慢性病需要长期管理,仅仅是医院内的管理(包括门诊、住院)是远远不够的,还必须有家庭内的管理(包括心理支持、监督服药、生活方式改善、随访等等)。作为新时代的大学生,应积极参与其中,主动承担家庭健康管理的重任,为家人健康保驾护航,为我国公共卫生事业贡献绵薄之力。

1.高血压定义

高血压是指成人(≥18岁)在安静状态下,非同日三次监测血压,动脉收缩压≥140 mmHg和(或)舒张压≥90 mmHg(表8-1)。

表8-1 血压分类及定义

类别	收缩压(mmHg)	舒张压(mmHg)
正常血压	<120	<80
正常高值	120~139	80~89
高血压		
1级(轻度)	140~159	90~99
2级(中度)	160~179	100~109
3级(重度)	≥180	≥110
单纯收缩期高血压	≥140	<90

2.高血压病的病因

40%为遗传,有明显家族聚集性;60%为环境即饮食、精神应激(脑力劳动者,从事精神紧张度高的职业者,长期生活在噪声环境中的人更易罹患高血压病)和其他因素如超重或肥胖是血压升高的重要危险因素;长期服用避孕药、激素或甘草类药物也是导致高血压的重要因素。

3.高血压的治疗

高血压降压目标:普通高血压患者的血压降至140/90 mmHg以下,大于等于65岁老年人的收缩压降至150 mmHg以下,若能耐受可降至140/90 mmHg以下。有糖尿病或肾病的高血压患者的血压降至130/80 mmHg以下。治疗时,主要从生活方式和药物治疗进行干预。

（1）生活方式干预：限盐6 g/日，合理饮食、生活规律、控制体重、适当运动。

（2）药物治疗：个体化，小剂量，缓慢降压，使用长效制剂，不宜过快调整。

4.高血压的预防

（1）合理膳食、戒烟限酒：日常要以低钠盐和低盐饮食为主，降低脂肪和食盐摄入量，增加膳食纤维的摄入，多吃水果和蔬菜。

（2）适当锻炼，避免超重和肥胖。

（3）提高情绪管理能力，避免情绪波动过大，能正面面对任何事件。

（4）定期监测血压。

（二）糖尿病

1.糖尿病的定义

糖尿病是一组以慢性血糖增高为特征的代谢性疾病，由胰岛素分泌作用缺陷所引起。临床上，糖尿病的典型病例表现为多饮、多尿、多食、体重减轻。由于生活方式的不合理，碳水化合物以及脂肪、蛋白质代谢紊乱导致多器官系统损害，包括心、脑、肾、眼、神经、血管组织慢性功能损害甚至器官组织衰竭，应提高警惕性。糖尿病分为1型和2型糖尿病。1型糖尿病：一般从幼年就可发现，是因自身分泌胰岛素绝对不足而引起。2型糖尿病：就是目前常说的糖尿病，主要为成人发病，由于生活方式的不合理造成胰岛素功能降低而诱发糖尿病。现少儿发病逐渐增多。

2.糖尿病的病因

糖尿病分为1型糖尿病和2型糖尿病。1型糖尿病多见于青少年，主要是胰岛细胞的损害，导致胰岛功能丧失，无法合成和分泌胰岛素导致的糖尿病，它的主要病因是基因遗传、自身免疫疾病。2型糖尿病，多见于成年人，多由于生活方式不合理所致。所致关键是碳水化合物（主食）、脂肪、酒、甜食等总体摄入热量过多。运动量少、消耗少，造成体内热量过剩。有糖尿病家族史、高甘油三酯、高血压、肥胖、脂肪肝、中老年人等均为糖尿病高发人群，要特别注意监测血糖。

3.糖尿病的治疗

一旦确诊为糖尿病后，应在严格监测血糖的基础上开展治疗。血糖的监测时间包括：餐前血糖，主要适用于注射基础、餐时或预混胰岛素的患者。当血糖水平很高时，应首先关注空腹血糖。餐后2小时血糖：指从吃第一口饭算起的餐后2小时血糖水平，适用于注射胰岛素患者和采用饮食运动来控制血糖的患者。睡前血糖：主要适用于注射胰岛素的患者，特别是晚餐前注射胰岛素的患者。夜间血糖：用于了解有无发生夜间低血糖。

特殊情况：出现了低血糖症状或怀疑低血糖时应及时监测血糖。

（1）医学营养治疗：①控制摄入食物的总热量，合理饮食。②均衡营养，合理控制碳水化合物、脂肪、蛋白质的比例。③称重饮食，定时定量进餐。④少量多餐，有利控制血糖。⑤高纤维饮食，不仅有利于控制血糖，还能减肥通便。⑥饮食清淡，低脂少油，少糖少盐。⑦适量饮酒，坚决戒烟。

（2）运动治疗：适当的运动有利于控制血糖，降低胰岛素抵抗，改善血脂水平，减轻体重，改善心血管功能，增进适应性劳动能力，提高生活质量和健康度。运动分为有氧运动和无氧运动。在运动时多采用有氧运动。有氧运动是一种有节奏的连续性的运动，可消耗葡萄糖，使心肺活动增强。

（3）药物治疗：由医生根据患者的血糖水平和身体状况，决定采用口服药物或胰岛素治疗。糖尿病患者定期监测血糖可以更好地掌控自身血糖的变化，对日常生活、运动、饮食以及合理用药都具有重要的指导意义；也可以随时发现问题，及时到医院就医。使用便携式血糖仪进行自我血糖监测是最基本的血糖监测方法，但其所测得的结果不能作为诊断糖尿病的依据。2013版《中国2型糖尿病防治指南》中提出，大部分人群手指血糖的达标值是空腹血糖4.4~7.0 mmol/L，对于儿童、孕妇、伴有严重合并症或并发症、严重低血糖、糖尿病病程长等特殊人群，血糖控制目标应该个体化。由于血糖受到多种因素影响时有波动，因此在一定血糖监测频率下，50%的血糖值在达标范围内就可以了。

4.糖尿疾病的预防

（1）合理膳食：控制主食、脂肪（植物油）、甜食、干果的摄入量，适量饮酒。

（2）适当运动：150分钟/每周中等强度的运动，如每天快走、慢跑、游泳、打乒乓球等。

（3）保持正常体重。

（4）消除腹部肥胖。

（5）严格控制血脂、血压水平。

（6）定期监测空腹血糖、糖化血红蛋白或餐后血糖。

5.防控低血糖

当血糖过低时称为低血糖，一般血糖低于2.8 mmol/L为低血糖。糖尿病患者血糖低于或等于3.9 mmol/L属于低血糖。产生低血糖往往是由于血糖控制与升血糖之间的平衡被打破，摄入食物过少，胰岛素过多等都可以导致低血糖现象出现。低血糖患者应该及时补充葡萄糖，缓解低血糖症状。

（三）慢性呼吸系统疾病

1. 慢性呼吸系统疾病的定义

慢性呼吸系统疾病目前已成为我国第三位慢性病死因。我们将发生在呼吸系统的，长期持续或反复发作达3年以上的疾病统称为慢性呼吸系统疾病，主要包括慢性阻塞性肺疾病、支气管哮喘、支气管扩张、弥漫性肺间质纤维化、睡眠呼吸障碍，以及以慢性纤维空洞型肺结核为主要表现的肺结核，其中以慢性阻塞性肺疾病、支气管哮喘和阻塞性睡眠呼吸暂停低通气综合征最为常见。

> 概念提示：慢性呼吸系统疾病指发生在呼吸系统的，长期持续或反复发作达3年以上的疾病。

（1）慢性阻塞性肺疾病是指气道慢性炎症引起小气道狭窄和肺实质破坏，这些改变导致了肺泡附着物缺失和肺弹性回缩减弱，进而使得呼气时气道保持开放的能力消失，表现为持续的呼吸道症状和气流受限。患者常伴有持续的咳嗽、咳痰及呼吸困难。

（2）支气管哮喘常以慢性气道炎症为特征，包含随时间不断变化和加剧的呼吸道症状如喘息、气短、胸闷和咳嗽，同时具有可变性的呼气气流受限。慢性阻塞性肺疾病和支气管哮喘均为异质性疾病。异质性疾病一般是指病因不是很清楚，并且在现有的研究结果中，未发现一个很统一的病因与机制，每个人的发病机理都存在一定的差异，不同的患者也具有不同的临床特征。

（3）阻塞性睡眠呼吸暂停低通气综合征也是一种病因不明的睡眠呼吸疾病，因为上气道的狭窄和阻塞，并伴有呼吸中枢神经调节因素障碍而表现有夜间睡眠打鼾伴呼吸暂停和日间嗜睡。

> 概念提示：慢性阻塞性肺疾病和支气管哮喘都是慢性呼吸系统疾病，都有气道的炎症，都有呼吸困难的临床表现，而差别之一在于呼气气流受限是否可逆。

2. 慢性呼吸系统疾病的病因

慢性呼吸系统疾病的主要病因为空气污染、城镇化分区、吸烟、饮酒、体育锻炼不足、人口老龄化以及气候条件、幼年的呼吸道感染病史等。慢性呼吸系统疾病大都是由遗传因素、先天易感因素在后天外部因素影响下产生的。外部因素主要指不良的生活方式，包括活动减少、不良的饮食习惯、吸烟、空气污染等。

3. 慢性呼吸系统疾病的治疗

（1）慢性阻塞性肺疾病的治疗方法：《慢性阻塞性肺疾病全球倡议》是对慢性阻塞性肺疾病规范防控的全球纲领性文件，对于慢性阻塞性肺疾病的诊断、治疗和预防的策略做出个体化指导。早期诊断、早期干预是防治慢性阻塞性肺疾病有效的手段。临床上根据患者肺功能及临床症状和急性加重频率，综合评估病情，制定合理的治疗方案。呼吸道症状若急性加重，变化程度超过日常变异即为慢性阻塞性肺疾病急性加重期，需改变药物治疗方案。

（2）支气管哮喘的治疗方法：支气管哮喘的防治有规范的治疗指南，2022版《全球哮喘管理和预防策略》，也有《中国支气管哮喘防治指南》基层版，指南对哮喘的定义、评估、初步诊断、鉴别诊断及治疗、预防与健康管理做了详细的阐述。治疗支气管哮喘的药物分为缓解药物和控制药物，后者可能需要长期服用从而预防哮喘的发作。对于哮喘的长期治疗目标是达到并维持症状控制，维持正常活动水平，尽可能维持肺功能接近正常，防止哮喘急性发作及药物治疗的不良反应，避免因哮喘的死亡。

（3）阻塞性睡眠呼吸暂停低通气综合征的治疗方法：持续正压通气是阻塞性睡眠呼吸暂停低通气综合征首选和初始治疗手段，下颌后缩的轻度患者可在医师指导下佩戴口腔矫正器。目前没有疗效确切的治疗药物。对于存在气道解剖异常，上气道阻塞的阻塞性睡眠呼吸暂停低通气综合征患者在严格控制手术指针的情况下有可能通过外科手术解除上气道阻塞。

4. 慢性呼吸系统疾病的预防

（1）养成良好的生活习惯：戒烟、戒酒；加强锻炼，避免超重或肥胖。

（2）减少在空气污染较重的天气外出，或者佩戴具有防雾霾功能的口罩。

（3）选择绿色出行，减少环境污染。

（4）如果出现咳嗽、呼吸困难、胸闷、睡眠打鼾日间嗜睡的症状，要及时就医。

（5）预防哮喘除了药物控制，也包括避免接触危险因素如过敏原、烟草烟雾、病毒感染及污染物等。

（四）恶性肿瘤

1. 恶性肿瘤的定义

肿瘤是机体细胞在各种始动及促进因素作用下产生的增生与异常分化所形成的新生物。根据肿瘤的生物学行为，分为良性肿瘤和恶性肿瘤，以及介于良、恶性之间的交界性肿瘤。恶性肿瘤的生物学特性包括细胞分化和增殖异常，生长不受正常机体调节，浸润周围正常组织并发生转移等后果。

> 概念提示：肿瘤是机体细胞在各种始动及促进因素作用下产生的增生与异常分化所形成的新生物。

医学上将来源于上皮组织的恶性肿瘤称为“癌”，例如肺癌、胃癌、乳腺癌等；将来源于间叶组织的恶性肿瘤称为“肉瘤”，例如脂肪肉瘤，骨肉瘤等；将胚胎性肿瘤称为“母细胞瘤”，如神经母细胞瘤、视网膜母细胞瘤等。也有如恶性黑色素瘤、白血病等沿用传统名称“瘤”或“病”的，其本质也是恶性肿瘤。生活中人们常说的“癌症”习惯上代表的就是恶性肿瘤。

概念提示：恶性肿瘤的生物学特性包括细胞分化和增殖异常，生长不受正常机体调节，浸润周围正常组织并发生转移等后果。

2. 恶性肿瘤的病因

恶性肿瘤的病因目前尚未完全了解。作用于机体细胞的始动因素和促进因素为外因，而机体细胞基因突变，包括抑癌基因的失活、原癌基因的激活等为内因，最终引起细胞的分化增殖异常，不受机体正常调控，进而导致肿瘤的发生。根据流行病学调查研究及临床观察，发现环境与行为对人类恶性肿瘤的发生有重要影响（图 8-2）。外部因素包括化学因素、物理因素及生物因素；内部因素包括遗传因素、内分泌因素以及免疫因素（图 8-3）。目前的相关研究发现，性格也是影响恶性肿瘤发生、发展的重要因素。具有经常抑制自己情绪的性格特征的人更容易罹患恶性肿瘤，这种性格称为“癌症性格”，即负性情绪的表达异常和调节异常，可参考第五章“情绪与健康”。

概念提示：恶性肿瘤的发生是机体内部因素与外部因素共同作用下，细胞的基因发生改变并积累而逐渐形成的多基因参与、多步骤发生的复杂过程。

表8-2　环境、行为因素与相关恶性肿瘤的发生部位

因　素		相关恶性肿瘤发生部位
职业因素	接触石棉、沥青	肺、皮肤
	接触煤烟	阴囊、皮肤
生物因素	病毒、细菌	肝、胃、子宫颈、鼻咽
生活因素	烟草	肺、胰腺、膀胱、肾
	饮食　硝酸盐、亚硝酸盐、低维生素C、真菌霉素 高脂、低纤维、煎或烤焙食物	胃、肝、大肠、胰腺、乳腺、前列腺、卵巢、子宫内膜
多种因素	烟与酒	口腔、食道
	烟与石棉	肺、呼吸道
	酒与病毒	肝
医源性因素	放射线、药物	皮肤、造血系统

表8-3　内部因素与相关恶性肿瘤

内部因素		相关恶性肿瘤
遗传因素	遗传易感性	结肠息肉病、乳癌、胃癌
	特定基因突变(BRCA1、APC)	乳腺癌、肠道息肉病
内分泌因素	雌激素 催乳素 生长激素	乳癌、子宫内膜癌 刺激癌发展
免疫因素	先天免疫缺陷 获得性免疫缺陷 长期使用免疫抑制剂	造血系统肿瘤 多种恶性肿瘤
性格因素	C型性格(癌症性格)	食管癌、乳腺癌

3.恶性肿瘤的治疗

在确诊为恶性肿瘤以后，采取何种治疗手段是和肿瘤的性质、病期、病人全身状态相关的。国际抗癌协会提出的TNM分期法是目前被广泛采用的分期法。其中T指原发肿瘤(Tumor)、N为淋巴结(Lymph node)、M为远期转移(Metastasis)。在TNM后面分别标以数字表示肿瘤的发展程度。T后标以0—4，表示局部浸润深度；N后标以0—3，表示淋巴结转移程度；M后标以0—1，其中M0代表无远处转移。M1代表有远处转移。根据此三项决定肿瘤的分期。

恶性肿瘤传统治疗手段主要有外科治疗、化学治疗及放射治疗。目前肿瘤靶向治疗及免疫治疗进展迅速，中医药治疗在恶性肿瘤的应用也日益增多，并且是目前恶性肿瘤研究领域的重点和热点。恶性肿瘤具体方案的制定应经多科医师参与讨论，因为恶性肿瘤除了肿瘤发生部位的局部损害，更会产生全身的损害症状，如“恶病质”。肿瘤外科、内科、放射科、影像科、病理科等组成的肿瘤治疗中心也是目前越来越多医院采用的多学科协作诊疗模式，真正做到以病人为中心。很多恶性肿瘤都有其规范的治疗指南，这些指南指导医生给病人制定个体化治疗方案，并且可以根据治疗效果的反馈定时修订指南内容。

4.恶性肿瘤的预防

恶性肿瘤是多种因素相互作用而引起的，目前尚无完全有效的单一预防措施。国际抗癌联盟认为1/3的恶性肿瘤可以预防，1/3的恶性肿瘤如果早期诊断早期治疗具有临床治愈的希望，另外1/3的恶性肿瘤如果早期诊断早期治疗可以减轻痛苦、延长生存时间，并据此提出了恶性肿瘤的三级预防概念。恶性肿瘤早期多无明显的症状，或是症状无特征性。此时如果患者未引起重视，未就医诊治，可能失去最佳治疗时机。所以定期体检，身体出现不适及时就医对于恶性肿瘤的预防是具有重要意义的。

以前我们可能谈"癌"色变，但现在我们可以做的其实很多。

（1）改善生活习惯如戒烟，注意饮食习惯，多食纤维素、新鲜蔬菜和水果，忌食高盐、高脂、霉变食物等。

（2）注意环境保护，减少接触石棉、苯、某些重金属等。

（3）免疫预防、化学预防减少罹患恶性肿瘤的风险，比如乙型肝炎疫苗对肝癌的预防，HPV疫苗对宫颈癌的预防。

（4）拥有健康的情绪表达方式，合理宣泄自己的不良情绪，获得积极的社会支持，建立乐观的生活态度。

（5）定期体检，早期发现问题。

【本章交流与讨论】

● 请根据自己的亲身体验或者观察，阐述如何将健康卫生知识和常见疾病的防治措施应用于日常生活中。

● 请根据所学内容，谈谈慢性病的危害及预防措施。

● 请根据所学内容，谈谈预防高血压、糖尿病措施中的共性。

CHAPTER 9

第九章

应急救护

学习本章之后，你将能够：

- 了解应急救护的意义；
- 了解应急救护之于个体、群体及社会的价值；
- 了解自身的应急救护水平；
- 学习心肺复苏技术；
- 学习现场急救方法；
- 了解旅游安全防范知识。

第一节 应急救护导论

【本节导言】

本节将介绍应急救护的个体价值、社会价值及其关系，分析其在大学生个体、群体发展中的地位和价值。

【核心概念】

应急救护

【学前思考】

- 应急救护对个体的意义有哪些？
- 应急救护对社会有哪些作用？
- 应急救护与学业成就是怎样的关系？
- 应急救护对个人的职业发展有什么作用？

一、学习应急救护的必要性

随着人们生活水平的不断提高，社会和谐、人民安康已经成为人类共同的目标和追求。然而，生活中的意外事件，如自然灾害、安全事故等时有发生，随时威胁着人们的生命安全和身体健康。对于个人而言，在意外发生时，能通过科学的方法获得急救处理，显得格外重要，这不仅直接关系到个人安全，更关系到家庭及社会的和谐稳定。

当意外伤害发生时，时间就是生命，最有效的抢救时间只有短短的4~6分钟，这也就是医学上所说的“黄金救命时间”。每耽误1分钟，死亡率就会上升一些。据专家透露，我国87%的心肌梗死病人疾病发作时在医院以外，其中有25%以上的病人因未在第一时间得到救治而死亡。面对意外伤害，人们的自救能力在此刻显得尤为重要，学习现场应急救护知识和技能，既能保护自己，又能挽救他人。一旦掌握，终生受益。

急救即紧急救治是当创伤意外或疾病突然发生时，采取短暂而有效的处理措施。应急救护在急救医疗服务体系中占据最为重要的地位，它反映公民对疾病的自我急救和救助他人的知识和能力，是急救医疗体系建立和发展的主要动力，也是现代社会急救医疗服务体系的重要标志。

在自救互救的过程中，救护员或热心路人的救人行为会对社会产生正向的影响力，使人们看到社会还有好心人，身边随时都有呵护生命的使者，在无意识中给人们素质的提升以正向引导，同时弘扬了“人道、博爱、奉献”精神。“人人学急救，急救为人人”将成为和谐社会、文明城市建设的标志之一。因此，掌握一些应急救护知识，对社会进步具有重要意义。

二、应急救护概述

在现代社会发展和人类新的生活模式下，有必要利用科技进步成果，针对生产、生活环境下发生的危重急症、意外伤害，向公众普及救护知识，使其掌握基本先进救护理念与技能，以便能在现场及时、有效地开展救护，从而达到“挽救生命、减轻伤残”的目的，为人类的安全生产、健康生活提供必要的保障。

（一）应急救护的概念

应急救护是指在事发现场，对伤、病员实施及时有效的初步救援和护理。现代社会中，人们在工作、生活中，要与交通工具打交道。交通事故是意外伤害中最常见的突发事件，其中以道路交通事故最为常见，严重的交通事故可导致人员伤亡。同时，乘客突发疾病意外事件也占一定的比例。交通事故造成的人体创伤主要有：头部撞击造成的颅脑损伤、颈部损伤；躯干撞击造成的四肢骨折，人体各部肌肉挫伤或拉伤，人体表面的擦伤及碾压、烧伤、内脏器官的外力创伤等。乘客突发疾病的意外事件主要有：心脑血管病导致的心肌梗死、脑卒中等，食物中毒引起的胃肠道疾病等。

（二）应急救护的原则

驾驶员在交通事故或乘客意外事件发生后，应做好应急救护，具体原则是：分清轻重缓急，先抢后救、先重后轻、先急后缓、先近后远、先止血后包扎再固定搬运。如遇重特大事故，有众多伤员需要送医院时，应先将处于昏迷状态、大出血、呼吸困难、脏器脱出者送往医院，然后救护轻伤员。对开放性骨折者，局部作清洁消毒处理，用纱布将伤口包好，已暴露在外的骨头严禁送回组织内。对确认死亡者，暂不予处理，保持原始体位，以利现场勘查。乘客突发疾病发生意外事件时，要积极承担应尽的义务，迅速送往就近的医院进行救护，必要时采取心肺复苏等力所能及的救护措施，并紧急呼救。

（三）掌握应急救护的现实意义

1.延长伤员的生命进程

在交通事故或乘客突发疾病等意外事件发生时，驾驶员作为第一目击者，应掌握应急救护的基本方法，在事发现场对危重伤员采取紧急救护措施，特别是事发后的4~6分钟是抢救危重伤病员最重要的时刻，医学上称之为“黄金救命时间”。

2.为专业医护人员抢救赢得时间

如对创伤出血伤员进行止血包扎，可以防止流血过多而导致的死亡，为医院抢救赢得时间。如对心肌梗死病员实施心肺复苏术，有助于恢复其心跳，使其不至于在送医途中因心跳停止时间过长而死亡。

第二节 心肺复苏

【本节导言】

本节将介绍应急救护中心肺复苏的价值和步骤。

【核心概念】

心肺复苏

【学前思考】

- 心肺复苏的意义是什么？
- 心肺复苏的步骤有哪些？
- 心肺复苏中的胸外心脏按压和人工呼吸有哪些要点？

一、心肺复苏(CPR)概述

作为生存必备的基本技能之一，应急救护能力在人们日常生活中的地位越来越重要。目前，我国公民的急救意识有待提高。据调查，在美国、英国等发达国家，急救知识的普及率较高；在荷兰，10岁儿童就开始接受急救知识教育；瑞士法律规定每个公民必须接受急救知识培训。而在中国，接受过现场急救培训的人数极少，许多宝贵生命的逝去，大多源于错过了最重要的抢救时机。因此，应急救护技能培训刻不容缓。大学生的思想日趋成熟，有强大的接受力和社会责任感，能牢固掌握技能并娴熟应用。大学生不仅是知识与技能的接受者和承载者，更是知识与技能的应用者和传播者，在应急救护技能的普及和推广过程中，大学生应作为一线力量。大学生应急救护技能的掌握情况，不仅是衡量学校健康教育和生命教育效果与质量的重要指标，也能够充分体现国家的社会经济发展水平和文明建设程度。我国应急避险和自救互救培训普及程度较低。在急救医疗服务体系(EMSS)中，大学生应承担更重要的责任和角色。生命链是由四个环组成的，四个环的实质内容即“四个早期 ”，依次为：早期通路（Early access）、早期心肺复苏（Early CPR）、早期心脏除颤（Early De-fibrillation）和早期高级生命支持（Early ALS）。在生命链的四个环中，大学生能够在早期通路和早期心肺复苏中做出应有的贡献，发现、判别、报告、急救，把失去的“急救白金十分钟”赢回来，为生命的延续做好栈桥。EMSS建设的“四环论”中最基本的一环是广大群众自救环节，在这个环节上大学生有着得天独厚的优势和不可替代的作用。

二、CPR的步骤

心搏骤停、呼吸骤停后易出现猝死，要及时采取急救措施。脑细胞对缺氧十分敏感，一般在血液循环停止后4~6分钟，大脑即会发生严重损害，甚至脑死亡。复苏开始得越早，存活率越高，4分钟内进行复苏者，存活率可能约50%；4~6分钟开始复苏者，存活率可能约10%；超过6分钟者存活率仅为4%；10分钟以上开始复苏者，存活可能性更小。因此，学会CPR，对自己、家人、朋友，甚至陌生人都非常重要。

1. 评估环境

评估环境，确认现场安全。

2. 判断意识

轻拍患者双肩，并呼唤患者判断其意识是否丧失，若未回答判断为意识丧失。

3. 判断呼吸及脉搏

观察患者胸廓有无起伏，识别呼吸是否停止或叹息样呼吸，同时以食指和中指触及患者颈动脉是否有搏动，判断时间5~10秒。确认呼吸、脉搏，记时间，并立即呼救，启动应急反应系统，获取自动体外除颤器（AED）。

4. 体位

让患者仰卧于平地，头、颈、躯干在同一轴线上，双手放于两侧，身体无扭曲。施救者跪于患者身体一侧靠近肩部。松解患者衣服，充分暴露病人胸部。

5. 胸外心脏按压1组

（1）按压部位：胸骨中下1/3交界处或两乳头连线的中点。

（2）按压方法：操作者一手掌根部紧贴在患者两乳头连线的中点，双手掌根重叠，十指相扣，手指上翘不接触胸壁，上半身前倾，两臂伸直，垂直向下用力按压，每次按压后，确保胸廓充分回弹，力量均匀。

(3)按压频率：按压频率，成人约100~120次/分钟，按压深度为5~6 cm，按压30次/组。

6. 人工呼吸

(1)畅通气道：将患者头偏向一侧，检查并清理呼吸道，取下活动义齿（如有）。

(2)开放气道：颈部无损伤者采取仰头举颌法，一只手掌小鱼际（小手指侧的掌侧缘）压住伤病员额头，另一手食指、中指并拢，托住伤病员下颏（下颌骨处），轻轻将气道打开，使头后仰90°。

(3)人工通气：2次，将CPR面膜覆盖患者口鼻同时保持气道开放，包严患者口唇，捏紧鼻翼，吹气1秒钟，可见胸廓隆起，抬头换气，松鼻翼，观察胸廓是否回落，紧接着按上述标准第二次送气。

7. 电击除颤

(1)打开AED，开启电源。

(2)粘贴电极片：清洁患者胸部皮肤，将一片电极片贴在右锁骨正下方，另一片电极片贴在左腋中线第五肋间下（或左乳头水平外下方）。

(3)将电极与AED连接。

(4)分析心律：AED自动分析心律，施救者不可接触患者。

(5)电击：确认施救者及周围人员与患者无身体接触，然后按下电击按钮。

(6)电击后，立即进行胸外心脏按压1组。

8. 除颤后CPR施救

(1)按压与人工通气比为30∶2，操作5个循环，5个循环完成时间在110~120秒之间。

(2)判断患者复苏效果：判断颈动脉搏动是否恢复；自主呼吸是否恢复；口唇、肤色有无转红润（不超过10秒）。若均恢复表示心肺复苏成功，将患者置于复原体位，等待下一步生命支持。

第三节
常见的现场急救方法

【本节导言】

本节将介绍常见的现场急救方法。

【核心概念】

现场急救

【学前思考】

- 常见的现场急救方法有哪些?
- 如何组织现场急救?

一、概述

现场急救技术是现代急诊医学的一个重要部分,随着社会经济的发展、生活方式的变化,急症发生率逐年增加,创伤或灾害事件发生率增高。建立完善的急救医疗服务体系是当务之急。这一体系包括院前急救——医院急诊室——危重症监护病房三个环节构成一个完整的"生存链"。从目前的急救状况看,急救系统还未健全,尤其是训练有素的院前急救人员缺乏、装备和技术落后、普及培训工作薄弱,应引起高度重视。

(一)现场急救的组织管理

在日常生活中,每天都有人发生急病或意外伤害,也可能发生灾难导致出现成批伤病员,需要及时脱离险境、抢救和转运。现场伤病员的抢救,从时间上分为两种情况:一是初期卫生救援力量到达之前,要由现场目击者、周围群众及部分伤病员进行自救;二是卫生救援力量到达到之后,伤病员救治的组织工作要由卫生救援单位的领导担任。

(二)现场急救的指挥要点

在大量伤病员渴望急救的情况下,做好组织指挥,是保证救治质量、提高救治效率的关键,其工作要点包括:

1. 做好伤病员分类

在较宽敞的场所采取询问伤情和观察体征的简单方法,将需要紧急救治的伤病员,如窒息、大出血、气胸、颅脑伤等伤病员,迅速就地开通气道及输液通道,予以紧急的止血、包扎后,送往灾区临时手术室,休克伤员及时实施抗休克救治措施;传染病员及时隔离治疗;濒死伤病员必须就地抢救;其他伤病员尽可能集中于临时伤病员室。分类人员应及时对伤病员进行登记,补填信息,并挂上分类标志。

一般情况下,可将伤员分为以下几类:

(1)立即复苏级:用红色做标记,这类伤病员要最先治疗,立即就地实施急救心肺复苏。

(2)立即手术级:红色,这类伤员必须及早手术治疗。

(3)延期手术级:黄色,包括所有外科手术可以暂缓数小时,而不致影响生命的伤员,但必须尽快转送。

(4)轻伤员级:绿色,以自救互救为主。

(5)期待医疗级:黑色,包括严重多发伤或复合伤,也就是濒死或救治希望较小的伤员。为了其他更多伤员的利益,在人力和物力允许的情况下,可对他们进行对症和不费时的支持治疗(观望治疗)。

2. 发挥救护人员的技能

调动一切救护力量提高救治的整体效能。当伤病种类复杂时,面对大量的伤病员,各类专科医生必须放弃原有的专业,从事本专业以外的救护工作。内科医生有时也要作血管结扎、气管插管或气管切开、骨折复位和术后处理等外科工作,外科医生也要对传染病进行治疗,护士、卫生员在医生带领下也作清创、换药、更换敷料等工作,甚至司机及其他非医务人员也要为伤病员包扎、倒水,并协助伤病员分类等。

3. 组织伤病员转送

伤病员经过现场和医疗站初步救治后,要迅速转送到综合医院或专科医院进一步救治,有时伤病员要边转送边救治,为了达到迅速、安全转送的目的,要作好伤病员后送准备,掌握后送指征,发现伤病情变化及时进行急救处理,在转送途中仔细观察伤病员情况,确保抢救措施到位。

4.掌握救治工作重点

现场救护上,要掌握工作重点,随时调整救治力量。在灾难发生后,多数伤病员处在困境中,此时应把主要力量放在现场抢救上,把抢救人员逐渐收拢到早期治疗机构去。

二、常见的现场急救技术

(一)急救原则

现场急救原则:第一,先抢后救、先重后轻、先急后缓、先近后远;第二,先救命、后治伤;第三,急救顺序:CPR、止血、包扎、固定、搬运;第四,现场保护:搬运前先画出伤员原本的体位轮廓;第五,对死亡者暂不予特殊处理,保持原有体位,便于现场勘察。

遇到急救情况时,先询问对方是否需要帮助,与伤者交流,将其身份告诉周围群众。先将生命体征恢复,再治伤。

(二)常见的意外伤害急救方法

1.出血的急救措施

(1)指压止血法:适用于少量出血,即使用指压压迫10~15分钟进行短暂急救止血。①头部出血:按压出血侧颞浅动脉压迫点(在耳屏前、上方1.5 cm处),出血量较大时可按两边。②面部止血:按压面动脉压迫点(下颌角沿下颌骨下滑的1.5 cm处)。鼻出血按压鼻翼,并用冷毛巾冷敷额头。③颈部出血:按压颈动脉压迫点(颈部前正中部旁两指处以上部位)。④腋部和上臂出血:腋部出血可压迫锁骨下动脉,压迫点在锁骨上方,胸锁乳突肌外缘,用手指向后下方第一肋骨压迫;前臂出血可压迫其肱动脉,在肘窝尺侧(通常测血压处)摸到动脉搏动,用拇指压迫;⑤手掌出血:可用两手的拇指,放于其前臂远端掌侧面的内外侧,将其桡、尺动脉压于桡、尺骨上;⑥手指出血,可用两手或一手拇指平放在受伤的手掌上,其他四指放于其手背部,加压后即可将其掌动脉弓压于掌骨上止血;⑦大腿以下部位动脉出血:可压迫其股动脉,压迫点在其腹股沟韧带中点搏动处,用手指向其下方的股骨面压迫;⑧足部出血,用两手的拇指分别按压于内踝与跟骨之间和足背踝关节处皮肤皱纹的中点。

(2)加压包扎止血法(包):适用于小动、静脉,毛细血管出血。放一定厚度的衬垫,绷带四指宽,斜搭绷带、加压,从远往近将衬垫完全包住,打结打在伤口背面。定期检查患肢肢端血液循环情况:如压力不够,可再包一层加压;如压力过大,患肢肢端皮肤颜色发紫,则放松绷带。

(3)止血带止血法(捆):适用于大出血,血止不住的情况。用橡皮带(只用于四肢)捆扎50分钟左右后必须将橡皮带松一会儿。患肢肢端麻木变色即缺乏血氧的表现,应立即放松2~3分钟。总使用时间不得超过5小时。除毒蛇咬伤捆在伤口上方10~15 cm,其余的上肢(上臂1/3最上方处,中间一定不能扎,否则有可能损伤桡神经)、腿部(大腿1/2处上部)。所有捆扎都要用衬垫(布带)保护,绕2圈以上,以伤口不出血为宜,2圈重叠,将解开时间(50分钟后)写在纸片上放在伤口处。放松时缓慢放松。现场可利用围巾、领带、衣服剪一截等大约2横指宽度的材料,不能用鞋带、尼龙绳、铁丝。具体方法:先打1个活结,留1指宽松,再扎1根筷子或树枝放在活结外侧,将筷子或树枝拧1~2圈,观察止血情况,将活结套在一头,拉紧。写上时间,若伤者有不适感可松。

2.气道异物阻塞的急救措施

保持呼吸道通畅至关重要,是一切救治的基础。伤员鼻咽腔和气管可能被血块、泥土、呕吐物或痰及舌后坠等完全或部分阻塞,造成窒息,应立即选用下列方法,恢复并保持呼吸道的通气。

(1)头后仰。

(2)清理气道,若有呕吐,应将其头部偏向一侧,防止呕吐物误吸入肺,引起窒息和其他并发症。

(3)托颌牵舌法。

(4)击背法。

(5)海姆立克手法。因异物卡喉窒息的病人,不能说话、呼吸,将会用一手放到喉部,此即海姆立克征象,这时需要你的紧急帮助,但不要去扣击病人背部,这将使情况恶化,可立即采用海姆立克手法。四个步骤:①抢救者站在病人背后,用双手臂环绕病人的腰部。②一手握拳,将握拳拇指一侧放在病人的胸廓下和脐上的腹部。③用另一手抓住你的拳头,快速向上冲击压迫病人的腹部,不能用拳击,不要挤压胸廓,冲击力限于你的手上,不能用你的双臂加压,记住这句话:“病人的生命在你的手上!”④重复动作,直到异物排出。

3.急性中毒的急救措施

(1)安全进入毒物污染区

对于高浓度的硫化氢、一氧化碳等毒物污染区以及严重缺氧环境,必须先予通风,救护人员需佩戴供氧式防毒面具。其他毒物也应采取有效防护措施后方可入内救护。同时应佩戴相应的防护用品,如氧气分析报警仪和可燃气体报警仪。

(2)迅速抢救生命

帮助中毒者脱离毒物污染区后,应在现场立即着手急救。对于心脏停止跳动者,立即拳击心脏部位的胸壁或作胸外心脏按压；直接对心脏内注射肾上腺素或异丙肾上腺素，抬高其下肢使头部低位后仰（该措施需由医务人员等专业人士实施）。立即对呼吸停止者做人工呼吸，最好用口对口吹气法。对于剧毒品中毒者，不适宜用口对口吹气法，可用史氏人工呼吸法。人工呼吸与胸外心脏按压可交替进行，直至患者恢复自主心搏和呼吸。急救操作不可动作粗暴，造成新的损伤。对于眼部溅入毒物者，应立即用清水冲洗，或将脸部浸入满盆清水中，张眼并不断摆动头部，稀释洗去毒物。

（3）彻底清除毒物污染，防止继续吸收

脱离污染区后，立即脱去中毒者受污染的衣物。对于皮肤和毛发上，甚至指甲缝中的污物，应在现场用大量清水或其他备用的解毒中和液冲洗。对于毒物经口侵入体者，应及时彻底洗胃或催吐，除去胃内毒物，并及时服用解毒药物，减少毒物的吸收。

（4）经过初步急救，速送医院继续治疗。

4.触电的急救措施

（1）关上插座上的开关或拔除插头，截断电源。如果够不着插座开关，就关上总开关。切勿试图关上电器用具的开关，因为可能正是该开关漏电。

（2）若无法关上开关，可站在绝缘物上，如一叠厚报纸、塑料布、木板之类，用扫帚或木椅等将伤者拨离电源，或用绳子、裤子或任何干布条绕过伤者腋下或腿部，把伤者拖离电源。切勿用手触及伤者，也不要用潮湿的工具或金属物质把伤者拨开。

（3）如果患者呼吸心跳停止，开始人工呼吸和胸外心脏按压。切记不能给触电的人注射强心针。若伤者昏迷，则将其身体放置成卧式。

（4）若伤者出现昏迷、身体被烧伤，或感到不适，必须打电话叫救护车，或立即送伤者到医院急救。

（5）出现高空触电事故时，应立即截断电源，把伤者抬到附近平坦的地方进行急救。

（6）现场抢救触电者的原则：迅速、就地、准确、坚持。迅速：争分夺秒帮助触电者脱离电源；就地：在现场附近就地抢救，伤者有意识后再就近送医院抢救。从触电时算起，5分钟以内及时抢救，救生率为90%左右。10分钟以内抢救，救生率为6.15%，救活希望很小；准确：人工呼吸法的动作必须准确；坚持：即使仅存很小的希望，也要尽全力抢救。

第四节

旅游安全防范

【本节导言】

本节将介绍旅游安全的特点及其表现形态。

【核心概念】

旅游安全

【学前思考】

- 旅游安全对个体的意义是什么?
- 旅游安全的特点有哪些?
- 旅游安全的表现形态有哪些?
- 如何做好旅游安全防范?

一、旅游安全的基本概念

(一)旅游安全

广义的旅游安全指旅游活动中的一切安全现象的总称。既包括旅游活动中各相关主体的安全现象,也包括人类活动中与旅游现象相关的安全事态和社会现象中与旅游活动相关的安全现象。例如,"恐怖主义"是一种社会政治现象,但它与旅游活动的开展有关,因此,"恐怖主义"也属于旅游安全的广义范畴。狭义的旅游安全指旅游活动中各相关主体的一切安全现象的总称。它包括旅游活动各环节中的安全现象,也包括旅游活动中涉及人、设备、环境等相关主体的安全现象。既包括旅游活动中安全的观念、意识培育、思想建设与安全理论等"上层建筑",也包括旅游活动中安全的防控、保障与管理等"物质基础"。

(二)旅游安全问题

旅游安全问题是旅游活动中各种安全现象的具体表现。既包括旅游活动中各相关主体的安全思想、意识问题,也包括发生在旅游活动各环节或旅游活动中各相关主体间的具体的安全事件或安全事故。

(三)旅游安全管理

旅游安全管理指为了达到安全的目的,有意识、有计划地对旅游活动中各种安全现象进行各种安全教育、防范与控制活动的总称。这些活动既包括安全的宣传与教育,安全管理方针、政策、法规、条例的制定与实施,也包括安全防控、管理措施的制定与安全保障体系的构建与运作。

二、旅游安全的显著特点

(一)集中性

集中性表现在两个方面。一方面,从旅游活动环节看,旅游安全问题集中在旅途过程与住宿活动环节。另一方面,从旅游安全的表现形态看,旅游者安全经历大多表现为犯罪、疾病或食物中毒、交通事故,三者分别占57.8%、21.4%、18.2%,尤以犯罪为最。

(二)广泛性

第一,旅游安全问题广泛地存在于旅游活动的各个环节中,几乎所有的环节都有安全隐患存在,都曾出现过旅游安全问题。

第二,旅游安全与旅游社会人口学特征息息相关,几乎任何类型的旅游者都可能面临旅游安全问题的"光顾"。

第三,除旅游者外,旅游安全还与旅游地居民、旅游从业者、旅游管理部门以及包括公安部门、医院等在内的旅游地各种社会机构相联系。由此可见,旅游安全是一个复杂的社会系统,建立由社会各部门参与的社会联动系统是旅游安全管理的重要而有效的措施之一。

（三）巨大性

第一，旅游安全问题造成的危害和破坏巨大。旅游安全问题会使旅游者蒙受巨大的经济与名誉损失，遭受生命威胁，更进一步从社会角度看，会造成旅游企业的财产损失等，从而使整个社会承受巨大的损失。严重的，还会涉及旅游安全问题发生地全部旅游企业的发展甚至危害到国家的形象和声誉。例如，2008年6月7日约15时40分，一辆厦门牌照的旅游大巴翻下了漳州马洋溪旅游区天柱山路段的深谷，旅游大巴几乎是倒竖在半空中，车身挂在深谷里的一棵树干上。此次特大交通事故共造成3人死亡，38人受伤。2008年5月12日，四川省汶川县发生的里氏8.0级特大地震灾害造成团队游客54人遇难，25人受伤；因灾受困游客达55487人，其中旅游团队游客10386人、散客45101人；旅游系统因灾损失533.69亿元人民币，其中四川损失528.31亿元，陕西损失2.9亿元，甘肃损失1.81亿元，重庆损失0.25亿元，云南损失0.41亿元。各类旅游安全事件给旅游企业和形象及声誉带来极大的影响。

第二，由于危害和破坏的巨大性，旅游安全问题会对旅游者造成较大的影响并进而影响到其对旅游地的安全认知及旅游决策。

（四）隐蔽性

虽然旅游活动中的安全问题为数不少，但由于安全问题本身的敏感性和所带来的负面影响而往往易被旅游经营管理者所掩盖。各旅游企业面对媒体或广大公众对其安全事件的询问常常避而不谈或草草带过，因此，旅游活动中实际发生的不安全问题较之资料统计的还多得多。

（五）复杂性

旅游活动是一种开放性的活动，而旅游企业正是为开放性活动提供各种服务的企业。例如旅游饭店作为一个公共场所，每天有大量的人流，饭店安全管理涉及的环节和人员复杂而众多。因此，旅游安全工作表现出极大的复杂性，除防火、防食物中毒外，更要防盗、防暴力、防黄、防毒、防欺诈、防各种自然及人为灾害等。

(六)特殊性

旅游活动中，旅游者为了追求精神的愉悦与放松，常常对安全防范有所松懈，因此，旅游过程中发生的各类案件与事故不同于一般的民事、刑事案件，也不同于其他行业的安全问题，有其自身的规律性和特殊性。

(七)突发性

发生在旅游活动中的各种安全问题,往往带有突发性。例如旅游活动中的许多安全问题都是在极短的时间内、在毫无防备的状况下发生的。旅游中的自然灾害也具有突发性。这就要求各旅游管理部门、旅游企业、旅游从业人员在平时要有处理各种突发事件的准备。只有这样,才能在突发旅游安全问题时临危不惧。

三、旅游安全表现形态

完整地描述与说明旅游安全表现形态是一件很困难的事。通过对相关研究文献、旅游安全的报道以及调查结果的分析,旅游安全可归纳为六种表现形态,即犯罪、疾病(中毒)、交通事故、火灾与爆炸、自然灾害和其他意外事故。各种表现形态在旅游活动的各环节交替或同时出现,难以划出泾渭分明的界线。

(一)犯罪

虽然对犯罪与旅游的关系学术界至今仍有争论,但由于犯罪给旅游者带来的创伤的严重性和影响的社会性,犯罪成为旅游安全中最为引人注目的表现形态之一,在很大程度上威胁到旅游者的生命、财产安全。国内外学者对旅游与犯罪给予了广泛关注,并把犯罪作为旅游社会文化影响因素之一。

旅游活动中存在的犯罪现象数量众多。犯罪现象大体分为盗窃、欺诈、暴力型犯罪三大类,其中尤以侵犯公私财产类的盗窃和欺诈为最。盗窃和欺诈犯罪均属财产性犯罪,犯罪数量较多,作案范围广,其核心目的就是非法获取旅游者的钱财。暴力型犯罪是危害人身安全的犯罪,与财产性犯罪的实施密切相关,即在侵犯财产的同时侵犯了旅游者的人身安全。其往往包括抢劫、侵犯人身自由、性犯罪等。当然,其他还有与毒品、赌博、淫秽有关的犯罪。应该指出,毒品、赌博、淫秽并不一定会给旅游者带来直接的安全威胁,但毒品、赌博、淫秽本身是犯罪的温床,是威胁旅游安全的潜在因素之一。

(二)疾病(中毒)

旅途劳累、旅游异地性导致水土不服和客观存在的食品卫生问题等可能诱发旅游者的疾病或导致食物中毒等。例如,2002年8月,美国迪士尼乐园141名游客感染沙门菌,发生集体食物中毒事件;2005年10月11日,济南一旅游团141人,在北京旅游地某饭店进餐后,共有79位老年游客和3名导游食物中毒被送往医院治疗。

(三)交通事故

在旅游业运行的各环节中,旅游交通是安全问题影响最大的环节之一。旅游交通事故往往具有毁灭性。按照交通形式,旅游交通事故可分为:

1. 道路交通事故

有关资料显示,我国每年交通事故50万起,因交通事故死亡人数均超过10万人,每年因交通事故所造成的经济损失达数百亿元。2007年,全国共发生道路交通事故327209起,造成81649人死亡,380442人受伤,直接财产损失12亿元。近年来,旅游交通事故也并不少见,相对而言,旅游交通存在着巨大的安全隐患。

2. 高速公路交通事故

随着高速公路的发展,重特大交通事故呈上升之势。2007年,全国高速公路事故导致5925人死亡。2008年也发生多起重大交通事故。

3. 航空事故

相对于其他交通方式而言,航空交通相对安全,但对民航客机而言,任何事故都可能是灾难性的。2002年4月15日,中国国际航空公司CA129北京飞釜山航班在韩国庆尚南道金海市坠毁。机上共有155名乘客和11名机组人员。确定死亡人数为129人,幸存者37人。2002年5月7日,中国民航北方航空公司的一架客机在大连海域失事,带走了103名乘客和9名机组成员的生命。2004年11月21日,由包头飞往上海的MU5210航班起飞后不久在包头机场附近坠毁。机上47名乘客和6名机组人员全部遇难。2008年9月14日,俄罗斯一架波音737客机在乌拉尔山区中部城市彼尔姆附近坠毁,机上88人全部遇难。

4. 水难事故

水难事故指在水体中出现的安全事故,随游轮、竹排等水上交通和水上旅游项目的出现而出现,包括海难、内河(湖)安全事故等。水文景观是我国非常重要的旅游资源。我国不少水文景观旅游地,因地处海、河、湖滨,客观上存在不少水上游览安全隐患。

5. 缆车等景区交通事故

缆车索道虽然使旅游景区提高了区内交通的便利度,但容易使游客大量集中于容量有限的景区而引发安全问题。2005年9月5日,奥地利蒂罗尔州发生一起严重的缆车事故,一架直升机吊起的一个重达750千克的水泥构件在缆道上方200米处突然脱落,并砸在一辆缆车上,致使缆车坠落,车内5人3死2伤,且由于缆索失灵,水泥构件砸落处的前后2辆缆车也随之失控,一些乘客被从缆车中抛出,造成6死3伤,这起事故共造成9人死亡、10余人受伤。

（四）火灾与爆炸

近年来火灾事故发生频繁。2008年1—6月，全国共发生火灾80057起（不含森林、草原、军队、矿井地下部分火灾），死亡862人，受伤332人。虽然旅游业中因火灾与爆炸死亡的人数低于旅游交通事故，但是火灾与爆炸往往会造成严重的后续反应，如基础设施破坏、财产损失等，甚至造成整个旅游经济系统的紊乱。2004年12月30日，阿根廷首都布宜诺斯艾利斯的一家舞厅发生大火，造成183人丧生，其中多数是青少年。2007年12月12日，浙江省温州市鹿城区人民西路温富大厦（28层，1~3层为综合性商业经营场所，4~28层为公寓）一楼“朵朵鲜”花店（经营塑料花）发生火灾，造成二楼舞厅21人死亡、1人重伤。2008年9月20日，深圳龙岗区龙岗街道舞王俱乐部发生特大火灾事故，43人死亡88人受伤。

（五）自然灾害

自然灾害是旅游活动中相对于人为灾害，由天气、洪水等不可控的自然原因引起的安全问题，是旅游安全的常见表现形态之一。由于自然灾害对旅游活动的破坏性及其对旅游者、旅游企业、从业人员生命财产乃至环境资源的危害性而引起较为广泛的研究。自然灾害划分为四个类型：

第一，威胁人类生命及破坏旅游设施的自然灾害。包括飓风、台风、气旋和龙卷风、洪水、暴雪、沙暴等气象灾害；地震、火山喷发、海啸、雪崩、泥石流等地质及地貌灾害；其他自然灾害如森林火灾。

第二，危及旅游者健康和生命的其他自然因素和现象。这些因素包括缺氧、极端气温、生物钟节律失调等。缺氧和高山反应多发生在海拔较高的旅游地，并可能由此引发肺气肿、脑肿等致命的疾病。极端气温主要是指极端高温（如沙漠）和极端低温（如两极和高山）。生物钟节律则表现在航空旅行中，并可能伴随着疲乏、睡眠障碍、食欲不振现象的出现。其他还有航空旅行所引起的晕动症等。

第三，旅游者与野生动植物、昆虫等的接触产生的危险。主要在于大型凶猛动物给旅游者带来的伤害与威胁。如热带亚热带海滨时常出现的鲨鱼咬伤旅游者的现象。其他如有毒昆虫、植物也容易导致旅游者的皮肤疾病或身体伤害。

第四，环境因素导致的疾病。主要指传染性疾病在旅游者中间发作的可能性及其对旅游者的危害。与旅游活动有关的环境疾病中最具威胁的多为热带地区的环境所特有的疾病，如疟疾、登革热等。其他环境因素引发的问题还有水土不服等。

（六）其他意外事故

除了上述五种表现形态外，旅游安全表现形态还包括其他一些特殊、意外的突发性事件。例如2007年2月22日，在昆明圆通山动物园，一名6岁女孩在与老虎合影时，被兽性大发的老虎咬伤，后经抢救无效身亡。又如2008年6月8日下午，在江西余干县乌泥镇铜鼓包村互惠河鱼池湖段两岸，村民自发组织划龙舟庆端午活动，少数在岸上观看的群众因下雨路滑不慎落水，导致9人死亡，2人失踪。

四、做好个人旅游安全防范

首先，要增强旅游安全意识，提升自己对安全隐患的敏感度，防患于未然。其次，要加强自身安全预防和管理工作，做好自我防范，并掌握一定的应急救护技能。在意外或者安全事故发生时可以第一时间自救互救。如寻找藏身处、发出求救信号、寻找饮水源、寻找食物、取火和保存火种、辨别方向等。具体常识可以阅读旅行安全相关书籍。

【本章交流与讨论】

- 请根据所学内容，谈谈学会应急救护的现实意义。
- 谈谈如何普及CPR。

第十章
CHAPTER 10

药品与健康

本章学习之后，你将能够：

■ 了解合理用药的原则；

■ 了解合理用药和健康的关系；

■ 了解处方药和非处方药的含义和合理应用；

■ 了解毒品的概念；

■ 了解毒品对人体的危害。

第一节 合理用药

【本节导言】

合理用药的目的是充分发挥药物的作用，保证药物使用安全，尽量减少药物对人体所产生的毒副作用，从而达到正确的治疗目标。而不合理使用药物，不但不能解除病人的痛苦，达不到防治疾病的目的，反而会给病人带来危害，影响身体健康。本节从正确的诊断、根据药理学特性用药、注意病史和用药史等7个方面阐述如何合理用药以及合理用药与健康的关系。介绍了处方药与非处方药的概念，列举了几种常见处方药和非处方药的合理应用。

【核心概念】

合理用药　处方药　非处方药

【学前思考】

● 日常合理用药的原则是什么？

一、日常合理用药原则

合理用药的基本原则,概括地讲就是安全、有效、经济、方便地使用药物,首先在安全的前提下确保用药有效,并兼顾经济性和方便病人使用。主要包括正确的诊断;根据药理学特性用药;注意病史和用药史;注意个体化用药;严格掌握适应证;防止药物滥用;注意药物相互作用;注意不良反应等方面。

1.正确的诊断

诊断是医生通过诊察对人体的健康状态和疾病所提出的概括性的判断,只有诊断正确,用药才能做到有的放矢,特别对急症和重症的早期诊断尤为重要;而误诊情况下用药不仅不会产生治疗效果,还可能会出现不良反应,甚至造成不可逆的后果。如感染性疾病,首先应鉴别是细菌感染还是病毒感染,若属细菌感染应分清是何种致病菌,否则,选用抗菌谱与致病菌不符的再新、再好的抗菌药亦难奏效。

2.根据药理学特性用药

全面深入地了解药物的药动学和药效学特点,注意药物的选择(疗效高、毒性低)和用法(合理的疗程和合理的停药),防止出现为了预防漏诊或误诊而多种药物联用的现象,以免造成资源浪费甚至发生不良的药物相互作用。

3.注意病史和用药史

忽视病史和用药史造成致残致死的药源事故国内外时有报道。忽视药物过敏史、忽视用药史而重复用药、忽视复方制剂中的成分组成往往容易造成不良后果,因此全面了解患者病史和用药史才能尽可能地保证用药安全。

4.注意个体化用药

近年来,随着临床药学工作的深入开展和血药浓度监测技术的应用,发现相同剂量的药物在不同个体中可产生不同的药物效应,即药物剂量虽等值但作用不等效。有些药物的中毒症状与疾病本身所引起的症状极易混淆,很难鉴别,若不进行血药浓度监测而盲目加大剂量可导致药物中毒死亡。所以用药时应注意加强对病情变化的观察,给药方案应逐步由常规化、经验化转向个体化、科学化,必要时还应监测血药浓度。

5.严格掌握适应证,防止药物滥用

近年来,我国不按适应证用药导致药物滥用的情况明显,有医生为追求利益不合理使用贵重药品等。大量的调查资料表明,滥用三素(激素、抗生素、维生素)的现象仍很普遍,导致病原菌的抗药性越来越强。

6. 注意药物相互作用

药物相互作用是指病人因同时或在一定时间内先后服用两种或两种以上药物后所产生的复合效应，从机理上主要分理化相互作用、药动学相互作用和药效学相互作用。药物相互作用可使药效加强或副作用减轻，也可使药效减弱或出现不应有的毒副作用，甚至出现一些特异的不良反应，危害用药者。例如麻黄及含有麻黄碱的中成药可使心肌β受体兴奋加强心肌收缩；使用地高辛等强心类药物，会使强心作用增强，导致心律失常、心衰等不良反应。因此，我们应当充分认识药物的相互作用，科学合理地用药。

7. 注意不良反应

药物的不良反应一般可分为副作用、毒性反应、过敏反应和继发感染等几大类。不良反应有大小和强弱的差异，它可以使人感到不适、病情恶化、引发新的疾病，甚至导致死亡。在现实社会中，由于药物的不合理使用，不良反应的发生率相当高，特别是长期使用或用药量较大时，情况更为严重。严格地讲，几乎所有的药物在一定条件下都可能引起不良反应，但是，只要合理使用药物，就能避免或使其危害降到最低。这就要求我们在用药前全面了解药物的药理性质，严格掌握药物的适应证，使用适当的剂量，明确药物的使用禁忌，在使用过程中密切观察病情的变化，及时发现药物产生的不良反应。对于一些新药，由于临床经验不够，对毒副作用的观察及了解不够，在使用时要十分慎重。

二、常用非处方药物及其合理应用

1. 非处方药物的定义及特点

自我药疗行为已成为人们判断和治疗轻微疾病与不适的首选方式，小病在家中自己治疗，可以节约医院资源、节省时间，同时又保证了治疗的及时性，有利于身体的尽快康复，但所有这些只有在安全用药的前提下才能实现。

所谓自我药疗是在没有医生或其他医务工作者指导的情况下，恰当地使用非处方药物，用以缓解轻度的、短期的症状及不适，或者用以治疗轻微的疾病。自我药疗包含自我诊断和自我治疗两部分，其前提和关键是要有非处方药物的知识。

非处方药物是患者可不经过医生处方，直接从药房或药店购买的药品，而且是不在医疗专业人员指导下就能安全使用的药品。它的英文标识“OTC”是“Over The Counter”的缩写，在美国称之为“可在柜台上买到的药物”。

非处方药物具有安全性好、疗效确切、毒副反应小、质量稳定、应用方便、价格合理、易于贮存等优点。同时，标签与说明书颇为详细，且通俗易懂，便于阅读。然而，如果有些患者缺乏医药知识，盲目购买、使用药品，反而会贻误诊治或加剧病情。

2. 使用非处方药物的注意事项

人们常说“是药三分毒”。非处方药物，虽然是经过医药学专家的严格选择，并且经国家食品药品监督管理总局的批准，但它们毕竟是药品，因此，在使用时仍要十分谨慎，注意做好以下几点：

（1）通过各种渠道（如阅读相关书籍、向专业人员请教），学习和提高个人的用药知识是进行自我药疗的基础，有利于小病的自我判断。

（2）正确选用有国家统一标识（OTC）的非处方药物。

（3）仔细阅读标签说明书，了解其适应证、注意事项及不良反应。

（4）认真检查所选药品有无批准文号及非处方药物“登记证书编号”。

（5）注意药品的内、外包装是否有破损及是否在有效期之内。

（6）严格按照说明书用药，不得擅自超量、超时使用，有疑问可向医师咨询。

下面介绍在使用非处方药物时，人们常犯的一些错误，以提醒大家注意。

（1）“老毛病”现象：某些患者凭着自我感觉不适，或个别明显体征，自我判断是“老毛病”，便不假思索选用过去曾用过的某药。如此反复选用某药，将会造成一些不良后果。如：①有可能因某种药的多次反复使用，而产生药源性疾病。而且老毛病复发，其诱发因素并非相同，某些临床特征并非完全一致，原来所用药物也难以兼治新出现的并发体征。②长期反复使用某种药极易产生耐药性，使某药用量加大，但效果并不佳，毒副作用反而增强，导致病情恶化。

（2）随意增减药物用量：患者用药不能按时定量，疗程不分长短，忘服、漏服、乱服现象时有发生。究其原因有的病情稍有好转，不适感觉明显减轻时，就不想再用药；有的因工作忙或其他原因，用药不便而忘服；有的因治病心切，急于求成而乱服，使用剂量随意加大，或在短时间内频繁更换品种。这些不规范用药，尤其是滥用抗生素类药物，易导致耐药菌种增多、二重感染等，使病情复杂化，给治疗带来困难。因此，使用非处方药物，应该参照药物说明书上的规定，严格掌握用量和疗程，这样才能保证用药安全有效。

（3）自诊不明，模仿他人用药：有的患者自诊不明确，感到某种疾病症状与他人相似，就模仿他人用药，却忽视了一个人会同时患有多种疾病，同一种疾病会有多种症状同时出现的可能性，即使疾病相同，人与人之间还存在个体差异和不同诱发因素等。如常见的细菌性肺炎，共同的临床表现为发热、咳嗽、咳痰、胸痛、白细胞数增高等，按病因不同，可分为链球菌性肺炎、金黄色葡萄球菌性肺炎、绿脓杆菌性肺炎等，根据其致病菌种、症状性质、急缓程度等不同情况，所用药物也就必然不同。此外，还应该注意到同一药物对于不同的患者会产生不同的效果。因此，要因病、因人科学地使用非处方药物，才能达到预期的疗效。

（4）多药并用：部分医患双方都有这种心态，对一时难以确诊的疾病，采取多药并用，认为可达到防治兼顾。事实上无指征的多药并用，必定会扰乱人体正常防御功能，易引起药物与药物、药物与机体之间的相互作用，不良反应发生率明显增高，有时会产生并发症使病情加重，有时会掩盖病情症状，延误对疾病准确诊断和治疗的机会。所以对可用可不用的药物不要用，能用单一药物就不适宜多药并用。

（5）家庭药品久备不常用现象：有些人为备急用，总是多买一些药品作为家庭备用药，以便偶尔用之。由于患者缺乏对药物基本知识的了解以及家庭保存条件的限制，不能按药物的特性加以贮存保管，有些药物因吸潮、霉变、过期而不能使用，造成浪费。因此家庭用药不宜久备、多备，在保管上要按照药物的理化性质，采取避光、防湿、低温、密闭等相应措施，经常查看、更换，确保家庭备用药品的质量。

三、常见处方药及其注意事项

第一，一定要告诉医生你对何种药物有过异常反应或过敏反应，特别是对阿莫西林、氨苄西林、青霉素、头孢类抗生素、青霉胺和灰黄霉素的反应。

第二，告诉医生你现在或过去是否有肾脏疾病、哮喘病或过敏史。

第三，处方所开此药仅治疗你目前的感染，今后发生的感染或别人的感染，可能需要不同的药物治疗。故除非医生另有医嘱，勿将本品转给他人服用或用于别的感染。

第四，糖尿病患者应知道，服用阿莫西林可产生尿糖假阳性。为避免上述麻烦，可采用Clinistix法或Tes-Tape法测定尿糖。

第五，一定要告诉医生你是否怀孕，尽管阿莫西林似乎对妊娠是安全的，但大规模人体试验尚未进行。同样，如果你正在哺乳，也应告诉医生。因为阿莫西林可以少量进入乳汁，暂时改变婴儿肠道的细菌平衡，导致婴儿腹泻。

第二节
毒品危害

【本节导言】

新型毒品的迅速流行，引发了大量毒品犯罪活动及多种疾病的扩散流行，不仅影响了人民群众的健康，更影响了社会稳定。本节阐述了毒品的由来及概念，介绍了几种常见毒品对人体的危害。

【核心概念】

毒品　毒品的危害

【学前思考】

● 毒品的危害有哪些？

一、毒品的概念

1.“毒品”一词的来源

“毒品”一词目前主要流行于中国以及亚洲东南亚地区，西方并没有“毒品”这一专有词汇。在中国，大约20世纪20年代才开始使用“毒品”一词，第二次世界大战前后逐渐流行起来。新中国成立之后的一段时间里，“毒品”一词已在社会上广为使用，但法律条文中仍称“鸦片烟毒”，未对“毒品”进行定义。

1979年，《中华人民共和国刑法》规定了“毒品犯罪”的各种罪名，但未明确“毒品”的法律定义。我国法律上首次正式为“毒品”定义，是1990年12月28日全国人民代表大会常务委员会第十七次会议通过的《全国人民代表大会常务委员会关于禁毒的决定》。1997年修订的《中华人民共和国刑法》对“毒品”进行了更为准确规范的定义；而《中华人民共和国禁毒法》沿用了《中华人民共和国刑法》中对“毒品”的定义。

2. 毒品的概念

《中华人民共和国刑法》(1997年修订版)第357条:“毒品,是指鸦片、海洛因、甲基苯丙胺(冰毒)、吗啡、大麻、可卡因以及国家规定管制的其他能够使人形成瘾癖的麻醉药品和精神药品。”

毒品范围的界定与划分具有时代性,随着毒品滥用范围的扩大和新药合成的不断发展,“受管制的麻醉品和精神药品”内容会不断增加。目前根据我国刑法对毒品的定义和2007年10月11日(国食药监安〔2007〕633号)发布的《麻醉药品品种目录(2007年版)》和《精神药品品种目录(2007年版)》,我国把毒品分为麻醉药品和精神药品两大类计255种。其中,麻醉药品共123种,精神药品共132种。2015年9月,公安部、国家卫生计生委、食品药品监管总局和国家禁毒委员会办公室联合制定了《非药用类麻醉药品和精神药品列管办法》(公通字〔2015〕27号),指出麻醉药品和精神药品按照药用类和非药用类分类列管,除麻醉药品和精神药品管理品种目录已有列管品种外,新增非药用类麻醉药品和精神药品管制品种,并在附件中列出了具体的《非药用类麻醉药品和精神药品管制品种增补目录》。对列管的非药用类麻醉药品和精神药品,禁止任何单位和个人生产、买卖、运输、使用、储存和进出口。

二、常见毒品及其危害

1. 吗啡类毒品

鸦片(Opium)——取自罂粟的生鸦片以圆块状、饼状或砖状出售,以后再粉碎或进一步加工。鸦片的有效成分为生物碱,主要是吗啡。使用鸦片成瘾后,可引起体质衰弱及精神颓废,还会缩短寿命。过量使用可引起急性中毒,因呼吸抑制而造成死亡。

吗啡(Morphine)——是一种无色或白色结晶粉末,有苦味,遇光易变质,溶于水,略溶于乙醇,分子式$C_{17}H_{19}NO_3$,分子量285.3。吗啡是从鸦片中提炼而成的,是鸦片的主要生物碱,具有镇痛、镇静、镇咳、抑制呼吸及肠蠕动的作用,主要用于缓解急性锐痛及心源性哮喘。吗啡通过注射及口服可产生欣快感,是一种全身抑制药,使用后容易成瘾。

海洛因(商品名或常用名:二乙酰吗啡;俗称:Horse, Smack, H, Stuff, Junk)——分子式$C_{21}H_{23}NO_5$,分子量369.2。它是由吗啡经化学药物提炼而成,呈白色晶体状,极纯的海洛因俗称“白粉”,被“毒品之王”,距今已有一百余年历史,没有任何医疗作用,是强烈的中枢神经系统抑制剂,会对人的生殖、神经和消化系统造成严重损害。海洛因极易成瘾,且难戒断，过量服用会因呼吸抑制而死亡，是被吸毒者广泛滥用的一种毒品。

2. 可卡因类毒品

可卡因又名古柯碱，分子式是 $C_{17}H_{21}NO_4$，分子量 303.4。它是从古柯植物中提取出来的一种生物碱。古柯树主要原产于安第斯山山脉的秘鲁、玻利维亚、哥伦比亚的高山地区，当地人通过咀嚼古柯叶以达到充饥、解除疲劳和使不幸者忘记痛苦的目的。从古柯叶中可提炼出多种生物碱，主要成分有：可卡因、肉桂酰可卡因、苯甲酰爱冈宁、甲基爱冈宁和爱冈宁等。可卡因最突出的作用是刺激中枢神经，作用于大脑皮层，产生欣快感，从而使消化系统受到抑制，胃液等消化液减少，饥饿感消失。过量服用会造成幻觉、妄想、谵妄性的精神病，还会造成体内器官实质性损坏，出现心搏停止、呼吸抑制、惊厥或昏迷等。常见的制剂主要有：古柯叶和古柯茶、古柯膏和可卡因游离碱等。

3. 大麻类毒品

大麻类毒品主要有大麻烟、大麻脂和大麻油三种。大麻对中枢神经系统有抑制作用，过量或长时间服用会使人全身各系统都出现中毒症状，对人的身心健康造成严重损害，主要表现在：精神障碍、记忆力和行为能力受损、人体免疫力降低、男性性欲和生殖能力下降等。

4. 苯丙胺类兴奋剂

苯丙胺类兴奋剂是人工合成的兴奋剂，即我们俗称的“摇头丸”的主要有效成分。由于其合成简单，衍生物的品种很多，造成的身体依赖性相对其他毒品（如海洛因、可卡因）来说较小，其泛滥程度非常高。大有取代 20 世纪流行的海洛因、可卡因、大麻等常见毒品，成为 21 世纪全世界滥用最为广泛的毒品之趋势。吸食苯丙胺类兴奋剂的危害主要表现在两个方面：一是精神损害作用，最常出现的后果是精神病样症状；二是生理（主要是对心脏）损害作用，可导致急性心肌缺血、心肌病和心律失常，成为吸毒者突然死亡的原因。

5. 致幻剂

致幻剂是指影响人的中枢神经系统，可引起感觉和情绪上的变化、对时间和空间产生错觉、幻觉直至导致自我歪曲、妄想和思维分裂的天然或人工合成的一类精神药品。常见的天然致幻剂有仙人球毒碱、致幻蘑菇菌等；人工合成的致幻剂有二甲基色胺、麦角二乙酰胺和苯环己哌啶等。另外，大麻、冰毒、阿托品、东莨菪碱等也有一定的致幻作用。

【本章交流与讨论】

- 合理用药与健康的关系？
- 如何区分处方药和非处方药？
- 毒品除了对身体有危害外，对家庭和社会有哪些危害？

CHAPTER 11

第十一章

美容与健康

本章学习之后，你将能够：

- ■ 了解生活美容和医学美容的含义和区别；
- ■ 掌握基本的护肤常识；
- ■ 理解目前常见的美容项目的适应证和风险。

第一节 美容概述

【本节导言】

美容是个既古老又新鲜的话题。人类在认识自然、改造自然的过程中形成了审美意识。随着文明的不断进步，人们对美的追求不断提高。在我国，尤其近30年来，美容行业蓬勃发展，在满足人们需求的同时也滋生了不少乱象。本节将从美容相关概念、健康美的标准、美容项目的分类、美容项目的选择等方面入手，分析梳理美容健康对大学生的价值。

【核心概念】

生活美容　医疗美容

【学前思考】

- ● 美的容貌和形体对个体的意义有哪些？
- ● 常见的美容项目中，哪些属于生活美容？哪些属于医疗美容？

一、美容相关概念

汉语中原本没有“美容”一词，正式使用首见于1985年出版的《现代汉语词典》，是由英语“cosmetic”翻译过来的，最早源于古希腊语“kosmetikos”，意思是“装饰”“梳妆”。

在对世界各大古文明的考古研究中，均发现了人们护肤、化妆的用具。比如，古埃及人喜欢化浓重的眼妆、戴假胡须，古代中国妇女热衷于胭脂、描眉、傅粉等。

随着社会发展，人们对美的需求不再停留在梳妆打扮等生活美容层次上，而是提高到从医学角度全方位地评价人体的美感，从而诞生了医疗美容这门新兴学科。虽然生活美容和医疗美容都被称为“美容”，但它们在技术门槛、从业要求和包含领域等方面都有很大不同。下面分别简要介绍美容、生活美容、医疗美容三者的概念和关系。

美容是能使人美观的一种方法或行为。狭义的美容是指增进容貌、皮肤、毛发美。广义的美容是指能增进人体美的一切方法，包括生活美容和医疗美容两大类。美容是建立在健康审美观的基础上的。评价审美对象的美与不美，反映了个人和社会在文化、艺术、伦理和心态等多方面的素质。

生活美容是通过修饰性的方法弥补审美学上的不足，是浅层次的美容，对从业者的专业要求不是很高。比如化妆师、美发师、按摩师等，接受短期的专门培训，无须通过国家法定的考核，即可以从事相应的工作。实施生活美容的机构，包括美容院、美发店、按摩店等，允许其经营的范围仅限于非侵入性、非创伤性的项目，如化妆、美发、按摩、服饰等。相关的行业协会有美容美发协会等。

医疗美容则属于医学范畴，是医学的一个分支学科。与传统医学学科不同的是，医疗美容的目的不是治病救人，而是满足人们对美的需求。从业者必须是取得了资质的医师、护士等医务人员。我国把医疗美容专业划定为四个亚专业：美容皮肤科、美容整形科、美容牙科和美容中医科。这四个亚专业分别是从传统的皮肤科、整形科、口腔科和中医科划分出来的。国家对从业医生的资质准入有明确的规定。目前，各地对美容主诊医师资质的认定实行证书制或备案制。比如四川省规定，美容整形专业的主诊医师必须是有6年以上外科执业经历，并且在美容整形专业工作超过1年的医生，由所在医院出具工作证明，在当地卫生部门审核，实行备案制。相关的行业协会有中华医学会、中国医师协会等。

概念提示：生活美容是运用化妆品、保健品和非医疗器械等非医疗手段，对人体进行的诸如皮肤护理、按摩等保养或保健性的非侵入性的美容护理。医疗美容是运用药物、手术、医疗器械以及其他具有创伤性或侵入性的医学手段，对人的容貌及各部位的形态加以修复和再塑，以达到维护人的生命活力美为目的的一类医学技术。

二、人体美学标准和医疗美容的分类

什么样的人才算作“美”？ 不同时期、不同文化的审美标准不一样。古今中外的人们提出过很多审美标准，比如“黄金分割”“三庭五眼”。虽然人体作为一个立体的、活动的整体，其美学参数不是几个角度、长度、弧度就能概括的，但是人体美却有其基本特征，这些特征相当于参照系，帮助医生把畸形或衰老的机体修复到相对美观的形态。比如，美容医学认为，经发际、眉间、鼻小柱基底及颏下缘的水平线，可将面部分成三等分（图 11-1）。求美者可能抱怨鼻子塌，但经过测量，发现其鼻子还存在比较短的问题，那么医生就会建议同时进行增加鼻背高度和鼻子长度的综合隆鼻手术。

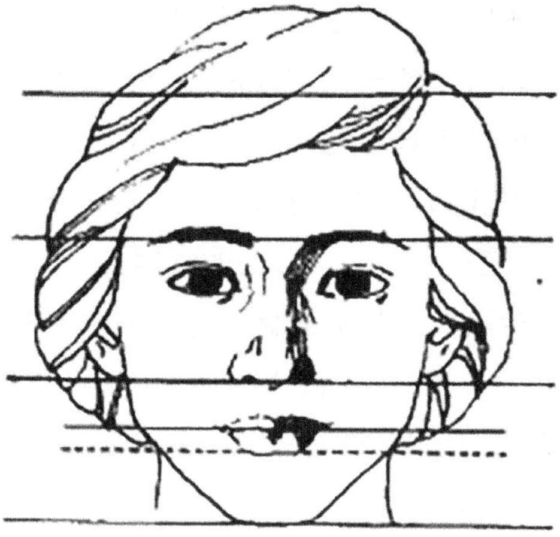

图 11-1 面部三等分图

我国已经形成了比较规范的医疗美容行业。美容行业作为朝阳产业，技术发展和观念更新比较快。现在越来越多的人对五官的审美已经从过去的“欧美范儿”，转变为保留人种特色的“自然范儿”。对形体的审美，由过去一味追求“瘦”，转变为“穿衣显瘦，脱衣有肉”的健美风格。

美容项目的分类方法有很多，按身体部位分，有眼部美容、鼻部美容、乳房美容、腿部美容、腹部美容等；按功效分，有除皱（年轻化）、重睑（双眼皮）、抗瘢痕等；按治疗手段分，有注射、手术、微针、激光等。本章后续章节，将着重介绍常见的几类医疗美容项目。

三、美容行业现状

近 30 年来，我国社会经济飞速发展，人民生活水平快速提高，人们对美容的需求迅猛增加。按照社会经济发展规律，未来几十年内，我国美容产业将处于高速增长期。然而近年来，美容行业丑闻迭出，平均每年因为美容整形“毁容”的投诉多达 2 万件。主要有如下几方面原因：

1. 无医疗资质的机构和人员混杂。目前，社会上仍存在着没有医疗美容资质的机构实际上进行着医疗美容项目的运营等情况。比如，很多美容院都在运营文身、文眉、微针、水光针等项目，但这些项目会穿透人体皮肤屏障，是侵入性操作，对操作环境和操作人员的无菌技术要求很高，如果在没有达到条件的环境里由未经培训的人员操作，容易出现感染事件。又如，有一些不具备医疗资质的“医生”“工作室”，通过新媒体途径大肆宣传，吸引客源，在不具备医疗条件的场所，如酒店客房、公寓等地非法行医，往往造成严重事故，对全行业产生恶劣影响。

2. 专业人才严重不足。真正具有资质的医师数量不多，而且大多集中在公立三级医院。在利益的驱动下，以前在眼科、耳鼻喉科、内科等专业科室工作的人员，转行从事美容专业，这些人中有一些并没有接受规范的专业教育和培训，更没有取得相关资质。更有甚者，一些非医务人员经过社会上所谓的“培训班”“学徒”培训，就摇身一变成为“美容医生”“整形医生”。这些“医生”对人体解剖学和无菌操作的了解几乎为零。另外，由于专业人员的不足，给求美者面诊的往往是并无任何医学专业背景的销售人员，其所制订的治疗方案不仅缺乏科学性，而且容易传达过高的治疗预期。

3. 不正规的宣传。在我国，医学美容是目前市场化程度最高的医疗行业，很多美容机构为了适应市场竞争，片面强调“盈利”，采用各种营销手段和噱头宣传，混淆甚至发明医学概念，或是把陈旧的，甚至已经淘汰的技术换个称呼，“新瓶装旧酒”，以牟取暴利。

4. 求美者对医疗美容认识不足和信息不对称。一方面，很多人先入为主地认为，既然不是病人，没必要到医院去，从事“微整形”的美容机构环境好、服务态度好，符合消费者需求。当他们的生活美容需求被满足后，便对美容机构产生信任感，愿意继续接受医疗美容项目。另一方面，市面上美容产品种类繁多。比如，同样是玻尿酸，国产和进口、非交联和交联剂型价格差距几十倍；同一个品牌交联玻尿酸里面，根据交联程度不同，又分成小分子、中分子、大分子等不同型号，分别适用于不同的需求；甚至有人兜售仿冒的“肉毒素”，其单支剂量往往得不到保证，要么过低，要么过高，最危险的是过高，几乎所有中毒的案例都是这种情况。

上述这些乱象，不仅严重影响美容行业的发展，而且增加了求美者的不信任和不安全感，甚至使得一些原本可以通过正规的美容手段改善外貌的人望而却步。作为大学生，通过了解相关知识，培养健康的美学观念，学会科学地看待美容，善于分辨真伪，有美容需求的一定要到正规医院找有资质的医生，不要偏信广告和宣传。

第二节 护肤与化妆

【本节导言】

随着化妆品应用的增多,越来越多的困惑摆在消费者面前。消费者选择化妆品一般依据广告和商家介绍,产品的实际功效无法得到确认。消费者对于可能发生的化妆品不良反应认识不足。本节主要介绍正确的护肤理念、如何选择适合自己的化妆品、各种化妆品的功效特点、化妆手段等知识。

【核心概念】

皮肤的结构　化妆品的定义及分类　护肤的步骤

【学前思考】

● 每个人的护肤顺序都一样吗?如何选择适合自己的化妆品?

一、皮肤的结构

我们经常谈论到护肤、美容,那大家对皮肤的结构真正了解吗?要想拥有和保持美丽健康的皮肤,就要对相关概念有一定的认识。首先介绍皮肤的结构。我们的皮肤可以分为表皮层、真皮层和皮下层,其中含有血管、淋巴管、神经、肌肉和各种皮肤附属器,如毛发、皮脂腺、汗腺和甲等。表皮包括了角质层和生发层,角质层里细胞角化,紧密地排列在一起,形成一道屏障,对身体起到保护作用;生发层的细胞有着很强的分裂能力,而且还有一定数目的黑色素细胞,产生黑色素吸收紫外线,减少紫外线对皮肤的损伤。真皮中致密的结缔组织,使皮肤柔韧而具有弹性,对皮肤起到一定的保护作用;真皮中有许多血管,给皮肤提供营养,同时也具有调节体温的作用。皮肤的附属器有毛发、皮脂腺、汗腺和指(趾甲)等,毛发和指(趾甲)具有保护作用;皮脂腺分泌皮脂参与构成皮肤表面的皮脂膜,减少皮肤水分的流失,保持皮肤润泽;汗腺分泌汗液,排除水分和无机离子、乳酸和尿素等其他代谢产物,另外也有散热功能(图11-2)。

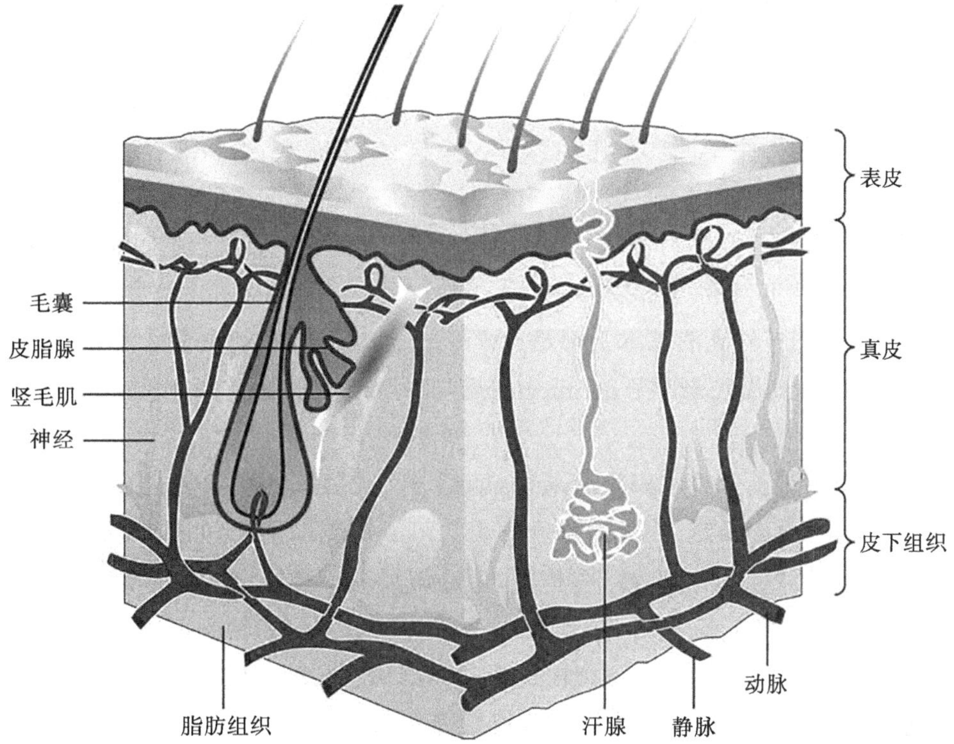

图 11-2 皮肤解剖结构模式图(图片源自网络)

二、化妆品与护肤

根据化妆品的定义,我们可以把化妆品理解为:以涂敷、揉擦、喷洒等不同方式,涂加在人体皮肤、毛发、指甲、口唇和口腔等处,起清洁、保护、美化、促进身心愉快等作用的日用化学工业产品。这里主要介绍用于护肤的化妆品(简称护肤品)和粉饰类化妆品。

护肤品包括清洁类产品、化妆水、精华、乳液、面霜、眼霜、防晒类产品。

以下按照护肤品使用的先后顺序进行介绍。

(1)洗面奶、洁面乳、洁面啫喱,三者都是以清洗面部污物为目的,外观形式没有太大区别。洗面奶更温和,清洁力度不是很强,更适合敏感性皮肤及干性皮肤,一般为无泡形或低泡形。洁面乳相对于洗面奶来说,清洁力度稍大些,一般适用于敏感性皮肤及中干性皮肤,既可以做成泡沫形,也可以做成无泡或低泡形。当然,也有些洁面乳适用于油性皮肤。洁面啫喱一般是外观透明、具有一定稠度和一定流动性的液体,有丰富的泡沫,用后皮肤感觉很清爽,对皮肤的清洁力度较强,适用于中性和油性皮肤。

(2)化妆水根据不同的用途,一般可分为爽肤水、柔肤水、养肤水、嫩肤水等,一般为透明液体,通常是用在洁面剂等洗净粘附于皮肤表面污垢后,为给皮肤的角质层补充水分，调整皮肤的生理作用（主要是酸碱度）而使用。化妆水更着重于保持皮肤水分均衡、控制油脂积聚、清除皮肤表面的过氧化脂质和活性脂酶、调整皮肤酸碱平衡，使皮肤清凉、爽洁。一般市售的化妆水按适用对象分为：油性皮肤用（一般称为收缩水、紧肤水、爽肤水、清新液等）和中干性皮肤用（营养水、柔肤水、嫩肤水、活肤液、活泉水等）。各种不同的化妆水其配方组成不同，消费者应根据自己皮肤的情况选用化妆水。

（3）乳液外观类似牛奶，发白，有些黏稠，可以流动，一般是含有油分也含有水分，在一定的工艺条件下，使油分成为5~20 μm的微粒悬浮于水中，形成均匀稳定的油水混合物。我们常用的各种乳液基本上都是这样形成的。当然，也可以使水分在一定工艺条件下形成5~20 μm的微粒悬浮于油分，形成均匀稳定的油水混合物，也被称为乳液，只是这种乳液较少见。

（4）精华相对于化妆水和乳液来说，就是一个加强版的护肤品，提炼更加精纯，配方更加简单，成分更加稳定，因此价格也更贵。可以是纯水相（比如精华液、精华凝露），也可以是含油量比较低的轻乳液（精华乳）。通常具有一些特定的作用，更加强调功能性，比如保湿、美白、控油、抗氧化、修复、镇静舒缓等。最常见的保湿精华里一般含有透明质酸钠、神经酰胺、胆固醇、天然油脂（尤其是不饱和脂肪酸，如亚麻油、红花籽油、山茶籽油）；控油精华里会添加水杨酸类以减少油脂的分泌，以及维生素B3（烟酰胺）、维生素B6、丹参提取物等抑制油脂分泌的成分；抗衰老精华一般含有维生素E、维生素C及茶叶提取物。对于对抗光老化有确定效果的是维生素A视黄醇或其衍生物。

（5）乳液与面霜二者外观都是白色的，体系中都含有油分、水分，通过基本相似的工艺进行加工，使油水形成均匀混合物。乳液具有一定黏稠度，一般可以流动；面霜是几乎不流动的白色膏体。从外观看，乳液似乎比面霜要清爽些，但这并不正确，因为清爽与否是由配方决定的。也就是说，并不能说乳液就一定比面霜清爽或者说面霜就一定比乳液油。

（6）眼霜根据剂型不同，分为眼部啫喱、凝胶、精华、霜剂，选择的方式仍然是通过肌肤类型来选择。眼睛周围的皮肤是人体皮肤角质层最薄弱的，皮脂腺分布最少的部位，也是活动最频繁、拉扯皮肤次数最多的部位。眼周解剖结构和生理特点较面部有一定的特殊性，但并没有针对眼部的特殊化妆品配方及生产工艺的内容。化妆品制备工艺是物料间的物理混合或者物态变化，乳液类的生产设备是各种搅拌器和均质乳化装置，霜类的生产设备是捏合设备和真空脱气设备。眼霜和面霜并无不同，可以代替，关键是看配方成分。

（7）防晒剂分为有物理防晒剂和化学防晒剂。物理防晒剂主要是以反射和散射紫外光来达到防晒要求的，以二氧化钛（钛白粉）及氧化锌为主。最常用的钛白粉本来就是一种白色染料，会对光产生反射和漫射作用，使皮肤看上去会白一些。物理防晒剂是惰性的，一般不会受紫外线能量的激发。也就是说，只要物理防晒剂存在于皮肤上，就具有防晒作用。化学防晒剂成分复杂，如水杨酸辛酯、甲氧基肉桂酸辛酯等有机分子，这些物质比较黏腻不清爽（固有的化学结构决定的），给人感觉不透气，使用后感觉皮肤上附了层油脂，封闭性强，容易受紫外线能量激发而改变化学结构。也就是说，化学防晒剂在紫外线照射一定时间后，防晒能力会随时间增长而衰减，最后到完全丧失防晒功能。如果要达到所希望的防晒效果，应及时补涂。

以上步骤中，除了保湿和防晒，其他的都不是必须的，并没有一个固定的所谓全套流程或者使用顺序。只有了解自己的皮肤类型，明确自己的需求，并且对护肤品的功能有着科学的认识，才是正确的护肤之道。

三、卸妆的步骤

1. 卸妆的重要性

（1）防治肌肤毛孔堵塞，导致痘痘、粉刺的产生。

（2）防止肌肤加速老化产生细纹。

（3）防止化妆品残留在脸部，导致色素沉积。

2. 卸妆的步骤

卸妆产品一般有卸妆水、卸妆油、卸妆乳、卸妆膏。下面从以上卸妆产品的适用人群、优缺点、卸妆步骤等方面进行介绍。

（1）卸妆水。适用人群：油性肌肤、混合性肌肤人群。 优点：质地清爽、卸妆力较弱，可用于卸淡妆。缺点：不容易卸除浓妆，使用的时候需要配合化妆棉。卸妆步骤：取适量卸妆水浸湿化妆棉后，用化妆棉由内而外擦拭皮肤，卸完妆后需要用洗面奶二次清洁。

（2）卸妆油。适用人群：适合所有人群。优点：卸妆力较强，适合卸除浓妆，相对较温和。缺点：要彻底乳化，不然容易造成毛孔堵塞。卸妆步骤：干手取适量卸妆油涂于干脸上，上脸后着重打圈按摩眼部彩妆，可少量多次加水，乳化至彩妆油脂变白，最后用清水洗干净（可根据自己习惯选择是否二次清洁）。

（3）卸妆膏。适用人群：适合干性肌肤、中性肌肤人群。优点：卸妆力较强，浓、淡妆都能卸。缺点：卸妆过程比较慢，质地比较厚重。卸妆步骤：干手取卸妆膏涂于干脸上，按摩揉搓至彩妆全部溶解，可少量多次加水，乳化后用清水清洗干净（建议部分化妆膏用洗脸巾擦掉后再用清水清洗）。

（4）卸妆乳。适用人群：适合所有人群。优点：卸妆力比卸妆水稍强，比较温和，可卸淡妆。缺点：不容易卸除浓妆。卸妆步骤：双手保持干燥，对搓预热后，取适量卸妆乳于手心，均匀涂抹于干脸部，由内而外打圈轻轻按摩，按摩结束后用清水清洗干净，卸完妆后需要用洗面奶二次清洁。

第三节 面部整形

【本节导言】

良好的面部形态，和谐的面部轮廓，是人人都向往与追求的。其不仅能衬托出人的整体气质，更能增强自信心。本节将从面部常见整形项目着手，简析重睑内眦、上睑下垂与眼部美学，隆鼻与鼻部美学，隆颏与颏部美学。

【核心概念】

三庭五眼　上睑下垂　鼻额角

【学前思考】

- 面部的美学指标有哪些？
- 美学标准是否有人体差异？

一、面部轮廓

面部轮廓讲究三庭五眼四高三低，以规范面部的长宽比例。

三庭指面部的长度比例，把脸的长度分为三等分，从前额发际线至眉骨，从眉骨至鼻底，从鼻底至下颏，各占脸长的1/3。

五眼指脸的宽度，以眼型长度为单位，把脸的宽度分成五等分。

四高：额头、鼻尖、唇珠、下颏。

三低：鼻根、人中、下唇下方。

> 概念提示：三庭五眼：三庭指面部的长度比例，把脸的长度分为三等分，从前额发际线至眉骨，从眉骨至鼻底，从鼻底至下颏，各占脸长的1/3。
> 五眼指脸的宽度，以眼型长度为单位，把脸的宽度分成五等分。

二、眼部整形

艺术大师达·芬奇说过："眼睛是心灵的窗户。"意思是说眼睛是可以表达思想感情的，甚至用语言难以表达的微妙感情，都能用眼睛表达出来。眼部整形最常见的是重睑、上睑下垂、开眼角。

（一）应用解剖

眼睑分上、下两部，上、下睑缘间的空隙称作睑裂。成年人的睑裂长27~30 mm，平视时宽度8~10 mm，尽力睁眼时可达12~14 mm。上睑最高处在中、内1/3交界处，下睑最低点在中、外1/3交界处。正常人在自然睁眼、原位注视时，上睑缘位于瞳孔上缘与角膜上缘之间的中点水平，即上睑缘覆角膜上缘1.5~2 mm。下睑缘正好与角膜下缘相接触。内眦间距为31~33 mm。

（二）重睑术

重睑术的原理是使上睑皮肤与其下的睑板、睑板前组织或者提上睑机腱膜形成粘连，在睁眼时形成重睑皱褶。

1. 重睑术及其适应证

主要分为埋线法、缝线法；切开法（包括小切口及三点式重睑）。

（1）埋线法、缝线法。适合上睑皮肤薄而紧的年轻人。优点：操作简单，反应轻、痛苦小，双眼皮真实自然、易修改、可恢复原样。缺点：线结反应，埋线断裂，操作不当损伤角膜等。

（2）切开法。适合所有类型的眼睛。优点：效果持久，能充分发挥医生的美学观。缺点：恢复较慢、切口痕迹稍明显。

（3）小切口、三点式重睑。适合皮肤无明显松弛者。优点：瘢痕不明显且效果持久。缺点：对手术操作者要求较高。

2. 重睑类型

（1）开扇形：重睑皱襞外宽内窄。适合瓜子脸、小长方脸、椭圆脸。

（2）平行形：重睑皱襞与上睑缘平行。适合大脸和方脸，大眼睛、高鼻梁、高眉弓、眉眼距离宽。

（3）新月形：重睑皱襞中间宽两侧窄。

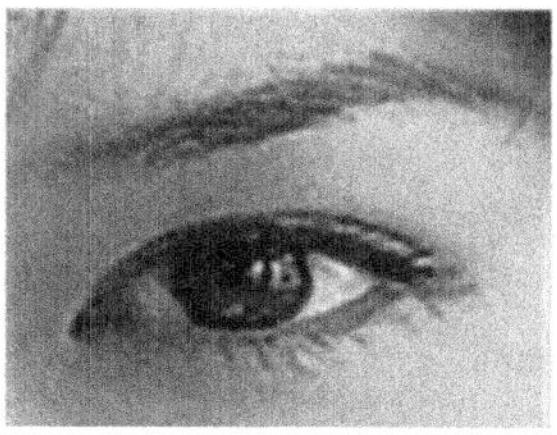
开扇形

平行形

新月形

图11-3 重睑类型

3. 重睑宽度

重睑宽度是指重睑线至上睑缘的距离。隐双(内双):4~5 mm。普通形:6~8 m。较宽形:9~10 mm。欧式:12 mm。

(三)上睑下垂

1. 诊断

上睑下垂指提上睑肌和平滑肌的功能不全或丧失,以致上睑呈现部分或全部下垂,轻者遮盖部分瞳孔,严重者瞳孔全部被遮盖,先天性者可能弱视。为了克服视力障碍,双侧下垂者,因需仰首视物,形成一种仰头皱额的特殊姿态,这种多为先天性。

2. 下垂的程度

单侧上睑下垂者可与正常侧作对比,两眼原位平视前方时,睑裂高度之差,即为下垂量。如为双侧上睑下垂,上睑缘正好位于瞳孔上缘与角膜上缘之间的中间水平线,即覆盖角膜1.5~2 mm。如上睑缘位于瞳孔上缘,其下垂量为1~2 mm,称为轻度下垂;上睑缘遮盖瞳孔1/3,其下垂量为3~4 mm,称为中度下垂;如上睑缘下落到瞳孔中央水平线,其下垂量为4 mm以上,称为重度下垂。

3. 手术方法

大致可分为两类:①通过提上睑肌或缩短加肌止缘前移,增强提上睑肌的功能;上眼睑下垂矫正;②借助邻近肌肉或植入物加强或替代提上睑肌的作用,如利用额肌、上直肌牵引提高上睑缘位置等。

概念提示:上睑下垂指提上睑肌和平滑肌的功能不全或丧失,以致上睑呈现部分或全部下垂,轻者遮盖部分瞳孔,严重者瞳孔全部被遮盖,先天性者可能弱视。

三、鼻部整形

俗话说:“面部一枝花,全靠鼻当家。”鼻子位于五官正中央,决定着五官的均衡,是真正彰显一个人气质、美丽的部位。

(一)鼻子的美学标准

(1)位置:以鼻根为中心、以鼻根到外眦距离为半径画圆,鼻小柱基部和鼻翼缘刚好在此弧线上,两鼻翼外侧缘约在内眦的垂线上为宜。

(2)长度:鼻根点至鼻尖点的直线距离应占整个面部长度的1/3,一般6~7.5 cm。

(3)宽度:鼻宽稍大于内眦(左右眼角)间距,最大距离大概是鼻长的70%。鼻根部的宽度约1 cm,鼻尖部约1.2 cm。

(4)高度:从侧面看,鼻尖的理想高度为鼻长的1/3,男性为26 mm,女性为23 mm。低于22 mm者为低鼻。

(5)形态:鼻尖的正常形态为球形,鼻孔为斜向鼻尖的椭圆形,双侧对称。鼻孔最外侧超过内眦的垂直线1~2 mm。鼻额角:由眉间点到鼻根点的线与鼻根点到鼻尖连线之间定义的角度。此角的大小和位置的高低对容貌甚为重要,一般115°~130°为宜。鼻唇角:90°~100°为理想角度。鼻尖角:85°~90°为最理想角度。

(二)鼻整形术

鼻整形的手术方式包括取耳软骨,取鼻中隔软骨,取肋软骨,取颞深筋膜,取臀沟真皮垫,假体隆鼻,鼻中隔延长,鼻小柱延长,鼻尖塑形,鼻翼肥大矫正,鼻头肥大矫正,鼻孔塑形,歪鼻矫正,宽鼻矫正,鼻中隔偏曲矫正,鼻翼基底填充,鼻甲肥大矫正,等等。应根据个人需求及面部整体协调性选择手术方式。

四、下颏整形

(一)颏部美学标准

鼻尖—唇珠—下颏在一条直线上。但对颏部的评估应考虑面部的均衡,而非人体测量学的标准数据。颏部评估包括下唇的倾斜度、唇颏沟的高度和深度、颏垫的厚度、静态和动态微笑时颏部下垂情况。

(二)隆颏的材料

包括自体脂肪、玻尿酸、硅胶、膨体等。其中,注射隆颏及玻尿酸隆颏无明显切口,通过针眼打入注射物,自体脂肪涉及吸收,若想达到满意效果,往往需要多次手术;玻尿酸隆颏效果好,但同样涉及吸收,完全吸收需要6~12个月。假体隆颏材料包括硅胶和膨体,一般通过口内黏膜切口,外观上看不到切口,假体隆颏不存在吸收问题,主要涉及假体感染、假体移位等风险。

第四节 形体塑造以及隆乳术

【本节导言】

人类对人体美的追求，推动着整形美容外科的发展，吸脂塑形手术、隆乳术是其中最具代表性的手术之一。

【核心概念】

脂肪抽吸术　病理性肥胖　健康性肥胖　自体脂肪隆乳术

【学前思考】

- 优美的身体形态对生活的意义有哪些？
- 哪些生活习惯有助于保持身材？
- 乳房对于女性的意义有哪些？

一、脂肪抽吸术

脂肪抽吸术是利用负压吸引、高频电场、超声波以及激光等物理手段，通过皮肤的小切口，将人体局部皮下脂肪吸出，达到局部减肥或是改善形体的目的，并且可以结合自体颗粒脂肪移植技术，对其他部位进行形体雕塑。该技术微创、损伤小、恢复快、不留明显的体表痕迹，受到越来越多的求美者的欢迎。

人体脂肪可分为深层和表层两部分，表层脂肪分布状况决定了一个人的体形特征。多数专家认为，人体脂肪细胞的数量在青春期后即保持相对稳定，局部过度肥胖是由该处脂肪细胞过多贮存脂肪后体积增加造成的。吸脂后局部脂肪细胞数量减少，在适当的饮食和体育运动调节下，一般不会再度肥胖。

目前的吸脂术已由单纯的腹部脂肪抽吸扩大到身体的各个部位，由单纯的减肥发展为形体雕塑。吸脂的范围包括面部、下颌、腹部、腰背部、臀部、四肢等。对于局部堆积的脂肪，仅通过一次手术即可达到形体再塑的目的。常用的抽脂技术有以下几种：(1)负压辅助吸脂；(2)超声辅助吸脂；(3)电子辅助吸脂；(4)振动辅助吸脂；(5)激光辅助吸脂。

1. 吸脂对象的选择

手术群体一般可分为病理性肥胖和健康性肥胖。病理性肥胖者，体形臃肿、有大量的脂肪堆积，行动不便，具有手术吸脂的明确指征；健康性肥胖者，只有局部轻度的脂肪堆积，对生活和工作没有明显的影响，完全是为了重塑形体而要求手术。

2. 手术的适应证

(1)局部脂肪堆积，影响形体曲线；(2)皮下脂肪过多无明显皮肤松弛，或皮肤轻度松弛但皮肤弹性良好；(3)肥胖体形者想通过手术减轻体重；(4)单纯肥胖伴有局部皮下脂肪明显增厚；(5)药物与非手术疗法减肥无效者；(6)50岁以上者严格掌握适应证。

3. 术后注意事项

(1)抽脂区域在手术后48小时需要适当挤压包扎，以减少术后渗血渗液；(2)术后一周到十天视伤口愈合情况拆线；(3)拆线后要继续穿戴紧身弹力服3~6个月，有条件者可以配合理疗按摩，以促进恢复。

二、隆乳术

隆乳术，又称隆胸术或丰胸术，是通过植入医用材料或移植自身脂肪组织，使乳房体积扩大、形态丰满匀称，改善女性体型、恢复女性特有的曲线美的一种手术。乳房发育欠佳的女性虽然乳房过小或扁平，但因乳房组织结构完整，皮肤完好并有弹性，可以扩展，行隆胸术易于取得良好的效果。最常见的隆乳手术有：假体隆乳术以及自体脂肪隆乳术。

(一)假体隆乳术

假体隆乳术一般在全麻下施行，手术时在乳房下部皱褶、乳晕周围或腋下皮肤做一个切口。通过切口，分解出一个腔隙来放置植入物，将硅凝胶假体或是盐水袋假体置入。植入位置的选择非常重要，常见的植入位置有乳腺后间隙植入和胸大肌下层植入。

术后护理注意事项：

(1)隆乳术后胸部通常会疼痛和瘀肿，其程度因人而异，视手术的方法、性质及个人的体质而定。疼痛一般会维持二至三天，可依医生的指示按时服药控制。瘀肿则会在一至两星期内消退。

(2)日常活动普遍可在手术后的二至三天后进行。手术后首星期应避免高举手臂及提携重物。两星期内应避免进行蒸气浴及游泳。而剧烈的运动则要待手术两星期后才可进行。

(3)手术后的伤口上会有简单的敷料,间中会有绷带固定乳房位置。二至三天后到医院复诊,伤口的缝线会在十天内自动溶解。

(4)手术后首月应依医生的指示穿着合身柔软的胸围或定位胸带,或不穿胸围让胸部组织自然成形。初期会感觉乳房肿胀不柔软,待一至两个月后,乳房质感形状便会比较自然。

(5)手术后六个月内不能穿着有铁线的胸围,以防止胸部变形及引致包膜挛缩(包膜纤维硬化)的发生。

(6)手术后两星期内应避免性行为,以免碰伤乳房。

(二)自体脂肪隆乳术

这在理论上是最理想的隆胸方法。因为没有排斥反应,再加上有"真乳房"的感觉,心理上易接受,可惜的是脂肪移植的成活率很低。有报道称:自体脂肪移植隆胸成活率一般低于30%,大部分移植的脂肪细胞会坏死、液化。量较少,机体可吸收、分解;量较大,超过了机体的吸收、分解能力,机体会形成"包裹",出现"术后硬结";如果量更大,机体会分解一些水解酶,往浅层穿破排出,如果伴有细菌感染的话会形成"脓肿"。因此,自体脂肪移植隆胸是最理想的方法,也是并发症最多的一种方法。早在20世纪90年代,著名整形外科专家戚可名教授就发文提出,使用这种方法通常每侧每次移植量不宜超过50 mL,一般需要做三至四次才能获得理想效果。

第五节
瘢痕与腋臭

【本节导言】

小面积瘢痕与腋臭是体表良性病变中比较常见的两种，虽然多数情况下并不会带来机体损伤或功能障碍，但是对于大学生的仪表和社交却有着比较重要的影响。通过对二者的介绍，可以让大家对目前的治疗手段有一定的认识，便于根据自身情况进行选择。

【核心概念】

瘢痕　腋臭　微创　治疗时机

【学前思考】

- 什么是瘢痕体质？
- 瘢痕治疗的最佳时机是何时？
- 腋臭的成因是什么？
- 治疗腋臭的方法有哪些？

一、瘢痕防治

瘢痕是各种创伤后所引起的正常皮肤组织的外观形态和组织病理学改变的统称，它是人体创伤修复过程中必然的产物。伤口或者创面要想愈合，都要通过瘢痕这一形式。而在愈合的过程中，很多炎性因子、生长因子、成纤维细胞、肥大细胞、内皮细胞、巨噬细胞均参与作用。这是一个长期、复杂的多因素过程。在这个过程当中，胶原的合成代谢和分解代谢维持着一种动态的平衡，一旦因为某种原因，这种平衡被打破，瘢痕的增生就会剧烈且明显。

(一)影响瘢痕形成的原因

第一,手术及创伤。目前的择期手术,也就是医生和患者在约定的时间并不仓促的情况下完成的手术,多数伤口也是在完全没有张力的情况下进行了精细的缝合。在这种情况下,只要术后伤口不出现感染、出血、裂开等并发症,会完全愈合。而如果手术是为了救命或者止血等仓促进行的急诊手术,或者手术区域本来就有严重的污染或者感染,伤口的愈合则会受到明显影响。如果是烫伤或者擦伤之类的浅表成片创伤,则和当时受伤的程度以及愈合过程中是否有加深创面的情况有关(比如说感染或者再次创伤)。

第二,患者的体质,也就是所谓的瘢痕体质。总的来说,有色人种较白种人更容易出现瘢痕增生。而同属黄种人的我们,肤色偏深的人较肤色偏白的人更容易出现瘢痕增生,这是由我们的基因决定的。在整形专业术语中,所谓的瘢痕体质是指易发瘢痕疙瘩的体质。这是一种有良性肿瘤样生物学特性的特殊瘢痕。需要指出的是,即使我们并非瘢痕体质,不同人,不同部位,不同时期,也会出现完全不同的瘢痕增生情况。

概念提示:瘢痕疙瘩是指皮肤伤口愈合或不明原因所致皮肤损伤愈合后所形成的过度生长的异常瘢痕组织,其特点为:①病变超过原始皮肤损伤范围;②呈持续性生长;③高起皮肤表面、质硬韧、颜色发红的结节状、条索状或片状肿块。

第三,抗瘢痕治疗。通过正确的方法,我们可以大幅改善瘢痕愈合的过程。在这方面,除了传统的硅酮凝胶、糖皮质激素的治疗外,近来相关研究不断涌现,包括剥脱性及非剥脱性点阵激光、脉冲染料及半导体激光、皮肤磨削术和肉毒杆菌毒素注射等。这些方法各有优缺点,也适用于不同类型和阶段的瘢痕。

(二)瘢痕的防治时机及方法

手术时尽可能精细操作,减少出血和组织损伤,切口张力小且对合严密。术后的护理也很重要,因为感染是瘢痕增生或者出现瘢痕疙瘩的一个重要原因。正规、正确地换药治疗可以预防感染,保证创面和伤口按期愈合。如果伤口或创面愈合过程顺利,在拆线后或者创面愈合后1~3周,就可以开始防疤治疗了。最简便的方法,是使用硅胶瘢痕贴,可以自己完成。四肢部位可再加上弹力套以抑制瘢痕增生。如果想要进一步治疗,则可到正规医院进行系统的防疤、防色沉治疗。

二、腋臭的治疗

(一)腋臭的原因

汗腺是皮肤的附属器。人类的汗腺分为小汗腺和大汗腺两种。小汗腺排出的汗液99%是水分,1%是氯化钠、乳酸和尿素。除唇红部、包皮内侧及龟头部外,全身均有分布,以掌跖、额部、背部、腋窝等处最多。大汗腺含有蛋白质、脂类、葡萄糖等,新鲜分泌的汗液是白色黏稠无臭的液体,经过细菌分解后产生不饱和脂肪酸,具有特殊的臭味。大汗腺主要分布在腋窝、乳晕、脐窝、肛门四周及生殖器等处,以腋窝分布最多,是体味产生的最主要部位,因此称为腋臭或狐臭。部分人还伴有腋窝多汗。

腋臭的发生受种族和遗传因素影响较大,西方人发生率远高于东方人,常伴随青春期的发育而逐渐出现。

大学生多数集体生活,居住条件有限,体育锻炼频繁。虽然腋臭并不影响身体健康,但却严重影响个人的社交生活,甚至带来巨大压力,影响日常学习和生活。

(二)腋臭的治疗

腋臭的治疗方法主要分为无创和有创两大类,适用于不同人群,也各有优缺点。

无创治疗主要是通过药物,抑制汗液分泌,抑制或杀灭产生异味的细菌以及各种消除和掩盖异味的制剂。这些外用药物价格低廉,使用方便,正规药物副作用较小。适用于较轻的腋臭及多汗人群。缺点是效果有限,缺乏持续性。

有创治疗种类较多,目前最常用的有A型肉毒毒素注射、激光或射频治疗及手术治疗。

A型肉毒毒素能抑制周围运动神经末梢突触前膜乙酰胆碱释放,减少大汗腺汗液分泌,以达到减少体味的目的。注射的过程疼痛轻微,几乎没有恢复期,多次注射后大汗腺会逐渐萎缩。非常适合轻到中度的腋臭人群,省时省力,不影响学习和工作。缺点是随着药物的代谢,药效只能维持6个月左右,因此每年需要1~2次的重复注射。

激光治疗主要是通过能量光束破坏大汗腺,其疗效与治疗时光束的密集程度相关,但并非密度越大越好,因为过于密集的能量和治疗点也增加了皮肤坏死和瘢痕形成的可能性。近年来逐渐发展起来的黄金微针射频,是一种介入的射频点阵技术,利用镀过黄金的细小微针将射频能量精确作用于不同深度靶组织,从根本上解决了传统激光和射频的表皮损伤和能量衰减严重的问题,在拥有一定深度和确切疗效的同时,减少了红肿、色沉、结痂等现象的发生。其较强的热效应,能够破坏大汗腺,所以对于治疗腋臭疗效显著。光电治疗虽以微创著称，但是在实际操作中，过高能量带来的损伤并不小。

目前来说手术仍是彻底治疗腋臭的不二选择。传统的梭形切除术因为巨大的瘢痕甚至上肢活动受限已少有开展。目前主流的手术方式是各种小切口手术和抽吸刮除术。这些手术方式均可以在局麻下进行，切口隐蔽或极小，操作层面在真皮深层至脂肪层，能够比较彻底地清除大汗腺。术后需要在腋窝处加压包扎2周，避免血肿，同时有利于创面愈合。这种方式对术后的活动有较多限制。

需要指出的是，以上方法对腋毛毛囊会造成有部分或者大部分的损伤及破坏，治疗后腋毛均会减少，且不一定能够恢复。因此对于部分男性而言，在治疗前需要考虑清楚。

【本章交流与讨论】

- 请讲述自己或亲朋好友关于美容的亲身体验。
- 谈谈既往你对面部轮廓的认识及个人认为的最佳面部轮廓。
- 谈谈你对吸脂术的认识以及周围亲朋对吸脂术的看法。
- 请根据自己的亲身体验或者观察，阐述腋臭对人们的影响。

第十二章

CHAPTER 12

卫生资源利用与健康

本章学习之后，你将能够：

- 理解科学就医的内涵；
- 了解科学就医核心信息并能联系实际；
- 了解我国大学生现行医保政策的建立和发展；
- 了解大学生商业医疗保险的特殊性；
- 了解体检的意义和体检套餐的遴选要点；
- 掌握体检报告解读的方法并能简单应用；
- 掌握做出明智健康决策和健康管理的基本技能。

第一节 科学就医

【本节导言】

正确、科学地就医，不仅能让个体得到相对快捷、舒适和准确的医疗保障，同时对于整个社会的医疗资源来说，也能更好地合理分配和有效利用。本节将从科学就医的内涵和方法等多方面，探讨现代社会医疗体制下，怎样高效合理地利用好医疗资源，保障个体健康。

【核心概念】

科学就医　适宜适度　分级分诊　现代医疗观

【学前思考】

- 什么是科学就医？
- 怎样才能做到科学就医？
- 科学就医的好处在哪里？

一、科学就医的内涵

2014年11月，国家卫生和计划生育委员会（现国家卫生健康委员会）发文“科学就医健康教育核心信息及释义”，详细阐述和解释了科学就医的内涵和要义。

（一）科学就医的概念

科学就医是指合理利用医疗卫生资源，选择适宜、适度的医疗卫生服务，有效防治疾病、维护健康。科学就医与每个人的健康都息息相关，涉及生命过程的各个阶段，有助于更便捷、经济、有效地解决自身所面临的健康问题。公众应重视科学就医，切实维护自身及他人健康。

概念提示：医疗卫生资源是指在一定社会经济条件下，国家、社会和个人对卫生部门综合投资的总称，是卫生部门为社会及人群提供卫生服务的基础，是开展卫生服务活动的基本条件。

（二）实施科学就医，合理使用医疗资源

目前，我国医院分为一、二、三级，社区卫生服务中心和乡镇卫生院属于一级医院。提倡“小病在社区、大病去医院、康复回社区”，通过分级诊疗，避免盲目去三级医院就诊。

全国很多地区都建立了双向转诊制度。当在一、二级医院不能诊治时，可以转到相应的三级医院就诊，而由于在一、二级医院已进行了初步诊断，提供了前期诊疗信息，转到三级医院可以更有针对性地选择科室，提高就诊效率。

（三）树立预防为主的健康理念，提高防病抗病能力

合理利用公共卫生服务、诊疗服务、疾病预防保健和医疗保险等资源，掌握分级诊疗、预约挂号等基本原则和方法，选择正规且适合自己病情的医疗卫生机构，按流程就诊，与医生良好沟通，在诊治过程中遵从医嘱，遵守医疗机构的各项规定，正确理解医学的局限性。

概念提示：预防为主是指在卫生工作中，采取一定的措施，控制或消灭致病因素，增强人体健康，提高人体抗病能力，防止或控制疾病的发生和流行。

二、科学就医的核心信息

(一)合理利用医疗卫生资源

一级和二级医院的医务人员一般都经过专业培训,具有正规的行医资质,具备对一些常见病和多发病进行诊疗的能力。常见病和多发病患者首选一级或二级医院就诊,而不是盲目去三级医院,这样可以节省时间、费用,避免浪费。同时,由于一级和二级医院数量多,分布广泛,在这些医院就诊可以避免三级医院门诊挂号难、等候时间长以及医生和患者之间沟通时间较少等问题,可为患者提供更为细致、全面的健康服务。

(二)定期健康体检,做到早发现、早诊断、早治疗

健康体检体现了预防为主的健康观,是科学就医的重要组成部分,是保障身体健康的有效方法。定期进行健康体检,及早发现健康问题和疾病,以便有针对性地改变不良的行为习惯,减少健康危险因素,对检查中发现的健康问题和疾病,要抓住最佳时机及时采取措施,重视疾病早期症状,如有不适,要及时到正规医疗卫生机构就诊,做到早发现、早诊断、早治疗。

概念提示:健康体检是指通过医学手段和方法对受检者进行身体检查,了解健康状况,及早发现影响健康的高风险因素及潜在的疾病隐患,达到预防和早期治疗的目的。

(三)鼓励预约挂号,分时段、按流程就诊

患者如确需去三级医院就诊,建议在看病前通过医院官方网站、“12320”公共卫生咨询热线等正规渠道了解相关信息,对医院专业特色、科室分布、出诊信息等进行初步了解,做到心中有数,根据自身情况有针对性地选择预约挂号。

预约挂号可以合理分流患者,实现分时段就诊,提高就诊效率,节省医患双方的时间,避免患者集中排队,并可减少院内交叉感染的机会。各地医院普遍使用的预约方式主要包括现场预约、电话预约、短信预约、网络预约和医保卡自助预约等。不同的挂号方式各有特色,患者可根据自身情况,合理选择预约挂号方式,分时段、按流程就诊。同时预约挂号成功的患者如不能按时就诊,应及时取消预约。

(四)就医时需携带有效证件

就医时(不包括急诊),必须携带有效身份证件实名挂号。有效身份证件包括身份证、户口本、社保卡、驾驶证、护照、暂住证或军人证等。

病历是关于患者疾病诊疗情况的文件资料,是医务人员正确诊断和制订治疗方案不可缺少的重要依据。就医时携带完整的既往病历及各项检查资料有助于医生更快、更准确地做出诊断,避免重复检查,节省时间和费用。

看病时最好由患者本人陈述病情,如患者因特殊情况无法亲自陈述病情,应当由了解病情的家属代替陈述。在陈述病情时,要尽量如实、准确、全面地说明与疾病有关的问题,切勿夸大或隐瞒病情。

(五)出现发热或腹泻症状,应当首先到医疗卫生机构专门设置的发热或肠道门诊就医

发热俗称"发烧",腹泻俗称"拉肚子"。发热和腹泻可能与多种急性传染性疾病有关。发热门诊和肠道(腹泻)门诊是医院专门用于排查传染病疑似病例、治疗相应疾病的专用诊室。患者在出现发热或腹泻症状后,应及时到正规医院的发热门诊或肠道(腹泻)门诊就诊,排查急性传染病发生的可能性,以免将疾病传染给他人。根据传染病防治相关法律法规的要求,医务人员会登记发热或腹泻患者的相关信息,患者应积极配合,提供真实有效的信息。发热患者就诊途中应佩戴口罩以做好个人呼吸道防护,尽量远离人群密集的地方。

(六)紧急情况拨打"120"急救电话,咨询医疗卫生信息可拨打"12320"公共卫生咨询热线

"120"是全国统一的急救电话号码,服务对象是灾害事故和急危重症患者,24小时有专人接听。一旦在医院外发生急危重症和意外伤害需紧急医疗救助时,应立刻拨打"120"急救电话。拨打电话时,切勿惊慌,应保持镇静、听清问话、明确回答、说话清晰简练,要在接听人员挂断电话以后再放下话筒,以确保急救人员获得急救所需的全部信息。

"12320"公共卫生咨询热线是24小时免费咨询热线,目前已在全国绝大多数省份开通,可为患者提供就医指导、咨询、预约诊疗、投诉、举报、建议、表扬、戒烟干预和心理援助等服务。

（七）文明有序就医

医院是公共场所，患者在享受权利的同时也应履行相应的义务，共同维护文明有序的就医环境。患者及其陪护人员应自觉遵守门诊、住院、探视等有关规定，充分尊重医务人员，支持配合其诊疗工作，遵从医嘱。在挂号、就诊、收费、取药、检查、乘坐电梯时要有序排队、文明礼让。不要大声喧哗、随地吐痰，不要吸烟，不要擅闯医疗场所（诊室、检查室等），不要随意丢弃垃圾。

（八）参加适宜的医疗保险

我国已经建立起包括城镇职工基本医疗保险制度、新型农村合作医疗制度和城镇居民基本医疗保险制度在内的三大医疗保险制度，初步构成了覆盖全体国民的医疗保障体系。提倡城镇居民参加基本医疗保险，农村居民参加新型农村合作医疗保险，可有效减轻与疾病相关的经济负担。

基本医疗保险和新型农村合作医疗是政府提供的基本社会保障，其根本目的是减轻人民群众的医疗负担，实现医疗卫生服务的公平，保障人民群众的健康。基本医疗保险和新型农村合作医疗的相应保险条款和权益可咨询当地医疗保险机构。

概念提示：基本医疗保险是为补偿劳动者因疾病风险造成的经济损失而建立的一项社会保险制度。通过用人单位和个人缴费，建立医疗保险基金，参保人员患病就诊发生医疗费用后，由医疗保险经办机构给予一定的经济补偿。新型农村合作医疗制度是由政府组织、引导、支持，农民自愿参加，个人、集体和政府多方筹资，以大病统筹为主的农村医疗互助共济制度。

三、树立正确的现代医疗观

医学所能解决的健康问题是有限的，公众应当正确理解医学的局限性，理性对待诊疗结果。随着科学技术的不断发展，医学取得了长足的进步，已经成为一门相对完备和精细的自然学科。然而，人体是一个十分复杂的有机体，人们对它的认识还远未到达终点，有相当一部分疾病的病因尚未完全清楚，因而也就无法完全治愈。疾病的发生是由个体生活方式、遗传、环境（自然环境与社会环境）等多种因素所导致的，其治疗不仅仅是医院和医生的事情。医学不是万能的，医生也不是神，患者自身的健康素养、自我管理的能力以及对相关医学知识的了解往往更加重要。

患者与医生的沟通，是医生了解病情的基本手段，也是医生进行诊疗的开始。患者与医生沟通的主要方式就是患者向医生陈述病情。患者及家属在就诊过程中，应遵从医嘱，积极配合治疗，正确理解医疗技术的局限性和不确定性，理性对待诊疗结果，不要盲目地把疾病引发的不良后果简单归咎于医护人员的责任心和技术水平。如果对诊疗结果有异议，或者认为医护人员有过失，应通过正当渠道或法律手段解决，不能采取扰乱医疗秩序或伤害医护人员的违法行为。

第二节
大学生医疗保险

【本节导言】

大学生群体是关系国家前途命运的人才资源宝库，是支撑国家未来发展的栋梁，其身体健康状况制约着综合国力的不断提高，也牵动着国民经济的长足发展。而大学生医疗保险制度是大学生健康发展的有效保障。本节将从我国大学生医疗保险制度的发展历程开始梳理，聚焦现行的大学生医保制度，通过对社会医疗保险和商业保险的介绍，帮助读者增强购买基本医疗保险的意识，同时掌握遴选商业保险的能力。

【核心概念】

大学生医保　社会医疗保险　商业健康保险　公费医疗

【学前思考】

- 大学生医疗保障制度的建立经历了哪几个阶段？
- 结合实际谈谈你对医保政策的认识和了解？
- 门诊和住院医保报销政策，你认为应更侧重哪一方面？
- 针对大学生参保率低的问题，你有哪些建议？
- 大学生商业医疗保险的需求存在哪些特殊性？

一、大学生医疗保障制度溯源与现状

近年来，我国普通高校的招生规模一直在扩大。根据数据显示，截至2017年底，我国普通高校在校生人数2753.6万人，较上年增长了2.2%；而普通高等学校的招生人数为761.5万人，较上年增长1.7%。从数字中可以看出，在越来越多的毕业生走出校门的同时又有更多的新生来到校园，意味着大学生的医疗需求基本呈逐年递增的趋势 。然而，每一届学生面临的医疗服务更新升级的速度却远低于学生数量增加的速度，也就是供需缺口在逐年扩大。随着我国人口控制力度的加大，未来这一缺口扩大的速度或许会有所减缓，但仍然会维持在一个较高的水平上。而伴随着大学生群体规模的扩张，对各普通高校乃至整个社会提出了更高的要求，缓解大学生群体的就医压力迫在眉睫。

（一）大学生医疗保障制度建立

纵观我国大学生医疗保障的发展，大致可分为三个阶段，即公费医疗阶段，公费医疗与商业保险共存阶段，以及大学生城镇居民医疗保险与商业保险共存阶段。

1. 公费医疗阶段

1953年1月23日卫生部《关于公费医疗的几项规定》中明确指出："关于全国各级人民政府、党派、团体及所属事业单位的国家工作人员实行公费医疗预防的范围自1953年起包括乡干部（每乡增加干部3名）及大学及专科学生。"高校在校学生首次纳入公费医疗预防制度的实施范围。

2. 公费医疗与商业保险共存阶段

自1999年起，快速发展的高等教育、逐年增长的大学生数量，增加了大学生公费医疗的压力。为解决这一问题，相关政策如购买商业保险、建立学生医疗互助基金、取消学校全包的制度代之实行公费医疗费用支出与个人支出适当挂钩等纷纷出现，逐渐形成公费医疗与商业保险共存的状态。

3. 大学生城镇居民医疗保险与商业保险共存阶段

国务院办公厅于2008年10月25日发布了《关于将大学生纳入城镇居民基本医疗保险试点范围的指导意见》，这是我国大学生医疗保障工作发展的重要转折点。次年3月18日《国务院关于印发医药卫生体制改革近期重点实施方案（2009—2011年）的通知》中又明确提出"2009年全面推开城镇居民医保制度，将在校大学生全部纳入城镇居民医保范围"。各地政府积极响应号召，依据国家指导意见，结合当地具体情况制定相应实施方案，不断完善大学生就医管理措施。

> 概念提示：我国现行的社会医疗保障制度是从2016年1月，国务院发布《关于整合城乡居民基本医疗保险制度的意见》，将城镇居民医保和新农合合并为统一的城乡居民医疗保险，覆盖除职工基本医疗保险应参保人员以外的其他所有城乡居民，从国家层面对城乡居民医疗保险的整合做出统一部署后形成的。

（二）大学生医疗保障体制现状

近年来，我国大学生健康状况不容乐观。从1995年起，我国大学生身体素质开始下滑。虽然由于营养的改善等因素促使身高、体重、力量明显提高，但肺活量和耐力素质明显下降，肥胖率逐年增加。同时，每年休学退学人数大约在16万人，并以每年0.75%的速度增长，其中因病休学、退学人数占75%左右。也就是说，大学生每年因病退学休学人数多达12万人，并且疾病发病人数呈逐年上升的趋势。如果政府和高校机构不针对此状况做出切实可行 的方案，以改善大学生的医疗保障水平，那么很快大学生医疗问题将成为继农村人口医疗问题之后的又一“老大难”。

1.大学生医保制度的认识及了解度

针对在校大学生对医保制度的认知度，国内近期的专项调查（可多项选择）显示：在获得健康信息的渠道中，大学生通过网络获得的占75.8%；通过电视新闻广告认识的有43.2%；通过医疗相关书籍获得的有42.5%；通过健康教育选修课获知的有18.4%；通过讲座和报告的有17.7%：其他方式有8.3%。在参保的群体中，认为非常了解城乡医保制度的学生只占5.4%；知道一些但不全面的占71.1%；完全不了解的占23.5%。由上述信息传播的交叉数据中可以得出，大学生获得健康信息的最主要渠道是网络，参加了城乡医保的学生占80.8%；没有参加的占19.2%，其中有64.1%的学生已经参加其他种类医疗保险，有27.6%的不了解该项政策内容、不知如何参保。显然，网络及其他有效途径的宣传并没有被相关部门重视，部分学生对现行的医保制度还是一知半解，这离我国基本医保100%参保率的目标还存在一定差距。

2.大学生医保政策施行效果及认可度

从目前的国内调查数据上看，在校大学生认为参加城乡医保能缓解家庭的经济负担的占45.1%；认为没有作用的占24.8%；不清楚的占30.1%。另外，认为推行大学生城乡医保非常有必要的学生占59.3%；认为无所谓、有没有都行的学生占27.6%；还有13.1%的学生说不清楚。也就是说，有近6成的学生认为推行城乡医保非常有必要，说明大学生相对比较认可城乡医保制度。实际上，大学生对城乡医保制度制定与运行两方面的认可是相互矛盾的，被调查的学生普遍反映因为不太了解现行的医保制度，所以无法做出确切的判断和选择，虽然已参保，但对实施中运行效果的认可度并不高。

3.大学生医保的使用及满意度

就医疗费用的使用情况而言，相关调查显示：大学生医疗费用全部自负的占54.4%；部分报销的占42.5%；全部报销的只占3.1%，有超过半数的学生医疗费用选择全部自负。由于医保报销的使用率不高，造成大学生对现行制度运行的评价不是很满意。医保制度的重要部分是报销的比例，认为报销比例很高的占4.5%，比较高的占10.2%，合计14.7%；认为报销比例中等的占37.4%；认为报销比例比较低的占8.8%，很低的占5.6%，认为报销比例低的合计为14.4%；与认为报销比例高的基本相当，不清楚的占33.5%。由此可见，大学生认为医保报销比例并不算高，对制度实施性的满意度相对较低。

4.办理医保报销的情况及评价

医保报销是大学生医保制度落地的关键所在，而目前的国内调查显示：首先就本地医保报销的难易程度而言，认为很方便的占6.2%，认为方便的占19.9%，认为一般的占23.8%，认为比较方便的占10.3%，认为很不方便的占16.9%，没办理过、不清楚的占22.9%，认为方便程度一般及以上的占60.2%；其次在异地产生医保报销，认为办理手续很方便的占3.6%，认为方便的占12.8%，认为一般的占19.1%，认为比较方便的占3.5%，认为很不方便的占14.2%，没办理过、不清楚的占46.8%，认为方便程度一般及以上的占39%。本地办理报销有6成的学生认为比较方便，而在异地办理报销手续，有4成的学生认为比较方便。总体来说，办理医保手续繁琐，异地办理比本地更加不便。

二、大学生医疗保障存在的问题及对策

（一）现存问题

首先，在校大学生普遍参保率不高。重庆最新的高校学生参保率调查发现，大学生参加医保的比率为65.38%，与同年重庆市医疗保险参保比率96%还存在着巨大差距。其原因可能主要是普通门诊费用报销在大学生医保范畴中所占比例很小，大学生需求得不到满足。大学生这个年龄段的人身体素质较好，绝大部分高校学生是接受门诊医治，然而门诊花费大多不属于医保范围，这使大学生的参保热情降低。此外一些学校并没有积极宣传政策，学生对医保不了解，造成高校学生参保比例较低。

其次，政府相关机构参与程度低。相关政策研究结果显示，政府的财政支持会大大影响高校学生的参保意愿，这也体现成本承担形式与参保积极性呈正相关。因此，为提高在校大学生的参保率，政府在大学生医保方面的支持力度尚待进一步加强。

再次，大学生对医保的了解与认识不够。国内相关的调查数据显示，对医保政策比较了解的大学生只占少数，而3~5成的大学生对医疗费用的负担和医保配套政策均表示完全不了解，医保政策知晓率普遍偏低。而大学生参加医保是以自愿为原则，他们对医疗保险的了解情况，直接决定了他们参加医疗保险的情况。以大学生喜闻乐见的形式进行医保政策宣传，有效利用校园环境营造全员参保的氛围，对改善大学生参保情况显得

尤为重要。

最后,医疗费用报销人数少、报销比率低。从在校大学生的医疗花费情况进行分析,能发现大多数在校大学生选择在校医院接受门诊和住院治疗,这是由于医保政策中明确指出校医院是学生医治疾病优先考虑的地方,其限制了学生的自由就诊行为和对医疗服务机构的选择自主权。相关调查显示,绝大多数学生知道医保政策的存在,但不清楚在校医院和外出校园就医的具体操作过程和实施的细节,只有真正经历过医疗报销的学生才比较清楚。因此,有些大学生因不清楚报销的有关要求或者不按规定上报,致使医疗费用无法报销。

(二)对策建议

1.明确政府职能,强化政府责任

政府要发挥行政职能,各部门协调工作。资金的投入与落实、对大学生身份的审批以及各环节的监督工作等,需要各部门责任到位。政府还要加强监管,尤其是对商业保险的监管。商业保险存在着营利性质,而高校大学生的医疗保险又不能以营利为目的,有关部门应加强监管与调控,使商业保险的营利性与公益性在高校得到恰当融合。

2.统一建构大学生医保信息管理系统

为了方便统一管理、提高工作效率和准确度、节约人力资源,建立统一的信息管理系统非常必要。不仅可以方便工作人员进行大量信息的存储、管理和查询,还可以建立学生在线报名、报销等信息管理功能,使大学生医保工作更加灵活、高效。

3.加强对大学生门诊医疗费用的补偿

大学生的总体健康状况相对于其他年龄段人群比较稳定,患大病的概率较低。因此对于大学生医保,应当有针对性地制定补偿机制,加大对普通门诊医药费用的报销,减轻学生的医疗负担。

4.加强对大学生的宣传和教育

阻碍大学生参与医疗保障的一个很重要的因素是宣传不到位。应当加强宣传力度,加大在大学生健康教育方面的投入,为大学生提供更多了解相关知识的渠道,加深大学生对国家和学校的医疗保障政策和规定的了解,充分调动大学生参保的积极性。具体来说,可以开展网络问卷、竞猜、宣传动画等形式,针对大学生特点加大宣传力度;还可以进行大学生医疗保障相关事例的报道,加强大学生对健康消费意识的引导,使其切身体会到行使医疗保障权利带来的福利。

三、大学生商业医疗保险概述

随着我国医保体系的不断完善和保险业的日趋成熟，未来针对大学生设计的商业医疗保险将朝着多样化、个体化、人性化的方向发展，将更具有市场竞争力和吸引力。同时，考虑到学生和家长对重复投保具有抵触心理，一旦这部分人选择在某些医疗业务方面提供更好保障的商业保险，他们便不愿再投保大学生医保。也就是说，在可见的未来，随着医疗保险市场竞争的加剧，大学生医保体系将遭遇来自商业保险的不小冲击。如何在竞争中最大限度地筹集资金、节约成本、分摊风险，会是我国政府面临的一个严峻问题。

概念提示：医疗保险是指以保险合同约定的医疗行为的发生为给付保险金条件，为被保险人接受诊疗期间的医疗费用支出提供保障的保险。属于人身保险的范畴，其主要功能在于补偿被保险人因为遭受意外或疾病而导致的直接或间接的经济损失。

（一）大学生商业医疗保险需求的特殊性

作为普通的消费群体，大学生与其他的消费群体一样，大学生商业医疗保险受到消费者特征、经济状况、社会因素、政策因素、保险供给等多方面因素的影响。但是，大学生群体也具备区别于其他消费群体的独特性。大学生群体的特殊性，决定了大学生在购买商业医疗保险时需要考虑诸多因素。不仅应该考虑大学生的性别、健康状态等生理特征，还要关注大学生收入特殊性、受教育程度与所学专业等因素，甚至要考虑社会医疗保障等相关因素。

大学生群体的特殊性直接影响大学生对于商业医疗保险的需求，同时也要求保险公司在为大学生提供商业医疗保险时应该因地制宜。首先，保险费用不宜过高。由于我国城乡二元经济结构以及区域经济差异，大学生的家庭收入水平自然也存在差异。大学生的生活费用主要来源于家庭收入，用于医疗保险方面的费用支出相对较少。所以，保险公司在商业医疗保险保费的设计上，应该考虑到大学生的实际承受能力。其次，销售渠道特殊。学校是大学生学习生活的主要场所，互联网是大学生获取信息的重要渠道。保险公司凭借网络保险平台实现在线大学生医疗保险产品的销售以及业务咨询、理赔相关服务的提供将是未来的趋势。第三，保险范围应有所偏重。社会医疗保险只侧重于基本医疗保障，而大学生商业医疗保险的保障范畴应该更加广泛，包括一些常见病，糖尿病、白血病等慢性疾病和重大疾病等，提供心理咨询服务以降低心理疾病发生概率。第四，保险产品的设计应灵活多样。大学生学习年限不同，针对不同院校不同学年制的学生应灵活变动。由于大学生流动性大，异地就医问题非常普遍，在产品设计上应尽量简化报销手续。最后，大学生群体的特殊性对保险公司的产品和服务提出了更高的质量要求。一方面，大学生缺乏经济独立性，保险公司针对大学生商业医疗保险产品应该设计较低的保费，同时提高给付标准，并建立快速理赔机制，简化理赔手续与流程，提供相关的咨询服务，使大学生能够及时得到经济补偿，减轻家庭负担。另一方面，在传统的医疗保险产品基础上，保险公司可以针对大学生群体创新商业医疗保险产品和服务，例如增值服务类的商业保险产品。

（二）提高大学生商业医疗保险需求

1.加强大学生医疗保险购买意识

大学生应提高风险意识和保险意识，积极投保医疗保险。大学生在参加城镇居民基本医疗保险的基础上，可以投保商业医疗保险作为补充，确保在患病或遭受意外伤害时能够得到足够的经济赔偿，减轻家庭的经济负担。大学生健康状况普遍良好，因而对投保医疗保险并不重视。当大学生偶感身体不适，往往会选择去附近的药店或者诊所，这样有可能错失最佳治疗时间，增加大学生患重病的风险。医疗保险能够给大学生在求学期间面临的各种意外及疾病提供保障，所以，大学生应该积极了解医疗保险的相关政策，而非被动地接受医疗保险。大学生应该树立防范重于治理的观念，加强安全防范意识和自我保护意识，积极进行健康投资与健康储蓄，正确认识到医疗保险能够规避健康风险。

2.宣传并推广大学生商业医疗保险

政府应该加大对大学生商业医疗保险相关内容的宣传力度，加强对大学生安全知识和保险知识的普及，通过传统媒体以及新媒体等多种渠道，宣传大学生商业医疗保险的相关知识，并建立健全大学生商业医疗保险制度的政府监督与社会监督机制，共同营造发展大学生商业医疗保险市场的良好氛围。而保险公司可以利用电视、广播、网络媒体等多种方式，加强大学生对于商业医疗保险的认识和了解，同时积极参与社会公益活动，提高大学生对保险公司和商业医疗保险的知晓度和认可度。此外，学校应鼓励大学生投保商业医疗保险。学校可以作为投保人通过公开竞标的方式，选择信誉良好、服务质量优质的保险公司，统一投保团体险，为大学生提供最大限度的保护。

3.完善大学生医疗保险法律制度

政府相关职能部门应出台《大学生医疗保障法》，通过法律手段，强制大学生参加社会医疗保险，并鼓励大学生投保商业医疗保险。通过法律法规，明确规定大学生医疗保险的最高保费标准、最低给付金额、医疗保险的范畴、支付方式等内容，确定相关主体之间的责任与义务。通过大学生医疗保障法律法规的建立与完善,可以明确政府、高校、社会团体、保险公司和大学生各自的权责,确保大学生医疗保障在一个相对完善的法律框架内实施,切实满足大学生的医疗服务需求。

(三)增强大学生商业医疗保险购买力

1.提高大学生自身理财观念

大学生理财分两部分:开源和节流。所谓开源,即国家和学校可以提供各项奖学金和助学金,在校生可以通过努力学习以及出色的学校表现获得奖学金。此外,可以利用闲暇时间,在安全的前提下进行校外兼职。同时,学习金融知识,理性购买金融产品以提高经济水平。而所谓节流,即大学生的支出应主要用于学习和生活。合理利用学校的公共和二手学习资源,勤俭节约。

2.为大学生群体量身打造低保费医疗保险产品

商业医疗保险作为社会医疗保险的补充,在大学生群体中投保率不高,其中一个原因就是保费太贵,学生没有购买力。在政府大力扶持健康产业背景下,保险公司发展健康保险应做好战略规划,向大学生提供商业医疗保险应该更加注重长远利益以及由此带来的社会效益。由于大学生缺乏经济独立性,流动性大,保险公司应该明确市场定位,立足长远,以培养消费习惯,占据市场为目的,低盈利甚至不盈利,根据大学生群体的特殊性,创新商业医疗保险产品,对于保费、投保条件、赔付比例等进行适度地调整,以低保费解决大学生购买力不足的问题,吸引大学生投保商业医疗保险。

3.给予大学生商业保险强有力的政策环境支持

政府可以通过对保险公司进行财政补贴、税收优惠、减免等措施,以弥补由于所收保费低而使保险基金不足的缺陷,扶持大学生商业医疗保险供给市场的发展,发挥商业医疗保险的优势。与此同时,对于投保商业医疗保险的大学生家长,政府可以就其缴纳的保费在一定限额内或者全部免征个人所得税。通过这种方式,增强大学生及学生家长购买商业医疗保险的积极性和主动性,降低投保成本,扩大商业医疗保险投保率。

总之,了解在校大学生群体专属的医疗保障政策,逐步增强风险意识和自我防范意识,科学合理地遴选符合自身需求的商业医疗保险,将为大学生的在校生活提供多重的身心保障。充分合理地利用社会医疗保障资源,培养自我健康管理的理念,也是当代大学生所必须具备的健康素养,关乎其一生的平安幸福。

第三节
健康体检

【本节导言】

不少人以为健康体检是老年人、慢性病患者的“专利”，其实不然，随着我国人民生活水平的提高，很多老年病像是高血压、冠心病、糖尿病、脑血管病等的患病年龄都在年轻化。当代大学生作为国家建设发展的人才储备群体，更应培养自我健康管理意识。本节将从健康体检的现实意义入手，着重介绍体检套餐的内容和选择，并对体检报告中常规医学指标进行了通俗易懂的解读，有利于大学生掌握和运用相关知识，提高自身健康管理水平。

【核心概念】

健康体检　体检套餐　体检报告

【学前思考】

● 健康体检的意义是什么？
● 如何遴选适宜的体检套餐？
● 科学解读体检报告的益处有哪些？

一、健康体检的意义

在疾病面前，人人平等。健康，是人们生活中极为重要的一件事。

随着人们的物质文化生活水平的不断提高，对美好生活的追求也日益提高，大家会越来越关注生活质量和身体健康，在对疾病的处理观念上已逐步转化为以预防为重。预防疾病，除了健康的生活方式、健康教育外，还需要定期进行健康体检。健康体检是预防疾病的有效手段之一，通过体检，可以了解自身健康状况，发现一些不易察觉的疾病早期状态，以便及时介入，延缓或终止疾病的发生发展，从而起到预防的作用。体检能够及时发现一些疾病的早期信息，使产生疾病的危险因素被及时排除或减弱，定期进行全面的健康体检，是保障生活质量的重要方式之一。

健康体检的重要性体现在如下方面：①及时发现生活中影响健康中的危险因素，消除或减弱引起疾病的危险因素；②早期发现身体潜在疾病，在没有临床症状的情况下做到早发现、早诊断、早治疗；③了解和评估自身身体状况，改变不良的生活习惯，保持身体健康状态，规范人民的生活行为和健康生活方式。

大学生可以说是身体和精力最旺盛时期，很多人会认为身强体壮没必要体检，其实健康体检应该从青少年开始注意。其一，随着时间、年龄、生活、学习节奏的加快和心理压力的增加，很多疾病的发作呈现出年轻化趋势。而对于很多疾病来说，能否早期发现，及时治疗，是决定预后的关键。如早发现的一期食管癌五年存活率是90%~95%，早期肺癌和早期肝癌的存活率同为70%，早期发现宫颈癌存活率也可达到90%。其二，某些疾病，比如一些代谢性疾病，如糖尿病、高血压、心肌梗死、脑卒中等，并不是突然发生的，研究发现其相关血管病变从青少年时期就开始了，并随年龄增大而发展，最终发病。这是一个漫长的、缓缓发展的过程，没有血管病变的积累，也不会发生后期的突发心梗或卒中，貌似突然的事情，其实是日积月累的必然结果。所以，需要树立健康的观念，关注自身健康，进行常规的体检，及早干预。

体检是不管什么年龄段都需要去做的事情，体检能让我们时刻掌握自己身体的健康数据。从卫生经济学的观点上看，花一些钱投资在健康体检上，早发现、早预防、早诊断、早治疗是最经济实惠的办法。通过体检早期发现亚健康状态和潜在的疾病，早期进行调整和治疗，对提高疗效，缩短治疗时间，减少医疗费用，提高生命质量有着十分重要的意义。

进行健康体检的间隔时间要因人而异，一般大学生可以每1~2年检查一次，检查内容将在后续章节中谈及。但体质较差、有高血压、冠心病、糖尿病和肿瘤等带有遗传倾向疾病家族史的人，至少每年检查一次。

二、体检套餐的遴选

（一）体检的内容

因为每个人的年龄、身体状况及家族病史都各不相同，所以体检方案也就不能千篇一律。所以在筛选体检套餐的时候，有必要了解一下体检项目的具体内容，根据自身情况，制订体检方案。

1. 体格检查

检查内容包括了常规检查（身高、体重、血压、腰围、臀围等），内科查体（心、肝、脾、肺、神经系统等），外科检查（皮肤、脊椎、四肢、甲状腺、乳房、肛门、外生殖器等），眼科、耳鼻喉科检查等。

2. 实验室检查

（1）血常规。检查内容：红细胞、血小板、白细胞计数及其分类比例。帮助了解病毒感染、白血病、急性感染、组织坏死、败血症、贫血等疾病。

（2）肝功能。检查内容：谷草/谷丙转氨酶，可帮助了解肝脏实质损害指标；白蛋白、总蛋白，反映肝脏合成蛋白功能指标；总胆红素水平、直接胆红素水平和间接胆红素水平，反映胆红素水平指标。

（3）肾功。检查内容：肌酐、尿素、尿酸，可帮助了解各种类型的肾炎、肾血管病变、肾脓肿、先天性疾病、尿毒症药物、毒素对肾脏的损害程度等。需要注意的是，不论是肝功还是肾功出现明显异常的时候，需要及时至医院就医，明确病因，而非自己进行单纯的进行保肝或保肾的治疗。

（4）血脂。检查内容：甘油三酯、胆固醇，可帮助了解高脂血症、高血压、动脉硬化、心脏疾病等。

（5）血糖。检查内容：一般是空腹血糖，可帮助了解糖尿病。

（6）乙肝两对半。检查内容：乙肝表面抗原（HBsAg）、乙肝表面抗体（抗-HBs）、乙肝e抗原（HBeAg）、乙肝e抗体（抗-HBe）、乙肝核心抗体（抗-HBc）。乙肝五项检查是检测血液中乙肝病毒的血清学标志，可以判断感染的现状和转归。

（7）凝血常规。检查内容：血凝检测包括凝血酶原时间、活化部分凝血活酶时间、纤维蛋白原含量和凝血酶时间测定。现主要用于术前患者、产前孕妇凝血功能筛查，某些凝血因子异常疾病的检测，以及口服抗凝药物的监测等。

（8）大小便常规。检查内容：大小便里面是否含有血细胞和白细胞等，就是看有没有出血和炎症等。大便中红细胞出现增多，见于痢疾、肠炎、结肠癌、溃疡、痔疮出血等。大便中白细胞增多，见于肠炎、细菌性痢疾。小便常规可以检查是否有泌尿系统炎症和间接反应肾脏疾病和结石等。

（9）肿瘤标志物。检查内容：甲胎蛋白、癌胚抗原、前列腺特异抗原、绒毛膜促性腺激素检查等。一般来说肿瘤标志物不是肿瘤诊断的唯一依据，临床上需结合临床症状、影像学检查等其他手段综合考虑，甚至某些肿瘤标志物在某些生理情况下或某些良性疾病也可以异常升高。对大学生来说，肿瘤标志物可不作为常规体检的内容，除非是高危人群。

3. 心电图

检查内容：十二导联心电图，检查心脏疾病如：心脏肥大、心律不齐、心肌梗死等。

4. 胸片

检查内容：胸部X光，心脏肥大与否、肺部、呼吸道等疾病。

5. 彩超

检查内容：腹部彩超（肝、胆、脾、胰、肾），乳腺彩超，子宫附件彩超，泌尿生殖系统彩超，心脏彩超，甲状腺彩超。能发现腹部、肝、胆、脾、胰、肾、输尿管、乳腺、子宫、卵巢等器官病变及肿瘤。如脂肪肝、肝硬化、尿路结石、胰腺炎、子宫肌瘤等。

6. 妇科检查

检查包括外阴、阴道、宫颈、子宫、盆腔检查、白带常规、宫颈刮片等，用以了解妇科常规情况，排除妇科常见的阴道炎、宫颈炎，以及妇科肿瘤等疾病。

除此以外，CT、MRI等，对于大学生来说，一般可不作为常规体检内容。在初步体检有异常结果时，或有明确的家族病史、个人病史或高危因素时，才考虑进行。具体可由医生进行安排。

（二）体检套餐的遴选

大学生体检常规内容可以包括：

（1）一般的体格检查，包括内科、外科、妇科、五官科的专科检查。

（2）实验室检查，包括血常规、大小便常规、肝肾功能、血糖、血脂、乙肝标志物。

（3）功能检查，包括心电图、胸片、彩超（常规做腹部彩超即可）等影像学检查。

（4）可以根据家族史、个人病史，加做一些额外的检查。某些疾病有较为明显的家族遗传性，如糖尿病、高血压、乳腺癌、结肠癌等，应增加与之相关的体检项目。如直系亲属都曾患有结肠癌的人，应增加相应的肿瘤标志物监测，以及大便隐血的检查，必要时可加做肠镜。对于有高血压或冠心病家族史的人，则增加血脂、心脏彩超等检查。另外，还应根据自己既往的健康情况，有针对性地增加一些随访、复查的项目，比如有慢性乙肝病史者，患肝癌的危险性会显著上升，应该定期检查甲胎蛋白和腹部彩超。

三、体检报告的解读

1.BMI

BMI是用体重千克数除以身高米数的平方得出的数字，是目前国际上常用的衡量人体胖瘦程度以及是否健康的一个标准。中国成人的BMI数值如下：低于18.5时体重过轻，18.5~23.9为正常，24~27.9为超重，超过28为肥胖。亚洲成人指标略有不同，理想指数是18.5~22.9，23~24.9为超重，25~29.9为肥胖，高于30是重度肥胖。由于存在误差，所以BMI只能作为评估个人体重和健康状况的多项标准之一。并不是每个人都适用BMI的，如：未满18岁，运动员，怀孕或哺乳中，身体虚弱的老人等。这是由于BMI没有把一个人的脂肪比例计算在内，比如运动员，由于体重有很大比例的肌肉，他的BMI指数会超过30。如果他们身体的脂肪比例很低，那就不需要减重。如果考虑BMI算出来的结果不能正确反映胖瘦和健康问题，请咨询医生。

2.血常规

（1）红细胞总数（RBC）和血红蛋白（HGB或Hb）。一般情况下，血液中RBC与Hb的含量是一致的，是判断贫血的指标。一般来说，成年男性Hb<120 g/L，女性<110 g/L为贫血。临床根据Hb减少的程度将贫血分为4级：轻度贫血：Hb>90 g/L小于正常值；中度贫血：Hb在60~90 g/L；重度贫血：Hb 30~60 g/L；极重度贫血：Hb<30 g/L。贫血又分为生理性及病理性，生长发育期的儿童，可因生长迅速而致造血原料相对不足，RBC与Hb较正常成人低10%~20%；妊娠中、后期的孕妇由于造血原料不足及血容量相对增加，可出现轻度贫血；这些属于生理性改变，根据情况可观察随访或给予对症治疗后获得改善，一般不会对身体产生明显的危害。产生病理性贫血主要有三方面原因：①RBC生成减少：包括骨髓造血功能衰竭，如再生障碍性贫血、骨髓纤维化等伴发的贫血，或者造血原料缺乏或利用障碍引起的贫血，如缺铁性贫血、铁粒幼细胞性贫血等，缺乏所致的巨幼细胞贫血。②RBC破坏过多：由于红细胞膜、酶遗传性的缺陷或外来因素，造成RBC破坏过多导致的贫血，如遗传性球形红细胞增多症、海洋性贫血、阵发性睡眠性血红蛋白尿、异常血红蛋白病、免疫性溶血性贫血，一些化学、生物因素等引起的溶血性贫血。③失血过多：由于各种原因造成的急性或慢性失血，如外伤、手术等所致的急性失血，消化道溃疡、钩虫病等引起的慢性失血均可导致不同程度的贫血。还有各种慢性疾病或恶性病如慢性肾病、恶性肿瘤等也可致贫血，这一类贫血虽伴随着有关疾病继发，但不可忽视，有些恶性疾病就是因为贫血的症状而被诊断出来。

（2）白细胞总数（WBC）、中性粒细胞、嗜碱性粒细胞计数和嗜酸性粒细胞计数。白细胞数在生理或病理情况下均可有变异，剧烈运动、剧痛和情绪激动可使白细胞显著增高，妊娠期和分娩期可使白细胞计数增高；急性感染或炎症、广泛组织损伤或坏死、急性中毒、恶性肿瘤及白血病都可以引起中性粒细胞异常增高；伤寒、副伤寒、血液病、自身免疫性疾病和脾功能亢进可引起中性粒细胞减低。嗜碱性粒细胞计数增多见于过敏性或炎症性疾病、骨髓增生性疾病等；寄生虫病、变态反应性疾病、皮肤病等可引起嗜酸性粒细胞增多；单核细胞增多见于结核、伤寒、疟疾、亚急性感染性心内膜炎等。

（3）淋巴细胞计数（LYM）。淋巴细胞增多，首先考虑病毒感染、百日咳、结核病、传染性单核细胞增多症等良性疾病，而淋巴细胞白血病、淋巴瘤等也是增多的常见原因，特别是儿童（要排除儿童生理性增多），血片或骨髓片是鉴别的最好方法，当有血小板聚集、巨大血小板、有核红细胞、不溶解红细胞、冷凝激素、疟原虫等出现时，LYM 值也可增加。减少多见于中性粒细胞增多造成的淋巴细胞相对减少，其次见于放射线损伤、免疫缺陷性疾病，应用肾上腺皮质激素或促肾上腺皮质激素后。

（4）血小板（PLT）。PLT 是辅助出血性疾病的诊断、了解骨髓增生情况、手术前准备等常用指标。PLT 增多多见于骨髓增生性疾病、原发性血小板增多症、急性大出血等，而因感染所致血小板破坏和消耗过多、急性白血病、化学品及药物的毒性作用等造成的骨髓受抑制均可引起 PLT 减少。PLT 增多可增加血液的黏滞性，PLT 增多、减少均可引起出血性疾病。

3. 肝功

谷草/谷丙转氨酶明显升高，提示肝功能受损，一般脂肪肝、肝癌、胰腺癌、阻塞性黄疸、胆道感染、胆石症、急性胰腺炎、黄疸性肝炎、肝硬化等都会出现肝功不同程度的升高。

4. 肾功

（1）血清尿素：通过测定尿素，可了解肾小球的过滤功能。血清尿素增高可见于以下疾病：①急慢性肾炎、严重的肾盂肾炎等肾脏疾病。肾功能轻度受损时，尿素检测值可无变化。当此值高于正常时，说明有效肾单位超过 50% 已受损害。②泌尿系统疾病：泌尿系结石、肿瘤、前列腺疾病使尿路梗阻等引起尿量显著减少或尿闭时，也可造成血清尿素增高。③其他：高蛋白饮食、胆道手术后、上消化道出血、药物中毒等，继发性失血或其他原因所致的肾脏灌注下降均会引起尿素升高。血清尿素降低见于中毒性肝炎、急性肝萎缩、类脂质肾病等。

（2）血肌酐。其浓度可在一定程度上准确反映肾小球滤过功能的损害程度。血肌酐增高主要见于急、慢性肾小球肾炎等肾脏疾病。早期或轻度肾功能损害时，由于肾的储备力和代偿力很强，血肌酐浓度可以表现为正常，当肾小球滤过功能下降到 30%~50% 时，血肌酐数值才明显上升。在正常肾血流条件下，血肌酐 176~355 μmol/L 时，提示有中度至严重肾损害。血肌酐和尿素如同时增高，提示肾功能损害很严重。血肌酐降低见于进行性肌肉萎缩、白血病、贫血、肝功能障碍及妊娠。

（3）尿酸。尿酸是体内嘌呤代谢的终末产物。测定尿酸能够了解肾脏的功能。尿酸增高常见于痛风，各种急性或慢性肾炎、肾盂肾炎、肾结核、肾肿瘤等。

5. 乙肝标志物

通常说的大三阳是指乙肝表面抗原、乙肝e抗原和乙肝核心抗体三项呈阳性，提示患者体内病毒复制比较活跃；而小三阳是指乙肝表面抗原、乙肝e抗体和乙肝核心抗体三项呈阳性，提示患者有乙肝的感染或乙肝病毒复制较慢。

（1）乙肝表面抗原（HBsAg）。HBsAg阳性往往提示有完整的病毒颗粒存在。通常在感染病毒后2~6个月，血清转氨酶还未上升时便可在血清中测到HBsAg阳性。急性乙肝患者绝大多数可以在病程初期转阴，但慢性乙肝患者会持续阳性。

（2）Anti-HBs（乙肝表面抗体，HbsAb）是乙型肝炎病毒（HBV）自然感染人恢复期出现的抗体，此时HBsAg往往已自然消失。它的存在提示人对乙肝有了抵抗力，是体内对乙肝病毒的免疫和保护性抗体。

（3）HBeAg（乙型肝炎e抗原）e抗原阳性提示病毒有活动，而且是具有传染性的指标。e抗原通常在乙肝病毒感染后，表面抗原阳性同时，或其后数天便可测得阳性。

（4）Anti-HBe（乙肝e抗体，HBeAb）阳性结果提示病毒的传染性变弱，病情已处于恢复阶段，e抗体阳性在抗原转阴后数月出现。但另一种情况可能是乙肝病毒发生了变异，此时血清中无HBeAg，但可产生抗-HBe，出现这种情况就需要检查HBV-DNA以便判定是否还有病毒存在。

（5）Anti-HBc（乙肝核心抗体，HbcAb）乙肝核心抗体分IgM和lgG两种：抗HBc-IgM阳性提示病毒活动，有传染性；抗HBc-IgG阳性提示为以往感染，无传染性，不需抗病毒治疗。核心抗体一般在表面抗原出现后3~5周，乙肝症状出现前便会在血清中检查出来。

6. 凝血酶原时间（PT）

PT延长见于先天性因子Ⅱ、Ⅴ、Ⅶ、Ⅹ缺乏症和低（无）纤维蛋白原血症；获得性凝血因子缺乏，见于DIC、原发性纤溶亢进、肝病阻塞性黄疸和维生素K缺乏；血液循环中有抗凝物质，如口服抗凝剂肝素和FDP及抗凝血因子Ⅱ、Ⅴ、Ⅶ、Ⅹ的抗体。PT缩短见于先天性因子Ⅴ增多症、口服避孕药、高凝状态和血栓性疾病。

7. 活化部分凝血活酶时间（APTT）

APTT延长见于血友病甲、乙，凝血因子Ⅺ、Ⅻ缺乏症；严重的凝血酶原、因子Ⅴ、Ⅹ和纤维蛋白原缺乏、口服抗凝剂、应用肝素以及低（无）纤维蛋白原血症；纤溶活力增强，如继发性、原发性纤溶以及血液循环中有纤维蛋白降解物(FDP);血液循环中有凝血因子抑制物、狼疮抗凝物等。其缩短见于DIC早期,血栓前状态及血栓性疾病。

8.大小便常规

大便常规可查隐血及寄生虫卵。大便中红细胞出现增多,见于痢疾、肠炎、结肠癌、溃疡、痔疮出血等。大便中白细胞增多,见于肠炎、细菌性痢疾。大便中查见相应寄生虫卵时则提示可能存在相应感染。小便常规可以检查是否有泌尿系统炎症、间接反应肾脏疾病和结石等。需要注意的是,小便常规容易因污染而致结果异常,特别是女性,需避开经期,取清洁中段尿,如有异常,建议复查一次。

9.心电图

健康人群的心电图结果应当是:窦性心律、正常心电图。当心脏出现相应疾病,如心室肥大、心律不齐、心肌梗死等时,相应的电生理活动也会出现异常,表现为心电图的异常。由于心电图专业性较强,当出现异常情况,均建议心脏内科就诊咨询。

10.胸片

即胸部X光,通过X光摄影检测肺部、呼吸道病变、心脏是否肥大等。一般体检报告会有明确的描述结果,异常时建议呼吸科、心内科或心胸外科就诊。

11.彩超

彩超包括了腹部彩超(肝、胆、脾、胰、肾)、乳腺彩超、子宫附件彩超、泌尿生殖系统彩超、心脏彩超、甲状腺彩超等等。能发现肝、胆、脾、胰、肾、输尿管、乳腺等各种实质性组织器官的病变,但对有气体的器官难以检查,如肺部,胀气时的腹部。一般体检报告会有明确的描述结果,其中,较小的囊肿可以观察随访,边界清晰的包块一般是良性的包块。这里要重点提出的是脂肪肝。脂肪肝不是一种独立的疾病,是指由于各种原因引起的肝细胞内脂肪堆积过多的病变,是一种肝脏病理改变,其发病年龄日益年轻化。一般来说临床表现轻者无症状,重者病情凶猛。脂肪肝属可逆性疾病,早期诊断、改善生活方式、及时治疗可恢复正常。

【本章交流与讨论】

- 急诊就诊时有哪些重要的注意事项,请举例说明。
- 请根据自己的亲身体验或者观察,谈谈所在高校大学生医疗保障的现状。
- 结合亲身体验,谈谈你对健康体检意义的理解。

—— 参考文献 ——

[1] 段志光.大健康人文:医学人文与健康人文的未来[J].医学与哲学(A),2017,38(06):6-9.

[2] 杨建洲.大学生就业心理问题及对策研究[D].南京:东南大学,2016.

[3]赵菁,丁荣晶,胡大一.科学健康观与生命伦理学[J].中华心血管病杂志,2015,43(05):459-460.

[4] 陈玮.大学生健康素养现状及影响因素研究[D].蚌埠:蚌埠医学院,2014.

[5] 颜运英,易彩云,王可,等.健康素养的研究进展[J].循证护理,2019,5(01):24-27.

[6]彭向东,褚勇强,萨支红,等.健康行为理论:从健康信念模式到风险认知和健康行为决策[J].中国健康教育,2014,30(06):547-548.

[7]孙长颢.营养与食品卫生学[M].北京:人民卫生出版社,2017.

[8]司壮丽,刘艳荣,亢玲玲,等.黔北大学生营养状况及饮食行为调查与分析[J].中国食物与营养,2015,21(08):78-80.

[9]李芸.小学生健康状况对学习成绩的影响分析——来自西部贫困农村的证据[J].农业技术经济,2009(05):56-66.

[10]石倩,王莉,王芳芳,等.超重和肥胖对儿童学习成绩及心理健康影响[J].中国公共卫生,2012,28(12):1573-1576.

[11] 陈伟,江华.2016年中国超重/肥胖医学营养治疗专家共识解读[J].中国实用内科杂志,2017,37(05):430-433.

[12]金程,徐曼,张胜男,等.大学生口腔卫生保健与牙龈出血调查[J].社区医学杂志,2010,8(21):18-20.

[13] 李晶.大学生时间管理倾向、拖延与焦虑的相关研究[D].石家庄:河北师范大学,2012.

[14] 韦耀阳.大学生成就动机与焦虑的关系:心理弹性的中介作用[J].湖北理工学院学报(人文社会科学版),2017,34(05):83-88.

[15] 金胜真. 体育锻炼对大学生焦虑情绪影响的元分析[J]. 体育研究与教育,2015,30(02):67-73.

[16] 王彬. 不同锻炼方式对大学生心理焦虑干预的效果分析[J]. 中国农村卫生事业管理, 2016, 36(12): 1593-1595.

[17] 牛一农, 于芳, 付奕. 高校大学生体育锻炼与焦虑、抑郁的相关性研究[J]. 湖北体育科技, 2017, 36(02): 173-177.

[18] 任志洪, 张雅文, 江光荣. 正念冥想对焦虑症状的干预: 效果及其影响因素元分析[J]. 心理学报, 2018, 50(03): 283-305.

[19] 张文悦, 郭天蔚, 郭卓, 等. 大学生的抑郁状态及生存质量与人格特质的关系[J]. 中国心理卫生杂志, 2015, 29(08): 635-640.

[20] 宣之璇. 大学生反刍思维、心理韧性和抑郁、焦虑的关系及干预[D]. 杭州: 浙江大学, 2017.

[21] 戴革, 郭薇, 王志刚, 等. 大学生孤独感对抑郁的影响[J]. 中国健康心理学杂志, 2017, 25(02): 297-299.

[22] 李婷婷. 大学生抑郁情绪相关因素及其自信心训练的干预研究[D]. 太原: 山西医科大学, 2016.

[23] 宋煜青, 邓兆华, 郭琦, 等. 大学生抑郁症状的自然变化及影响因素的2年随访研究[J]. 中国心理卫生杂志, 2018, 32(01): 64-71.

[24] 孙艳玲. 大学生抑郁心理调查分析[J]. 疾病监测与控制, 2017, 11(04): 291-292.

[25] 吴子杰, 胡美娟, 赵萍萍, 等. 沙盘游戏疗法对大学生抑郁情绪的影响[J]. 成都医学院学报, 2015, 10(06): 748-750.

[26] 李田田. 正念训练对大学生抑郁情绪的影响[D]. 太原: 山西医科大学, 2016.

[27] 吴燕霞. 大学生情绪表达的现状、影响因素及其干预研究[D]. 上海: 上海师范大学, 2017.

[28] 曹洪艳. 大学生情绪调节自我效能感与人格特质、应对方式的关系[J]. 渭南师范学院学报, 2014, 29(07): 44-47+62.

[29] 谢幸, 苟文丽. 妇产科学[M]. 北京: 人民卫生出版社, 2014.

[30] 郭震华, 那彦群. 实用泌尿外科学[M]. 北京: 人民卫生出版社, 2013.

[31] (美)罗兰·米勒, 丹尼尔·珀尔曼. 亲密关系[M]. 王伟平. 北京:人民邮电出版社, 2011.

[32] 李兰娟. 中华感染病学[M]. 北京: 人民卫生出版社, 2022.

[33] 葛均波，徐永健，王辰．内科学[M]．北京：人民卫生出版社，2018.

[34] 郝敏，秦晓华．质子泵疗法和急性胃肠炎[J]．中国感染与化疗杂志，2018，18(01)：123.

[35] 张学军．皮肤性病学[M]．北京：人民卫生出版社，2013.

[36] 阮婷婷，王婷婷，席荣古丽·哈力力，等．慢性病患者治疗负担研究现状[J]．中国护理管理，2017，17(12)：1687-1691.

[37] 凌文华．膳食模式与慢性病防治[J]．中华预防医学杂志，2018，52(03)：217-220.

[38] 卢汶．2型糖尿病危险因素的评估[J]．检验医学与临床，2018,15(01):55-57.

[39]齐婉宁，陈春潮．大学生城镇居民医疗保险参保行为及影响因素研究——以南京市为例[J]．劳动保障世界，2018(12):11-12.

[40]王惠军，师文，单艾菲，等．大学生商业医疗保险需求及购买意愿分析——基于江苏大学的抽样调查分析[J]．时代金融，2017(03):247-249.

[41]万学红，卢雪峰．诊断学 [M]．北京:人民卫生出版社,2013.